영화 속
찐
원어민 영어
따라잡기
❶

영화 속 찐 원어민 영어 따라잡기 ❶

발행일	2021년 3월 18일		
지은이	한상택		
펴낸이	손형국		
펴낸곳	(주)북랩		
편집인	선일영	편집	정두철, 배진용, 김현아, 박준, 장하영
디자인	이현수, 김민하, 허지혜, 안유경	제작	박기성, 황동현, 구성우, 권태련
마케팅	김회란, 박진관		
출판등록	2004. 12. 1(제2012-000051호)		
주소	서울특별시 금천구 가산디지털 1로 168, 우림라이온스밸리 B동 B113~114호, C동 B101호		
홈페이지	www.book.co.kr		
전화번호	(02)2026-5777	팩스	(02)2026-5747

ISBN   979-11-6836-168-3 04740 (종이책)   979-11-6836-169-0 05740 (전자책)
        979-11-6836-218-5 04740 (세트)

(주)북랩 성공출판의 파트너

북랩 홈페이지와 패밀리 사이트에서 다양한 출판 솔루션을 만나 보세요!

홈페이지 book.co.kr   •   **블로그** blog.naver.com/essaybook   •   **출판문의** book@book.co.kr

작가 연락처 문의 ▸ ask.book.co.kr

작가 연락처는 개인정보이므로 북랩에서 알려드릴 수 없습니다.

1,098가지 표현으로 바로 써먹는 영어회화,
이제 나도 원어민처럼 말할 수 있다!

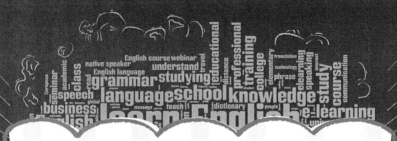

영화 속
찐
원어민 영어
따라잡기

한상택 지음

영어 의사소통 능력을
빠르게 키우는 기적의 비법

vol 1#

북랩

들어가는 말

흔히 외국어로서 영어를 학습할 때 책보다는 오디오, 오디오보다는 비디오, 비디오보다는 면전에 직접 원어민과 함께 어울리는 것이 지름길이라고 생각하고 있다. 지당한 말이다. 이 말은 결국 목표언어(target language)와의 제반 환경이 유사하면 최대한 유사할수록 그 학습효과는 커진다는 것을 의미한다. 그러나 우리나라와 같은 EFL(English as a Foreign Language) 상황에서는(지금은 상황이 많이 좋아지고는 있지마는) 매일 원어민을 만날 기회가 그리 흔치 않다. 그렇기 때문에 앞에서 이미 언급했지만 보다 효과적인 영어학습을 위한 진정한 환경(authentic setting)이 필요한 데, 그 대안으로 영화를 적극 권장하고 싶다. 영화는 흔히 외국어를 학습할 때 필요한 조건인 모든 맥락(context)이 고스란히 녹아있기 때문이다. 다만 현실처럼 입체적 차원은 아니지만 그래도 영어학습을 위한 간접적인 입체적 환경(pseudo-three dimensional setting)을 최대한 제공해주는 것이 영화이기 때문에 이를 잘 선정하여 평소에 잘만 연습한다면 기대 이상의 많은 도움이 있으리라 생각된다. 특히 영화 속의 대사들(screen lines)은 살아있는 영어표현을 학습하고자 할 때 꼭 필요한 보고(repertory)가 아닐 수가 없다.

구체적으로 영화 속의 대사 표현(screen idioms)이 주는 장점을 열거하면 다음과 같다.

첫째

'영화' 속에는 다양한 등장인물들이 등장한다. 남녀노소, 인종에 구애 없이 다양한 부류의 인물들이 등장한다. 이들은 효과적인 주제 실현에 이바지하기 위해 열성적으로 상황에 맞게 열연한다. 이는 영화 속의 한 장면(frame) 한 장면이 일상생활의 한 장면을 그대로 표출하고 있다는 증거이다. 대화자(interlocutors) 간의 분명한 표정 연기와 대사는 정황적 맥락(context of situation)에 걸맞는 격식(register)을 제공한다.

둘째

'영화' 속의 대사(lines)들은 다양한 부류의 방대한 구어적 표현을 제공한다. 한 표현, 한 표현이 글자 그대로 주옥같은 생활영어가 될 수 있다. 다양한 주제, 다양한 소제를 통해 다양한 산 영어표현(living English)을 익힐 수 있는 매체가 바로 영화인 것이다. 여기에는 등장 인물의 출신 성분과 출연진에 따른 표준 언어와 속어(slang), 특수 집단어(jargon), 전문어(technical terms), 생략어(abbreviation), 비어(vulgar language) 등 다양한 표현들이 상황에 함께 교묘하게 어우러져 있다.

셋째

'영화'라는 외국어 학습에 꼭 필요한 진정한 문화를 그대로 제공한다. '영화' 속의 세팅(setting)은 그 자체가 살아있는 문화원(culture resources)이다. 살아있는 문화적 환경 속에서 원어민의 정황에 걸맞는 구어적 표현과 연기력은 진정한 영어학습을 위한 종합선물세트와 같다.

이 책에서는 약 200 여편의 현대 영화 속의 주옥같은 대사 표현들을 엄선하여 실제 인물들이 구사하는 대화문과 함께 그 쓰임새를 예시하였다. 이러한 표현을 대함으로써 독자들은, '이러이러한 표현은 이러이러한 환경 속에서 표현되는 것이었군!'하고 이해를 하게 될 것이며, 이에 따른 주요 표현(extract)의 장기기억(long term memory)과 맥락 속의 적확한 표현을 싫증 없이 익히게 될 것이다. 덧붙여 좀 더 욕심을 내자면 '제2의 나(alter ego)'로서 파트너를 선정하여 그와 롤 플레잉을 하며 표현들을 익혀 나간다면 그 효과는 기대 이상이 될 것이다.

끝으로 구어적 해석과정을 중요시하여 일부는 축어적 해석을 하지 않아서 전체 영화를 이해해야만 문맥이 통하는 어려움 때문에 발췌된 부분만을 가지고는 이해가 잘되지 않는 부분이 다소 있을 수 있다는 것을 미리 밝히니 이를 감안하고 학습하기 바란다.

※ 참고로 이 책에 쓰인 약어[contraction words]는 다음과 같다.

- **sit»** =situation(상황): 주어진 표현들이 사용 가능한 적절한 상황 설명
- **con»** =conversation(대화): 등장인물 간 실제 벌어진 영화 속 대사
- **syn»** synonym(동의어): 같은 상황이 제시되었을 때 대체-사용 가능한 동의 표현
- **ant»** =antonym(반의어): 제시된 표현과 반대의 의미를 가진 표현
- **ex»** =example(예문): 주어진 표현을 적절히 상황에 맞게 사용할 수 있는 예문
- **rf»** =reference(참고): 제시된 대사 속 표현에 대한 보충 설명과 심층적 이해를 위해 필요한 관련된 표현들
- **cf»** =confer(비교): 제시된 표현을 쉽게 이해할 수 있게끔 비교하기 위하여 제시된 표현들
- **gr»** =grammar(문법): 제시된 표현을 쉽게 이해하기 위한 구문[문법] 해설

- **exts»** =extras(기타 표현들): 제시된 표현 외 문제의 영화 속에 등장하는 중요한 기타 표현들[어휘 숙어 포함], 또는 평소 친숙히 알고 있는 쓰임새와는 다르게 쓰이는 어휘와 숙어 표현들(어휘와 숙어의 다양한 쓰임새를 숙지할 수 있음)

학습 전략

제시된 실제 영어 대사 표현들을 보면 평소 생각한 것보다 이해하기가 어렵다는 것을 알 수 있다. 이는 우리가 실제로 영어로 된 영화를 감상할 때 자막을 안 보고는 전체 이야기를 따라가기가 힘들다는 방증이기도 하다. 더구나 등장인물들 각자의 개성 있는 어투나 발음 속도, 나이, 성별 등 대사 외적 요소들은 즐거운 영화 감상의 장애물이 될 수 있다. 이에 대한 해결방안의 하나로 우리는 등장인물들이 대사를 나눌 때의 주변 환경, 그들의 표정이나 동작을 통해 뜻을 짐작하여 이해하고자 한다. 물론 이러한 방법은 필요하고 중요한 전략이다. 하지만 최대한 대사를 올바로 이해하기 위해서는 그들이 나누는 대사에 대해 언어적으로 가능한 많이 이해하는 것이다.

이를 위한 대책으로 이 책에서 제시된 표현들을 효과적으로 학습하는 방법[전략]은 다음과 같다.

❶ 우선 제시된 표현을 다른 도움 없이 이해하고자 노력한다.

❷ 이해가 어려우면 도움을 얻기 위해 **sit»** 부분을 꼼꼼히 읽어보기 바란다.

❸ 가장 중요한 부분으로 등장인물의 대사 부분인 **con»** 을 꼼꼼히 학습한다. 제시된 표현 외에도 중요 구어체 표현 밑에는 밑줄을 쳐놓았기 때문에 이 부분도 꼼꼼히 학습하기 바란다. (우리말 부분은 마지막 수단이다는 것을 명심하기 바란다.)

❹ 마지막으로 대사 밑에 제공된 **rf»** , **ex»** , **cf»** , **gr»**, **syn»**, **ant»**, **exts»** 부분을 숙지하기 바란다. 보기에는 너무 많아 부담이 되겠지만 본인의 학습 능력에 따라 꼼꼼히 익히면 많은 도움이 될 것이다.

다음은 본 책에서 다룬 실제 자료 중 3개의 실례들이다.

Last of the Dogmen

045 **make a nuisance of oneself.** 남에게 폐를 끼치다

sit» '자기 자신을 귀찮거나 성가신 존재로 만든다' 하니까 상대방에게 고의가 아니게 불편을 주거나 폐를 끼칠 때 하는 표현이다.

con»

Lillian

Well, I'm not hiding anything... So, I'm willing to satisfy your curiosity if you promise not to bother me again.

숨김없이 다 말하겠지만... 좋아요, 더 이상 성가시게 하지 않겠다고 약속하면 당신 궁금증을 기꺼이 풀어드리지요.

Lewis

Deal.

좋소.

Lillian

By late 1864, many tribes were raiding settlements, stealing horses. Making a general nuisance of themselves.

1964년 말경 많은 부족들이 정착촌을 공격하고 말을 약탈하는 등 그들에게 [정착민들에게] 많은 피해를 끼쳤다.

gr»	be willing to+동.원=기꺼이 ...하다
ant»	be unwilling to+동.원=be reluctant to+동.원=마지못해 ...하다
rf»	nuisance: 폐, 성가심, 귀찮음, 불쾌
ex»	(Commit) No nuisance.: 소변금지., 쓰레기 버리지 말 것(No littering). nuisance fly!: 귀찮은 파리 같으니라구! What a nuisance!: 아 지겨워! settlement: 정착(촌), 해결
exts»	blizzard: 눈보라

Blue Juice

---

063 It's massive weight around your neck.
그건 너에겐 큰 부담[짐]이 된다.

sit»	목(neck) 언저리에 무게가 많이 나가는 짐(weight)을 생각해 보면 얼마나 상황이 어렵고 부담이 가는 처지에 있는지 알 수 있다.
syn»	It is very burdensome to you.
cf»	bear a burden on one's shoulders: 무거운 짐[부담]을 짊어지다 a load[weight] off one's shoulders[mind]: 짐을 내려놓은, 어깨가 가벼운

con» **JC**

You know what a lease is, don't you, Chole? Hmm. It's a massive weight around your neck.
당신 (임대)식당 경영이 어떤 건지 알아, Chole? 음. 그건 엄청난 짐을 지는 것과 같다.

Chole

Good, I'm fed up with drifting.
좋아요, 파도 타는 것에 신물이 났어요.

rf»	be fed up with...: ...에 물리다[질리다]
exts»	twinge: 갑작스러운 통증 play the hero: 영웅인 체 행동하다 Mr. Cool: 멋쟁이 씨

319 **That's what mothers are for.** 엄마란 다 그런 거란다.

sit» 'That's what ... are for.'라는 표현은 특정 부류의 사람이 인생으로부터 어떠어떠한 목적을 띠고 있다는 뜻의 관용어다. 다시 말해 '...는 원래 그런 것이다', '그런 일은 ...라면 당연한 것이다' 같은 표현을 할 때 쓸 수 있다.

syn» That's what mother's about.=That's mother's role in life.

rf» That's what friends are for.: 그것이 친구가 존재하는 이유지[친구 좋다는 것이 뭐야].

con» Anne

Well, I'm trying. I just wish you wouldn't worry so much about me.
글쎄, 노력하고 있어요. 그렇게 제 걱정을 하지 않으셔도 돼요.

Mum

I can't help it. I'm your mother. That's what mothers are for. After all, I don't have a real job.
어쩔 수가 없단다. 난 네 엄마이니까. 엄마들은 다 그런 거 아니니. 사실 딱히 할 일도 없다.

gr» wish that 주어 동사의 과거형: ...하면[라면] 좋겠는데 (가정법 과거 형식으로 현재 사실에 반대를 나타내는 소원을 의미)

exts» bad blood...: 나쁜 감정, 반목 Might is right.: 힘이 정의다. whore: 창녀 vow of silence: 침묵의 맹세 Shame on you.: 부끄러운 줄 알아라. slut: 더러운 여자, 매춘부 sheepfold: 양우리 sticky=difficult. take sides: 어느 한쪽 편을 들다 plastic bag: 비닐 가방 pitchfork: 건초 드는데 쓰는 쇠스랑

다음은 본문에서 학습할 주요 표현을 영화제목과 함께 제시한 것이다. 본문의 주요 표현 아래에 있는 '**con»**' 속에 있는 인물들 간의 대사를 꼼꼼히 학습하는 것이 매우 중요하다.

Contents

들어가는 말   pp.4

학습 전략   pp.8

학습 자료 실례   pp.10

The title of the film

- Shadow Conspiracy   pp.18
- The Relic   pp.23
- Fargo   pp.26
- Invasion of Privacy   pp.31
- The Devil's Own   pp.37
- Last of the Dogmen   pp.39
- Absolute Power   pp.43
- Still Breathing   pp.45
- Donnie Brasco   pp.46
- Blue Juice   pp.51
- From Dusk till Dawn   pp.56
- The Ugly Truth   pp.59
- The Assignment   pp.61
- Ms. Bear   pp.64
- Mr. Bean   pp.67
- Seven Years in Tibet   pp.70
- Hard Men   pp.76
- Pleasantville   pp.79

- Gloria **pp.84**
- Three Wishes **pp.87**
- Scream **pp.89**
- Wild Wild West **pp.93**
- Blue Streak **pp.96**
- Oxygen **pp.102**
- Bicentennial Man **pp.107**
- Three Kings **pp.110**
- Eve's Bayou **pp.113**
- Les Miserables **pp.115**
- Desperate Measures **pp.116**
- Lost in Space **pp.119**
- Smilla's Sense of Snow **pp.122**
- The Apostle **pp.125**
- The Cider House Rules **pp.130**
- Girl Interrupted **pp.132**
- Magnolia **pp.134**
- 3000 Mile **pp.135**
- Meet the Parents **pp.138**
- Chicken Run **pp.142**
- The Family Man **pp.146**
- El Dorado **pp.149**
- Heaven's Prisoners **pp.152**
- Sense & Sensibility **pp.156**
- The Fan **pp.160**
- Safe Passage **pp.165**
- Two if by Sea **pp.169**
- Jumanji **pp.173**
- Ace Ventura: When Nature Calls **pp.176**
- The Juror **pp.178**
- The Cure **pp.180**
- Shadowlands **pp.184**
- Before the Rain **pp.187**

- Face off   **pp.188**
- The Trial   **pp.190**
- The Madness of King George   **pp.193**
- Legends of the Fall   **pp.197**
- Short Cuts   **pp.199**
- Bullets over Broadway   **pp.204**
- Now and Then   **pp.208**
- The Net   **pp.212**
- Callito's Way   **pp.215**
- Mr. Saturday Night   **pp.218**
- Backbeat   **pp.220**
- Kafka   **pp.223**
- Mr. Jones   **pp.225**
- The Innocent   **pp.227**
- Forbidden   **pp.231**
- Mask   **pp.233**
- Guarding Tess   **pp.235**
- The Saint of Fort Washington   **pp.238**
- Sneakers   **pp.240**
- Home Alone   **pp.243**
- Hoffa   **pp.246**
- Toys   **pp.248**
- Howard's End   **pp.249**
- Innocent Proposal   **pp.251**
- Splash   **pp.252**
- A Chorus Line   **pp.254**
- Three for the Road   **pp.257**
- Wall Street   **pp.260**
- A Summer Story   **pp.262**
- Salvador   **pp.264**
- Weeds   **pp.265**
- Die hard   **pp.268**
- When Father Was Away on Business   **pp.271**

- The Last Emperor   pp.273
- Red Scorpion   pp.275
- Escape to Paradise   pp.276
- The Unbearable Lightness of Being   pp.278
- The Fall of Saigon   pp.281
- Rain Man   pp.283
- Young Guns   pp.288
- Leviathan   pp.292
- Major League   pp.293
- Working Girl   pp.298
- Twins   pp.301
- When Harry Meets Sally   pp.304
- The Untouchable   pp.307
- The Age of Innocence   pp.310
- Camilla   pp.311
- Dances with Wolves   pp.314
- The Maid   pp.315
- Q & A   pp.317
- Stormy Monday   pp.320
- Hunting   pp.325
- Jacob's Ladder   pp.329
- Chaindance   pp.330
- The Adventures of Priscilla   pp.333
- Family Business   pp.335
- Back to the Future   pp.339
- Sex, Lies and Videotape   pp.342
- Born on the Fourth of July   pp.345
- Staying Together   pp.348
- Last Exit to Brooklyn   pp.353

참고 자료   pp.357

The title
of the film

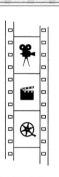

---

001 **bust up** 망쳐놓다

sit» '망쳐놓다, 잡치다, 파산하다, 헤어지다, 이혼하다, 부수다'라는 뜻. 구어적인 표현으로 자주 쓰인다.

con» **Conrad**

 I'm afraid I <u>kind of busted up your weekend</u>.
네 주말을 망쳐놓은 것은 아닌지 걱정이야.

Bishop

I finally get my jump shot back and you call me in?
What's up?
제가 드디어 뛰어 쏘기 실력을 되찾게 됐는데, 당신은 나를 불러들인단 말이에요? 무슨 일이죠?

rf» kind of=a little=somewhat=sort of: 다소. 빨리 발음하면 kanna=카너, a kind of=일종의 call in: 불러들이다 call out: 불러내다

syn» screw up=mess up=〈비어〉fuck up=goof up

---

002 **be in the know** 사정을 잘 알고 있다

sit» '사정을 잘 알고 있다, 내막에 밝다'라는 뜻으로, 일반적인 사항에 대해서건 특정한 분야에 대해서건 모두 사용할 수 있는 표현이다. 이때 'know'라는 앞에 관사 the가 왔으므로 명사다.

con» **Alice**

 I wish I knew what the other women are planning to wear.
나는 다른 여성들이 무슨 옷을 입을 계획인지 알면 좋겠는데.

Conrad

Then, ask Samantha. <u>She's always in the know about clothes</u> and what people are going to wear.
그럼, Samantha에게 물어봐라. 그녀는 언제나 옷에 대해 잘 알고, 또 사람들이 뭘 입을 것인지도 알거든.

003   That'll be the day.   설마 그럴 리가.

sit» 어떤 사실에 대해 불신을 나타내는 표현으로 '그런 일은 있을 수 없어, 설마 그 럴리가'라는 뜻이다. 원래의 표현인 'That'll be the day that heck, freezes over...('지옥이 얼어붙는 날이란 절대 없다'라는 것을 알면 이해가 가능하다.)' 를 줄인 말로 그 뜻을 이해할 수 있다.

con»   **Tim**

Someone told me that Troy's engaged.
Troy가 약혼했다던데.

Conrad

Troy's going to get married? That'll be the day.
Troy가 결혼할 거란 말인가? 설마 그럴리가 없어.

syn» I can't believe this.

004   under one's belt   ...잔뜩 먹고, ...경험하고

sit» 어떤 권투 선수에 대해 'He has twenty fights under his belt.'라고 표현한 다면, '그는 20번 싸운 적이 있다.'라는 표현이다. 원래 'under one's belt'는 '음식을 먹고'라는 뜻인데, 음식을 먹고 그 맛을 알게 되기 때문에 이는 '경험하다' 라는 뜻으로 의미가 확장되었다고 볼 수 있다.

con»   **Bishop**

Conrad has twenty foreign travels under his belt.
Conrad는 20번의 외국여행 경험을 가지고 있지.

Conrad

They played very poorly at the beginning of the season. But now that they've got 5 or 6 games under their belt, they are doing much better.
그들은 시즌 초에 매우 성적이 안 좋게 경기를 했지. 그러나 대여섯 게임을 경험한 이후로, 더욱 경기를 잘하고 있지.

005	**a pain in the ass**	눈에 가시, 성가신 존재

sit» '엉덩이 속에 통증'이 있으면 앉기가 여간 불편하지 않을 것이다. 남이 원치 않은 일을 하거나 속 썩이는 일이 있을 때 쓰는 표현이다.

syn» a pain in the butt=a thorn in one's side

rf» ants in one's pants: (...하고 싶어서) 좀이 쑤시다, 안달하다 a bee in one's bonnet: 별난 생각에 사로잡혀 있다

con» **Saxon**:

That's a perennial pain in the ass.
그것은 일년 내내 속썩이는 것이군.

Conrad:

Certainly a persistent thorn in our sides.
확실히 끊임없이 속상한 일이야.

rf» 'ass'나 'butt[ock]'은 '엉덩이(hip)'이를 언급하는 일종의 속어

exts» gutless: 패기 없는, 겁 많은 rock the boat: 배를 흔들다, 문제[풍파]를 일으키다
campaign trail: 선거유세 여행 lead time: 기획부터 실행까지 시간

006	**sneak up on...**	...몰래 다가가다(stalk=tail)

sit» 상대방이 눈치채지 않게 다가가는 것을 말한다. 'up'은 '접근'의 부사

con» **Bishop**:

You can't sneak up on the enemy when they know you're coming.
당신이 가고 있다는 것을 적이 알고 있을 때는 몰래 다가가기가 힘들 겁니다.

President:

So, how long do you want me to delay this speech?
그렇다면, 이 연설문을 얼마동안 연기했으면 좋겠소?

rf» sneaky boy=sneak thief: (폭력을 쓰지 않는) 좀도둑, 빈집털이 sneaker: 비열한 사람, (~s)고무창 운동화 sneak out of...: 몰래 ... 빠져나가다

exts» big shot=big cheese=big wig=fat cat: 거물 shot: 술 한 잔(one shot). I'll tell you.=I can tell you.=Let me tell you.: 사실, 정말이지. crap: 쓰레기, 잡물 crystal-clear: (수정처럼) 아주 명료한, 아주 깨끗한

007 **We kicked some butts.** 우리가 해냈다, 우리가 혼내주었다.

sit» 'kick ... butts'는 '...의 궁둥이를 발로 때리다'의 뜻으로 문맥에 따라 여러 가지로 해석할 수 있다. 영어의 구어체에선 이처럼 'butt[tock] 엉덩이'라는 표현을 많이 쓰는데 특히, informal한 상황에서 많이 쓰인다. ass 또한 그렇다.

con» **Bishop**

Ah, Jake, we kicked some butts today.
아, Jake, 우린 오늘 몇 사람 혼내줬지.

Conrad

You did, Bobby.
자네가 그랬지, Bobby.

rf» butt in: 〈구어〉 간섭하다, 참견하다 butt out: 〈구어〉 말참견을 그만두다
cf» butt: 끝동, 엉덩이, 참견하다, 치받다, 수통, (조소, 비평의) 대상 등 다양한 뜻이 있다.
ex» cigarette butt: 담배꽁초
exts» get high: (마약 등에) 취해 기분이 좋아지다 pompous: (말 따위가) 과장한, 호화스러운

---

008 **Don't bother.** 상관 마시오., 내버려 두시오.

sit» 상대방의 일에 관계하지 않을 때 쓰는 표현
syn» Never mind.=Forget (about) it.

con» **Bishop**

Frank, it's Bobby. I need to talk to you.
프랭크, 저 Bobby예요. 할 얘기가 있어요.

Ridell

If this is an apology for smotherin' the story, don't bother.
이번 기사 문제를 무마하는 것에 대한 사과라면, 신경 쓰지 말아요.

exts» shadow government: 비밀 정부 shadow cabinet: 야당 내각, 집권을 예상하고 만든 야당의 각료 후보자들 misconduct: (공무원의) 부정행위, 직권남용(abuse of one's authority)

009   **patsy**   책임을 전가 받는 사람, 봉(dupe=fair game)

sit»   자기의 잘못을 인정하지 않고 남에게 그 책임을 전가할 때 그러한 책임을 이
유없이 받는 사람

cf»   scapegoat: 희생양 whipping boy: 왕자의 학우로 왕자를 대신하여 매맞는
소년:대신 당하는 자, 희생

con»   **Conrad**

 **Not for me for Christ's sakes. Not for me! For this
country! For everybody in it! For you! For that silly
journalist friend of yours!**

이런, 날 위해서 그러는 게 아니야. 날 위해서가 아니라구! 이 나라를 위해서
야! 이 나라의 모든 사람을 위해서! 자넬 위해서! 자네의 그 멍청한 기자친구
를 위해서!

Bishop

Bullshit! Saxon's a patsy.

제기랄! Saxon은 꼭두각시[봉]예요.

010   **I say we go.**   이봐, 가자.

sit»   (I) say는 '이봐, 내가 말하건데' 하고 주요 의미를 말하기 전에 강조하기 위해 또는 주의를 환기하기 위해 미리 말해두는 표현이다. 좀 더 진지하게 말할 필 요가 있을 때 쓰는 표현이다.

syn»   (All right,) Let's go.

con»   **Eugene**

I say we go.
이봐 가자구.

Josh

**Let me get this straight. We finally cut school and you
want to go to a museum. Maybe afterwards we can
go to the library.**
얘기를 정리해 보자구. 우린 결국 학교를 빼먹고, 넌 박물관에 가자는 거야.
도서관은 나중에 가도 되겠지.

rf»   I say.: 〈영어〉 여보세요. 〈미어〉 say.
syn»   Hey!/Say!/I say!/Look here!
ex»   I should say not.: 나는 그렇지 않다고 생각한다.
exts»   I should say (that ...) ...이겠지요. It is warm, not to say hot.: 덥다고는 못하겠지만
따뜻하다. say to oneself: (마음속으로) 혼잣말을 하다, 스스로 다짐하다 Who
shall[should] I say, sir?: 누구시라고 할까요? You don't say so!: 설마, 그럴까?
have[say] one's say (out): 하고 싶은 말을 하다

011   **slimy**   치사한(cheap), 불쾌한

sit»   '야비한(vile)'의 일반적인 속어로 원래는 끈적거리는(sticky), 알랑거리는
(flattery) 등의 뜻이 있다. 속어 표현으로 잘 쓰인다.

con»   **Cuthbert**

I don't suppose he's thought about that.
그가 거기에 대해 생각해 본 것 같지는 않은데요.

Margo

Slimy bastard!
치사한 나쁜 녀석!

Cuthbert

Have a little faith in yourself. You're better than he is.
너 자신을 좀 믿어봐요. 당신은 그보다 낫다구요.

rf» bastard: (1)서자, 사생아 'bastard'는 흔히 경멸의 뜻이 있으므로 'illegitimate child'를 쓰는 것이 좋음. (2)〈속어〉 개자식(son of a bitch) (3)가짜의, 의사(擬似)의(sham)

ex» bastard charity: 위선 packing list: 포장 명세서, 내용 명세서

---

012   Hang onto your hat.   잠깐만 기다리세요.

sit» '잠깐만 기다려.'라는 뜻의 유의 표현으로 'Hold your horse.', 'Hang on.'이 라고도 한다. 'hang'은 ...걸다 ...붙이다, ...지체시키다'의 기본 뜻이 있으며, 떠 나기 위해 모자(hat) 쓰는 것을 지체시키는 상태이므로 이는 곧 기다리라는 뜻이 내포되어 있다고 볼 수가 있을 것이다.

con»   **Frock**

The crates were nailed shut when they arrived.
상자들이 도착했을 때 못질이 되어 닫혀 있었어요.

Hollingsworth

Hang onto your hat, Lieutenant.
잠깐만 기다리세요, 경위님.

exts» be pissed off: 진저리나다, 화가 나다 sweet: 상냥한, 친절한 kindred spirit: 취향이나 취미가 같은 사람 more than once: 한 번뿐만 아니라 여러 번에 걸쳐 kinfolk: 친척(kinship)

---

013   old fossil   시대에 뒤떨어진 사람(outdated man)

sit» 'fossil' 하면 '화석'으로 구시대의 유물이다. 거기다 'old'를 붙였으니 가히 그 뜻이 짐작이 된다.

con»   **D'Agosta**

What's that?
어떻게 됐죠?

Frock

It's medical miracle. Lieutenant, what would a superstitious police officer possibly want with an old fossil like me?
의학상의 기적이죠. 경위님, 미신적인 경찰관이 나 같은 늙은이[퇴물]에게 무 슨 볼일이 있을까요?

exts» artifact: 인공[가공]물, 유사 이전의 고적물, 문화유물 vandalism: 파괴행위

24   영화 속 찐 원어민 영어 따라잡기 1

014   in one's book   ...판단으로는

sit»   '...의 생각[판단]으로는', '...가 보기에는'이라는 뜻으로 book은 어떤 것의 '표준 이나 규범'이 되어왔다.

rf»   이 표현의 'book'은 인간의 행동규범을 적어놓은 '규범집'을 말하는데, '개인적인 신념이나 기준'의 대명사처럼 쓰인다. 그러나 각각의 규준이나 신념이 있으므로 'one's'라는 소유격이 있는 것이다.

syn»   'in one's opinion=as one see=in one's view

cf)   by the book: 정확히

con»   **Chuck**

"C". That's a pretty good grade. At least I didn't fail.
"C"요. 굉장히 높은 점수죠. 적어도 낙제하진 않았어요.

Phil

That's not a good grade <u>in my book</u>, young man. <u>In my book</u>, you need to study a lot harder for the next test.
내가 보기엔, 좋은 점수가 아니야, 애야. <u>나의 판단으로는</u>, 다음 시험 때는 훨씬 더 열심히 공부해야겠구나.

exts»   natural selection: 자연도태 ex-con.: 전과자(ex-convict). get one's jollies: 매우 즐기다 fungus: 버섯, 균류 lichen: 이끼류 start out as...: ...로서 태어나다 big girl: 대단한 아가씨

---

015   get .. straight ...   재확인하다(confirm=double-check)

sit»   '정리하다', '재확인하다', '분명히 해두다.'라는 뜻으로 'confirm'의 뜻이다. 무엇을 말하기 전에 미리 강조해 놓을 때 사용하는 말이다.

con»   **Marsha**

What about my physical check-up result?
나의 건강 진단 결과는 어때요?

John

Get this straight. You must stop smoking or you will ruin your health.
분명히 말하는데, 당신은 담배를 끊지 않으면 건강을 해칠 겁니다.

---

016   What gives?   어떻게 된 거냐? 웬일이냐?

sit»   믿었던 사실이나 전혀 뜻밖의 일을 알아보고자 할 때 쓰이는 표현이다.

con»   **Karl**

 Shep said you would be here at seven-thirty. What gives, man?
Shep 말로는 당신이 이곳에 7시 30분에 올 거라는데, 어떻게 된 건가요?

Jerry

Shep said eight-thirty.
Shep은 8시 30분이라고 했소.

syn»   What happened to you?=What became of you?

exts»   mix-up: 혼란 vouch for...: ...을 보증하다 ransom: (포로나 인질 따위) 몸값(을 치르고 자유롭게 하다), advance (payment): 선불 cash on delivery: 대금 상환 인도(주문한 물품을 받은 다음 돈을 주는 방식)

---

017   cut out   제외하다

sit»   '잘라내다'이므로 그 뜻을 알 수 있다

syn»   exclude=rule out=count out

ant»   cut in=count in=include: 포함시키다, 끼워주다

con»   **Wade**

 I am not talking about your word, Jerry!
자네의 약속을 원하는 게 아니야, Jerry.

Stan

We are not a bank.
우린 은행이 아니네.

Wade

I will not want to cut you out of the loop, but this here is a good deal.
자네를 동업으로부터 제외시키고 싶진 않지만, 이건 좋은 투자감이야.

exts»   rob[borrow from] Peter to pay Paul: ...한 사람[Peter]에서 돈을 뺏어 다른 사람[Paul]에게 주다, 빚내서 갚다 buck=dollar. on top=in addition: 게다가 pass on: 감정하다, 검토하다, 전달하다 no dice=no: 안 돼, 실패 finder's fee: 중개 수수료 handling charge: 취급 수수료 commission: 수수료 load in=take over: 인수하다 put in: 돈을 내다, 투자하다, 확장하다 principal: 원금

018   slip one's mind   잊다

sit»   'slip'은 '미끄러지다', 'mind'는 '마음', 합하면 '...의 마음으로부터 미끄러지다'이므로 이해가 가능하다.

rf»   slip of tongue: 말의 실수[잘못 발설된 표현]

syn»   can not think of it off hand: 갑자기 깜박 잊다

con»   **Karl**

Certainly. I was going to tape up those tags to be in full compliance, but it must have slipped my mind.

그러죠. 저도 법을 꼭 지키기 위해 번호판을 붙이려고 했었는데, 깜박 있었지 뭡니까?

Wade

Don't worry.

걱정하지 마라.

019   whistling Dixie   수수방관하고 있는

sit»   어떤 사태에 대해 초연하게 대할 때 상대방을 두고 나무라듯이 하는 말. 원래 'Dixie'는 남북전쟁 때 유행했던 남부를 찬양하는 노래. 이처럼 어떤 사건을 계기로 유래하여 하나의 숙어가 되는 경우가 많다.

syn»   sitting on the fence=sitting on one's hands

con»   **Wade**

You do not know? You are just whistling Dixie here.

자네 모르겠나? 당신은 Dixie노래를 부르고 있어[한가한 소리 말게, 수수방 관하지 말게].

Jerry

No. No cops. That is final. This is my deal here. Jean is my wife.

안돼요. 경찰은 안돼요. 그 얘긴 그만 하세요. 지금 이건 제 문제예요. Jean 은 제 아내라구요.

exts»   my deal: 내가 해결해야 할 나의 일

020   **hold the cards (in one's hands)**   유리하다

sit»   카드놀이에선 놀이에 따라 중요한 카드를 가지고 있으면 그 게임을 쉽게 이길 것이다. 가령 'joker'나 'ace' 같은 것이 그런 것들이다.

con»   **Stan**

I have to tell you, Wade, I am leaning to Jerry's viewpoint here. We have got to protect Jean. We are not holding any cards, here, they have got them all. So they call the shots.

이봐요, Wade. 나도 지금 Jerry의 생각에 동의해요. Jean을 보호해요. 지금 우리는 불리한 상황에 있고, 그 지들에게 유리한 상황이라구요. 그래서 그들이 지시하는 거예요.

Jerry

You are tooting.

당신 말이 맞아요.

rf»   lean to...: ...의지하다, 동의하다 ace in the hole: 비장의 무기 toot: 나팔을 불다, 〈속어〉진실을 말하다 toot one's (own) horn: 허풍을 떨다, 제 자랑하다

exts»   call the shots: 명령하다, 지배하다

---

021   **You are tootin'.**   당신 말이 맞다.

sit»   상대방이 떠벌리고 자기의 의견을 내세우고자 할 때 상대방의 기를 살려주기 위해 격려조로 하는 표현이다.

syn»   You are right.

con»   **Jerry**

You are tooting.

당신 말이 맞아요.

Stan

I am telling you.

정말이라구요.

rf»   toot the ringer[dingdong]: 〈속어〉 현관의 초인종을 울리다

exts»   horse-trade: 흥정하다

022 You got the phone to yourself? 전화 받는 곳에 혼자 있느냐?

sit» 상대방[전화를 거는 쪽]이 중요한 말을 받는 쪽에게만 전달하고 싶을 때 확인 하기 위해 쓰는 것이다. 예를 들어 'keep (A) to 재귀대명사 (B)' 하면 '(A)를 (B)가 혼자 점유하다.'라는 뜻이다.

con» **Karl**

(through phone) All right, Jerry, you got the phone to yourself?
(전화로) 좋아, Jerry, 전화 받는 곳에 혼자 있는가?

Jerry

(into phone) Well, yeah.
(전화에 대고) 네, 그래요.

rf» keep[hold, get] 목적어(A) to oneself: 목적어(A)을 독점하다

ex» Keep the room to yourself.: 그 방을 혼자 써라.

exts» incur: 손해를 입다 perpetrator: 가해자. inventory: 재고품 조사

---

023 No dice. 그건 안돼.

sit» 'no way'와 같은 뜻으로, 흔히 누군가 제시한 계획이나 제안을 거절하는 경 우에 쓰이는 구어적인 표현이다.

con» **Mike**

Why not? I thought you were definitely going to Guam.
왜? 분명 괌으로 가는 줄 알았는데.

Thomas

I want to, but when I mentioned it to my wife. She said 'No dice'. she is determined to go to Europe.
난 그러고 싶었는데, 하지만 아내한테 얘기했더니 '안된다.'고 하더군. 아내는 유럽으로 가려고 하거든.

exts» be determined to+동.원: 하고자 마음먹다(decide to+동.원). have no call to ...: ...할 필요가 없다 snippy: 퉁명스러운, 도도한(stuck up). play games: 아무렇게 하다.

024　　bite the bullet　　참아내다

sit»　불쾌한 상황을 참아 내거나 하고 싶지 않는 일을 억지로 하는 것을 말한다. ＜
유래＞남북 전쟁(civil war)에서 진통제를 구하기가 어려웠기 때문에 수술을
받는 병사들은 진통제 없이 대신 총알을 물고 견뎌야하는 경우가 많았다.

con»　　**Lynn**

I know, but there's a boy who will be there who likes
me and I don't like him. I really don't want to see him at
all.

그건 나도 알지 만, 난 좋아하지 않는데도 날 좋아하는 남자가 파티에 올 거란
말이야. 징말 그 남자는 보고 싶지 않아.

Samantha

Don't be silly! He's probably too shy to talk to you
anyway. Just bite the bullet and go.

바보 같은 소리 하지 마! 어쨌든 그는 아마 너무 수줍어서 너한테 말을 걸지
도 못할 거야. 그냥 참고 가자구.

gr»　too ... to+동.원: 너무 ... 하여 ...하지 못하는

---

025 **rub it in** (사실, 잘못 등을) 되풀이하여 말하다, 상기시키다(remind)

sit» 계속 어떤 일에 대해 계속 부비거나 문지르듯이 상대방으로 하여금 그것을 잊지 않도록 하기 위해 반복적으로 말하는 상황에서 쓰는 표현.

con» **Theresa**

Did you get the job?
일자리를 구했나요?

Josh

No, I didn't. Yeah, go ahead, rub it in.
아니. 난 아냐. 그래, 계속해 봐, 되풀이하여 말하라고[아픈 상처를 건드리라고].

rf» rub: 부비다, 문지르다

gr» rub it in(○), rub in it(✕). ('동사+부사+대명사' 형태는 불가능하고, '동사+대명사+부사' 형태만 가능, 그러나 '동사+명사+부사'(○), '동사+부사+명사'(○))

---

026 **play back old tapes**
과거에 일어났던 사건에 대한 얘기를 다시 끄집어내다.

sit» 이미 유행이 지났거나 최근에 전혀 듣지 않아 왔던 테이프를 다시 듣도록 튼다니 짜증이 날 수밖에 없다. 이처럼 지나간 일을 끄집어내어 다시 상기시키고자 할 때 쓰는 표현.

con» **Josh**

How do I know there wasn't any check?
송금 온 게 있지 않은지 내가 어떻게 알아?

Theresa

I don't know. Don't start playing back old tapes, Josh.
나도 모르죠. 다시 옛날 테잎을 틀지 말아요[과거 일을 들먹거리지 말아요], Josh.

exts» in confidence=in secret: 비밀리에 in one's presence: ... 면전에서(in front of...) lease: (토지, 건물 따위의) 임대계약 make it up: 벌충하다, 갚다

027 get one's money's worth

치른 돈만큼의 것을 획득하다, 본전을 뽑다

sit» 자기가 투자한 만큼의 노력의 대가를 얻거나 보상을 받을 수 있을 때 효과적으로 쓸 수 있는 표현이다.

syn» fill the bill

cf» cut the mustard: 기대만큼 성과를 거두다

con» Josh

Yeah, you're getting your money's worth.
그래, 당신은 본전을 뽑고 있잖아.

Theresa»

As a matter of fact, I'm not.
사실은 그렇지 못하죠.

rf» worth: (1)〈동명사와 함께〉(...할) 가치가 있는, (...할) 만한

ex» This book is worth reading.: 이 책은 읽을 만한 가치가 있다. (2)〈명사와 함께〉(...의) 가치가 있는 Is it worth all the trouble?: 그것이 그렇게도 애쓸 가치가 있는가? a man of worth: 가치 있는 사람

cf» be worth little: 거의 가치가 없다

ex» This pen is worth 20 dollars.: 이 펜은 20달러다. 〈속담〉 Whatever is worth doing at all is worth doing well.: 〈속담〉 적어도 할 만한 일은[하기에 족한 일이라면] 훌륭히 할 만한 가치가 있다. A bird in the hand is worth two in the bush.: 〈속담〉 숲 속의 두 마리 새보다 수중의 새 한 마리가 실속이 있다.

exts» pitch in: 열심히 하기 시작하다, 공헌하다

028 take the liberty of ...ing 실례를 무릅쓰고 ...을 하다

sit» 부득불 어떤 일을 하거나 말하고자 할 때 쓰는 표현이다. 상대방에게 이해를 구하며 말할 때 쓴다. 'liberty'는 '자유'라는 의미 외에 '방자한 행동'의 의미가 있다.

con» Theresa

Do you want me to call the police?
내가 경찰을 부르기를 바래요?

Josh

We both know the phone lines don't work. Sit down.
I took the liberty of spicing up the soup a bit.
전화선이 연결되어있지 않은 걸 우린 다 알고 있지. 앉아. 실례를 무릅쓰고 내가 수프에 양념을 쳤다구.

rf» condescend to 동.원: (1)창피를 무릅쓰고 ... 하다 (2)짐짓 겸손한 채 ... 대하다

ex» (1)Smith condescended to accept the bribes.: Smith는 창피를 무릅쓰고 뇌물을 받았다. (2)He always condescends to talk to his colleagues.: 그는 늘 그의 동료들에게 짐짓 겸손한 채 말한다.

exts» general store: 잡화점 specialty store: 전문점 convenience store: 편의점

---

029 stock up on... ...관해 비축해두다

sit» stock이란 어떤 것을 저장해 놓는 것(hoard)을 말한다. 그러므로 만약을 대비해서 무언가를 저장해 놓는 것을 말한다.

con» **Josh**

I'll go to the general store in the morning and stock up on the things that we'll need.
내일 아침 잡화점에 가 필요한 물건을 사다 비축해 놓을게.

Theresa

I won't need anything, I'm leaving tomorrow. I have to work.
난 아무것도 필요 없어요, 내일 떠날 거예요. 난 일해야 돼요.

rf» have[keep] ... in stock: ...재고품이 있다 out of stock: 매진되어, 품절되어 stocks and stones: 목석같은 사람, 무정한 사람 take stock of...: ...을 평가[감정]하다, 〈구어〉 호기심을 가지고 (사람을) 꼬치꼬치 캐다(split hairs), 자세히 뜯어보다

---

030 press charges against... ...고소[기소]하다

sit» '(A)를 (B) 때문에 비난하다[고소하다]' 할 때 'charge (A) of (B)'를 쓴다. 그러나 막연히 '...를 고소하다' 할 때는 'against'다음에 대상이 오면 된다.

con» **Gibbons**

Say you intend to press charges against this man?
그 사람을 고소[기소]하겠다는 말이겠군요?

Theresa

What kind of a question is that? He kidnapped me. Locked me up.
무슨 질문이 그래요? 그는 날 납치했다구요. 그리고 감금했구요.

rf» accuse (A) of (B): (A)를 (B) 때문에 고발[기소]하다. free of charge: 무료로 in charge of...: ...을 담당하고 있는.

ex» Cash or charge?: 현금인가 외상인가?

031   **bet one's bottom dollar**   절대 보증한다(guarantee surely)

sit»   자기에게 마지막 남은 밑돈까지 내기한다고 하므로 이것은 이길 공산이 없다면 절 대 불가능할 것이다. 때문에 확신이 설 때 쓰는 숙어.

syn»   be (one hundred percent) certain[sure]

con»   **Rutherford**

Oh, you bet your bottom dollar. You sign out a complaint, we'll have your boyfriend picked up.
오, 그건 보증하죠. 당신이 고소장에 서명하면, 우리가 당신의 남자친구를 연행할 거요.

Cindy

Don't call him that.
그를 그렇게 부르지 말아요.

exts»   complaint: 고소(장), 불평 inflict wound upon...: ...에게 상처를 입히다 defendant: 피고 ↔ plaintiff: 원고

---

032   **Objection.**   (의회나 법정에서) 이의 있습니다.

sit»   법정에서는 간단명료하게 표현하는 경우가 많다. 상대방의 진술에 대해 동의할 수 없을 때 재판관에게 쓰는 표현이다.

con»   **Stiles**

But you'd cut an artery, hadn't you?
하지만 동맥이 잘렸을 수도 있잖아요?

Devereux

Objection. She's answered the question. She's not a medical expert.
이의 있습니다. 증인은 질문에 답변했습니다. 그녀는 의료 전문가가 아닙니다.

Judge

Shall we move on, Miss Stiles?
다음으로 넘어가도 되겠습니까, Miss Stiles?

exts»   vein: 정맥 on one's own volition: 자진해서(on one's own=voluntarily), 자기의 자유의사로

033   **Sustained.**   (법정에서) 인정합니다.

sit»   피고나 원고가 상대방의 진술에 대해 이의 신청으로 말할 때 그 진술에 대해
재판관이 동의할 때 하는 말이다.

con»   **Devereux**

Objection.
이의 있습니다.

Judge

**Sustained. Save your conclusions for your summation,
Miss Stiles**
인정합니다. 결론은 최종 변론으로 미루시오, Stiles 양.

exts»   summation: 최종변론 midwife: 산파원 Your honour: (법관의 경칭) 재판장님 case
dismissed.: 본건의 청구를 기각합니다(원고 또는 검사의 실질적 패소를 나타내는
재판장의 말). withdrawal=dismissal: 기각

---

034   **suit one's convenience**   편의를 도모하다

sit»   'suit'란 말은 위아래 한 벌인 양복이나 정장을 말한다. 또는, '...에 어울리다,
적절히 조절시키다.'라는 뜻이 있다. 그러므로 어떤 일을 경제적으로 행할 때
쓰는 표현이다.

con»   **Devereux**

Objection.
이의 있습니다.

Judge

Overruled. Continue.
기각합니다. 계속하시오.

Stiles

**So you were perfectly willing to commit a crime to
suit your convenience.**
그래서 당신의 편의를 도모하기 위해서 범죄행위를 저지를 만반의 태도가 되
어 있었던 거예요.

exts»   Suit yourself.: 원하는 바가 있으면 그렇게 하시오. convenience shop[store]:
편의점

035   hold on to...   ...을 붙잡고 있다

sit» '단순히 어떤 일이나 물건을 잡다'할 때는 'catch'나 'hold'를 쓴다. 그러나 '어떤 일이나 물건을 계속하여 놓치지 않고 계속 잡고 있다.'고 표현할 때는 바로 위의 표현을 쓴다.

ex» Hold on tight to your dream.: 너의 꿈을 계속 잡고 있어라.

con» **Judge**

Overruled. Continue.
기각합니다. 계속하시오.

Josh

... You're supposed to hold on to and protect something that can't protect itself.
... 당신은 스스로를 보호하지 못하는 아이들(something)을 <u>지키고[붙잡고]</u> <u>보호해야만 해요.</u>

---

036   pitch in   힘껏 돕다

sit» '열심히 하기 시작하다, 협력하다, 공헌하다'라는 뜻으로 어떤 일을 도움으로써 그 일이 이루어지도록 하는 것을 말한다.

con» **Alice**

No! You cooked so I should clean up.
아니야! 요리는 네가 했으니까, 치우는 건 내가 해야 돼.

Jane

If we pitch in, we'll have them done a lot sooner.
<u>우리가 함께 도우면</u> 일을 훨씬 빨리 끝낼 거야.

exts» spy on...: ...을 감시하다

037　**be on to...**　　　...(진상, 계획 따위를) 알고 있다, 눈치채고 있다

---

con»　**Rory**

Where's the judge?
판사는 어디 있소?

Megan

He's scared to deaeth. He thinks they're on to him.
그는 무척 두려워하고 있어요. 그들이 자신에 대해서 알아들었다고 생각하고 있어요.

syn»　get wind of...

exts»　Home sweet Home.: 그리운 내 집이여(귀가할 때 하는 말). serve under...: ...밑에서 일하다 in the bag: 확실한 land of opportunities: 기회의 땅(미국을 일컬음) if you ask me: 내가 보는 바로는(in my view). lad: 친구(chap), 젊은 남자 lass: 젊은 여성 put up: 숙박시키다 sort out: 해결하다 be fed up: 진저리나다

038　**sit tight**　　　(때를) 기다리다

---

sit»　'기다리다, 꼼짝하지 않다'라는 뜻으로, 현 위치나 현 상황에서 그 어떤 행동을 취하거나 움직이지 않는 것을 말한다.

con»　**Joanna**

Oh no! I left my bag at the apartment.
오, 이런! 가방을 아파트에 두고 왔어.

Thomas

Well, just sit tight and I'll go get it for you.
그럼, 기다리고 있어. 내가 가서 가져올게.

rf»　sit back: 관망하다 go (and) get it=fetch it.

exts»　deposit: 보증금 return: 반품 be out of pocket: 손해를 보다(incur). awkward: 난처한 big boy: 거물, 대기업, (나무랄 때) 다 큰 남자 big girl: 다 큰 처녀

039　**in a bind**　　　곤경에 처한(up the creek=in a predicament)

---

sit»　'난처하게 된', '곤경에 처한'이라는 뜻. 곤란한 상황에 처한 것을 밧줄로 구속되거나 묶여있는 것에 비유한 것이다.

rf»　bind: (1)묶다 (2)묶는 것

con»   **O'meara**

It was all lies, wasn't it? Everything you told us.

모두 거짓말이었군? 우리에겐 꺼낸 모든 것 말이야.

Rory

Except for how I feel about you and your family.
That wasn't a lie. I'm sorry. I never meant for this to
happen. I'm in a bind.

당신과 당신의 가족에 대한 감정을 제외하고요. 그것은 거짓말이 아니었어요.
미안해요. 이런 일이 일어나도록 할 생각은 없었어요. 난 곤경에 처해 있어요.

---

040   **be fed up with...**   ...에 진저리가 나다

sit»   '...에 물리다, ...에 진저리나다'라는 뜻으로, 인내력의 한계에 도달해 화가 나기
일보에 이른 것을 말한다. 'well fed'라고 하면 '음식을 많이 먹어 배가 찼다'
라는 의미인데, 'be fed up'도 이와 같은 맥을 한다고 보아야 할 것이다.

con»   **O'meara**

We all get along pretty well. What's it like there, with
the violence... I mean?

우리는 잘 지내고 있지. 저게 뭐야, 폭력... 내 뜻은?

Rory

Oh, it's violent. People are fed up.

아, 폭력적이죠. 사람들은 진저리를 치고 있어요.

---

041   **in the bag**   확실한(evident)

sit»   '확실한, 준비된, 손에 넣은'이라는 뜻. 어떤 물건을 그냥 손안에 있는 것 보다
는 자루에 담고 있으면 놓칠 수가 없다.

con»   **Diaz**

Three years from now, I'll have my pension in the bag
and you know what I'll do?

앞으로 3년 후, 확실히 연금을 타면 제가 뭘 할 건지 아세요?

O'meara

What?

뭘 할 건데?

exts»   Let the cat out of the bag: 우연히 비밀을 누설하다

042 You were always a charmer.

당신은 사람 꼬드기는 데는 일가견이 있죠.

sit» 어떤 일에 대해 감동받을 때 약간 빈정대며 하는 말.

con» **Lewis**

 You were always a charmer. Where'd they go in?
빈말은 여전하시군요. 놈들이 어디로 달아났죠?

Deegan

Bottom of the ravine. Dogs lost the trail.
계곡 끝으로 달아났네. 개들이 흔적을 놓쳤어.

exts» treat with kids gloves: 조심스럽게[신중히] 다루다

---

043 Who wants to know?   도대체 당신은 누구야? 알아서 뭐하게?

sit» 'Who are you?'를 좀 무례하게 표현한 말. 남의 일에 간섭하지 말라는 뜻으로 네가 알 필요가 없는 거야 라는 뜻이다.

con» **Lillian**

 Who wants to know?
알아서 뭐하게?

Lewis

Give me a break, lady. I chased over three and a half hours to meet this guy. Would somebody point out the old fart?
아가씨 그만 좀 합시다. 교수(this guy) 만나려고 3시간 반을 달려왔소. 누가 그 노인네를 압니까?

exts» Give me a break!: 이젠 그만 좀 해요! old fart: 〈속어〉쓸데없는 노인 lay a fart: 방귀 뀌다

044   **wild guess**   사실에 근거하지 않는 짐작(shot in the dark)

sit»   '근거 없이 억측한다.'라는 뜻으로 일반적으로 무엇을 'guess'한다고 하면 정확한 답은 모르지만 자신이 생각하기에 최선의 답이라고 생각하는 것으로 이는 아무런 근거 없는 'wild guess'일 수밖에 없다.

con»   **Lillian**

That's quite a story. You know what this is?
홍미진진하군요. 그런데 이게 뭔지 아세요?

Lewis

I'd call it a ... wild guess ... An arrow?
글쎄요, 그냥 보기에는 ... 어측인지 모르지만 ... 화살 아닌가요?

exts»   unyielding: 불굴의 decoy: 미끼(bait), 유혹자 reproduction: 복제(cloning). run stock: 방목하다 a nut case: 미친 사람

---

045   **make a nuisance of oneself.**   남에게 폐를 끼치다

sit»   '자기 자신을 귀찮거나 성가신 존재로 만든다' 하니까 상대방에게 고의가 아니게 불편을 주거나 폐를 끼칠 때 하는 표현이다.

con»   **Lillian**

Well, I'm not hiding anything... So, I'm willing to satisfy your curiosity if you promise not to bother me again.
숨김없이 다 말하겠지만... 좋아요, 더 이상 성가시게 하지 않겠다고 약속하면 당신 궁금증을 기꺼이 풀어드리지요.

Lewis

Deal.
좋소.

Lillian

By late 1864, many tribes were raiding settlements, stealing horses. Making a general nuisance of themselves.
1964년 말경 많은 부족들이 정착촌을 공격하고 말을 약탈하는 등 그들에게 [정착민들에게] 많은 피해를 끼쳤다.

gr»   be willing to+동.원=기꺼이 ...하다
ant»   be unwilling to+동.원=be reluctant to+동.원=마지못해 ...하다
rf»   nuisance: 폐, 성가심, 귀찮음, 불쾌

ex» (Commit) No nuisance.: 소변금지., 쓰레기 버리지 말 것(No littering). nuisance fly!: 귀찮은 파리 같으니라구! What a nuisance!: 아 지겨워! settlement: 정착(촌), 해결

exts» blizzard: 눈보라

---

046 add up 일리가 있다

sit» '조리에 맞다, 이치에 맞다'의 뜻으로, 일관성이나 논리에 적합할 때 사용되며 예상했던 것처럼 합계가 맞을 때도 사용된다.

syn» make sense=stand to reason=There is some truth in it.=have a point there.

con» Lewis
Wait. Don't you see? It adds up.
잠간만. 알지 못하오, 말이 되잖소?

Lillian
What?
뭐가요?

exts» fluke: 행운, 요행 cell: 감방(jail=stockade). squeeze out: 억지로 빠져나가다 ↔ squeeze in

---

047 get a line on... ...에 대한 정보를 얻어든다

sit» line하면 '소식, 정보(information)'를 말한다. 'get some information from[out of]...' 보다 좀 더 구어적인 표현이다.

con» Lewis
Did you get a line on Mr. Personality?
저 잘난체하는 친구에 대해 정보를 얻었소?

Lillian
His name's Yellow Wolf. He's leader of the Dog Soldiers, next in line to be Chief.
'노란 늑대'요. Dog Soldiers의 대장으로 추장 후계자요.

rf» next in line to...: ...다음 순서에 있는 Mr. personality: 대단한 친구, 잘난체하는 친구(혼자 내세우는 사람을 경멸적으로 호칭한 것) canteen: 수통 buy ... time: ...에게 시간을 벌어주다 Knock it off!: 집어쳐라! saddle up: 말을 타다 saddle: 말의 안장, 작은 산봉우리 사이에 안장처럼 들어간 형태

048 Deal / It's deal.   좋아요, 찬성입니다.

sit» '좋아요', '찬성합니다'라는 뜻으로, 이 표현은 원래 사업상의 거래나 흥정을 할
때 상대방이 제시한 조건을 받아들임으로써 쌍방이 서로 이익이 될 때 쓰인
다. 나아가 일반적으로 상대방의 제안을 흔쾌히 수락할 때도 쓰인다.

con» **Monica**

That's terrible. Hey, I have a great idea. what if Philip
and I take your kids for the week while you're away,
and then in the summer, you and John take our kids
for a week while we take a vacation?
어쩌면 좋니? 잠깐만 좋은 생각이 있어. 이렇게 하면 어떨까. 네가 여행하는
동안 Philip과 내가 일주일 동안 네 아이들을 맡아주고 여름에 Philip과 내
가 휴가를 가질 때 너와 John이 똑같이 해주면 되잖아요[어떨까요]?

Patty

That's a perfect plan. It's deal, Monica.
바로 그거야. 좋아 그렇게 하자, Monica.

gr» what if...: ... 하면 어떨까[어떻게 될까?]

049 **live beyond one's means** 분수에 넘치게 살다

sit» 'means'는 '수단(tool)'이란 뜻도 있지만 '재산(자산, 재력)'이란 뜻도 있다. 예를 들어, 'a man of means'는 '재력가'가 된다. '자기의 재력을 뛰어넘어 산다'라는 뜻이므로 '자기의 분수에 넘치게 산다'라는 의미가 된다.

con» **Sullivan**

I don't know who it is I'm after yet. Until I do, you'll have to wait in Washington for instructions.
누굴 찾아야 할지는 아직은 모르오. 누군지 알게 될 때까지 워싱톤에 머물며 지시를 기다려야 할 거요.

Macarthy

I'm afraid that's out of question. My work is not very creative and I do it because I like living beyond my means. I can't afford to just sit around.
그건 어려울 것 같습니다. 제 일이 그리 창조적인 일은 아니지만, 전 멋지게 살고 싶어서[분수에 넘치게 살고 싶에 이 일을 하는 겁니다. 그냥 빈둥빈둥 지낼 수는 없죠.

rf» out of question=impossible: 불가능한 can not afford to+동.원: ...할 여력이 없다 sit around: 빈둥빈둥거리며 지내다

exts» Think real hard.: 신중하게 생각하라. nick: 칼자국(notch)을 내다 flesh wound: 살만 다친 상처 police impoundment: 경찰 압수물 weak face: 특징이 없는 얼굴 stand out: 눈에 띄다, 두드러지다 do the trick: 요구를 충족시키다(cut the mustard=fill the bill). throw in: 덤으로 주다 dummy: 가짜의, 모조의 rug: 남성용 가발(hairpiece=toupee). arena: 활동 분야, 경기장 just sit around: 하는 일 없이 시간을 보내다

050   **work around the clock**   24시간 일하다

sit»   '하루 종일 일하다'라는 뜻으로 이 표현은 시계바늘이 시계를 완전히 다 돌고
마는 것으로써 꼬박 하루 종일 일하는 것을 말한다.

rf»   24/7: 일주일에 24시간(연중무휴)

con»   **General**

I appreciate all you hard work on this. I know you've
put in a lot of extra time to complete it.
일하느라 대단히 수고가 많았어요. 그것을 끝내느라 야근도 많이 했지요.

Jim

Yes, I've been working on this thing around the clock.
I'll be glad when it's over.
그렇습니다, 하루 종일 이 일에 몰입하고 있었습니다. 끝나면 홀가분할 겁니다.

exts»   look for insight: 전문적인 의견을 가진 사람을 찾고 있다 get the upper hand:
우세해지다, 유리한 입장에 서다 chief of staff: 비서실장 cover up: 은폐하다
believe A over B: B보다는 A를 믿다 forger: 날조자 get cracking: 일을 곧
시작하다 townhouse: 귀족의 도시 주택 crap: 쓰레기(trash). I could walk through
fire.: 어떠한 일도 감수하겠다. knock ... around: ...을 구타하다 snivel: 코를 흘리다
philanderer: 바람둥이 남자

---

051 The rumor has it that...

...라는 소문이 나돌다(여기선 자신의 느낌을 말하는 것)

sit» 객관적으로 남의 말을 빌려 어떤 소문을 말하려고 할 때 쓰기에 적절한 표현이다. 우리말로는, '소문에 의하면 ...라는 이야기가 있어...' 정도의 뜻이다.

con» **Fletcher**

Boys, there's something I've got to tell you. I'm going to China. The rumor has it that somebody that I'm going to know, for very, very long time lives in Taiwan, China.

이 봐, 중대한 발표가 있어. 나 중국에 가. 중국, 대만에 가면 평생 함께 할 사람을 만나게 될 것 같아.

Cameron

Huh?

뭐야?

exts» read A into B: A라 표현하고 B라고 해석하다

ex» Read V-shape using thumb and forefinger into my love.: 나의 엄지와 검지를 이용한 V자 형태는 당신에 대한 사랑을 의미합니다. a welcome to LA drink: LA방문 축하주 pop in: 별안간 들르다(drop by=stop in). senile: 노쇠한 print: 판화 grant: 보조금 work out of one's house: 재택근무(teleworking=telecommuting)하다 gorgeous: 멋진, 훌륭한 bare necessities: 생활에 필수불가결한 것 seduce: 유혹하다 commission: 의뢰하다 feel whole: 일체감을 느끼다 family trait: 집안 내력 blurry: 불명료한 outsmart: 보다 똑똑하다 musty: 곰팡내 나는 corny: 진부한

---

052   give it a shot   한번 시도해보다

sit» '한 번 시도해보다'라는 뜻으로 이러한 상황의 표현은 대단히 많이 있다. 미국
인들은 우리와는 다르게 '...을 시도하다'를 표현할 때 단순히 'try' 하는 경우도
있지만, 위의 문장처럼 'Give it a try.' 또는 'Give it a shot.'처럼 표현한다.
우리에게는 쉬운 걸 놔두고 왜 어렵게 표현하나하고 생각할지 모르나 그들에
게는 그것이 오히려 더 편리하고 유리한 상황이 있기 때문이다.

con» *Donnie*

 What do you want me to say? Go ahead, try and sell it
if you wanna be a donkey. Give it a shot.
뭐라고 말하길 원했죠? 쪼다가 되려면 가 팔아 봐요. 자 한번 해보라구요.

Lefty

You're calling me a donkey? You know who you're
talking to, my friend?
쪼다라구? 지금 누구한테 지껄이고 있는지 알아, 친구야?

rf» donkey: 당나귀, 얼뜨기
exts» slide over: 미끄러지다 racoon: 너구리 That's the spirit.: 그 정신 높이 살만하다.
work out: 문제를 해결하다 Ta-da: 짜잔(새로운 무언가를 보여줄 때 사용하는 말)
coax A out of B: B를 감언이설로 속여 A를 얻다 outback: 오지 fess all=tell
all=confess: 자백하다 run dry: 바닥나다 stash away: 숨겨두다, 치워두다 drag in:
질질 끌려 들어오다 impersonator: 분장가, 연기자, 모방자 brighten up one's day:
기분전환하다 oblige: 기쁘게 하다

---

053   walk out on...   ...로부터 떠나다, 버리다

sit» '단순히 ... 떠나다, 작별하다'라고 할 때는 'leave'를 쓰지만, '...를 저버리고
...곁을 떠나다'라고 할 때는 위의 표현이 더욱 적합하다.

con» *Donnie*

 Yeah, well, I did mean no disrespect. It's
understanding. Right? All right?
좋아요. 무시하려는 건 아니었어요. 이해해요. 맞죠? 괜찮죠?

Lefty

Where are you going? Sit down there. You don't walk
out on me. I walk out on you.
어딜 가? 거기 앉아. 난 내가 원하면 나는 가지마는 넌 나에게서 가지 못해.

cf» '(신의나 믿음 등을) 저버리다'라고 할 때는 'forsake'가 좋다.

exts» refreshments: 다과 company: 친교, 교제 cross one's mind: 마음속에 떠오르다 pub=tavern: 선술집 mouth one's song: ...의 노래를 립싱크하다(lipsynchronize one's song)

---

054 **rat ... out...** ...밀고하다

sit» 우리말로 '...를 몰래 일러바치다'라고 할 때 요긴한 표현이다.

con» **Donnie**

How do they even know about the moustache? Do you rat me out?
수염 깎은 건 어떻게 알았나? 자네 날 염탐하나?

Curley

I didn't rat you out.
난 당신을 밀고하지 않았어.

syn» tell on ...: ...을 일러바치다

exts» dish out compliments: 칭찬을 늘어놓다 Flattery will get you everywhere.: 아부는 너에게 크게 쓸모가 있다. back out: 취소하다 drag ... down: ...를 낙담시키다

---

055 **spoil the days.** 기분을 망치다.

sit» 기분이 좋지 않거나 잡친다고 할 때 쓰는 표현이다.

ant» make one's days: 즐거운 날로 만들다

con» **Lefty**

So what are you gonna do.
그럼 뭘 할 거지?

Donnie

I don't wanna spoil your day.
기분을 망치고 싶지 않아.

rf» spoil: ...망치다, 못쓰게 만들다

ex» The news that we are defeated by the Japanese team spoiled my breakfast.: 우리 팀이 일본한테 패배했다는 소식은 아침 입맛을 상하게 했다.

056   go on record   (의견, 입장을) 공식적으로 발표하다

sit» 자기의 입장을 공적으로 밝히고자 할 때 쓰는 표현이다.

syn» make one's stance[position]=go public=announce one's stance[position] to the public

con» **Donnie**

Yeah, you too, take it easy.
그래, 당신도 잘 지내.

Lefty

You know what I did yesterday? I went on the record with you.
당신은 내가 어제 무엇을 했는지 아세요? 당신께 공식 입장을 발표했지요.

exts» Take it easy: (1)So long(잘 가). (2)Take your time: 마음 편히 하세요. turf: 잔디, 본거지 powder room: 여자 화장실 wear out: 닳게 하다 slay: 청중을 사로잡다 She is something.: 그녀는 대단한 여자다. ↔ She is nothing.

057   keep one's nose clean   말썽을 일으키지 않다

sit» 누구나 자기의 코가 가장 잘 띄는 것은 당연한 것이다(가장 많이 돌출되어 있기 때문에). 그러므로 항상 코를 청결한 상태로 유지시킴으로써 상대방에게 어떤 일을 눈치 채지 못하게 해야 한다.

con» **Lefty**

I'm your man. I represent you. So keep your nose clean. Be a good learner. Be a good earner.
나는 당신 쪽 사람이야. 나는 당신을 대표한다구. 그러니 말썽을 일으키지 말고 열심히 배우는 사람이 되어 돈 많이 버시지.

Donnie

I've got it. I try my best.
알아들었어. 최선을 다해볼게.

rf» fast learner: 빠르게 학습하는 사람 ↔ slow learner

gr» Be a good learner, Be a good earner.: 발음이 유사한 단어를 사용한 압운(rhyming)을 취해 의미를 강조한 표현이다.

058   give a break   봐주다

sit» 글자 그대로 해석하면, '나에게 쉼(rest)을 주어라.'라는 뜻에서 알 수 있듯이 상대방이 말도 안 되거나 자기와 전혀 관계가 없는 일로 계속 자기를 괴롭히거나 강압해 올 때 중지하라고 쓰는 표현이다. 때에 따라서는 '농담하지 마세요.'라는 의미를 풍길 때도 있다.

cf» 잘못을 빌 때는 Forgive me.=Excuse me=Pardon me. 정도가 될 것이다.

con»   **Maggie**

Joseph, it would be so much easier if you tell me what goes on with these guys.

Joseph, 이 사람들과 무슨 일을 벌이는지 말해주면 마음이 훨씬 편하겠어요.

Donnie

Would you just give me a break?

한번 봐 줄래요(불평 섞인 어조로)?

059   get wind   눈치를 채다, 낌새를 채다

sit» 흔히 일상생활에서 많이 쓰이는 표현이다.
rf» get wind of+명사(구) / get wind +that 절: ...눈치를 채다
syn» be on to...

con»   **Lefty**

I gotta say something. Usually the cops are so dumb, it takes them three months just to get wind something's going on.

말할 게 있어. 다들 알겠지만 경찰관들(cops)은 멍청해, 사건을 알아채는 데만 3개월이 걸려.

SonnyBlack

What are you saying?

뭐라구?

exts» do one's bit: 자신의 임무를 다하다(do one's duty)

060 　pull ... out　　　　　...을 구출해내다

sit»　'...를 밖으로 끌어내다'이므로 기본적으로 이해가 가능하다. 이렇게 영어는 단어의 기본형을 이해한다면 본래의 그 의미를 어느 정도 알아볼 수가 있는 것이 대부분이다.

syn»　save=rescue

con»　**Maggie**

You want me to help you out?
도와 달라구요?

Curley

We have got to pull him out. And you have got to talk to him.
우리는 그를 구출해야[빼내야] 해요. 그리고 당신[부인]이 그에게 말해야만 돼요.

exts»　dunsky: 바보 vigorish: 〈속어〉 상납금 spoil one's day: ...의 기분을 망쳐놓다 ↔ make one's day: ...의 즐거운 날로 만들다 junkie: 마약중독자 wise guy: 건방진 놈

cf»　wise man: 현인

061 　Freeze!　　　　　꼼짝마!(경찰이 범인에게 하는 말)

sit»　흔히 범인을 경찰이 잡을 때 쓰는 표현이다. 기본적으로 'freeze'는 '얼다, 얼게 하다'라는 뜻으로 '움직이지 말라(Never move!)'라는 뜻이 깔려 있다.

con»　**FBI officer**

Freeze! Hold it right there. Now put your hand on the box in front of you, now!
꼼짝마! 거기에 가만히 있으라고. 너의 손을 앞에 있는 상자 위에 놓아라, 당장!

Lefty

(agreeing with him) Don't say nothing! You're all right, Donnie!
(그에게 동의하며) 아무 말 하지 마. 무사할 거야, Donnie!

gr»　원래는 'Don't say anything!'이라고 해야 맞다. 하지만 구어체에선 강조하기 위해 이처럼 부정을 반복한다. 그렇다고 긍정문이 되는 것이 아니다.

exts»　languish: 맥이 풀리다, 시들어지다 mob: 마피아, 군중 vouch for...: ...을 보증하다 bud: 친구(buddy). start-up money: 창업자금, 밑천 can: 감옥 snitch: 밀고자 undercover: 비밀리에 활동하는 faction: 파벌, 패거리 make it through: 견디어내다 rat: 경찰의 끄나풀(informer)]

062 **could use...** need...(...할 필요가 있다)

sit» 이 표현은 다분히 기본적으로 가정법의 뜻이 풍긴다. 다시 말해, 가정법의 주절에서 '조동사의 과거형+동사의 원형'의 형태라 볼 수 있다. '...대한 소용(use)이 있을 수 있다.'라는 뜻으로 '...을 필요로 한다.'라는 뜻이 된다고 볼 수 있다.

con» **JC**

Now, I don't know about you a lot ... but I could use some blue juice.
자, 자네들은 어떨지 모르겠는데, 난 블루 주스를 필요로 해.

Dean

Oh! Yes.
오! 그래요.

rf» blue juice: 삶의 활력소로써 바다를 가리키는 말. juice: 활력, 원기

exts» Oi: 부르는 소리(Hey). throw ... out: ...를 내쫓다 rave: 술과 춤이 어우러진 파티(rave-up)]

063 **It's massive weight around your neck.**

그건 너에겐 큰 부담[짐]이 된다.

sit» 목(neck) 언저리에 무게가 많이 나가는 짐(weight)을 생각해 보면 얼마나 상황이 어렵고 부담이 가는 처지에 있는지 알 수 있다.

syn» It is very burdensome to you.

cf» bear a burden on one's shoulders: 무거운 짐[부담]을 짊어지다 a load[weight] off one's shoulders[mind]: 짐을 내려놓은, 어깨가 가벼운

con» **JC**

You know what a lease is, don't you, Chole? Hmm. It's a massive weight around your neck.
당신 (임대)식당 경영이 어떤 건지 알아, Chole? 음. 그건 엄청난 짐을 지는 것과 같다.

Chole

Good, I'm fed up with drifting.
좋아요, 파도 타는 것에 신물이 났어요.

rf» be fed up with...: ...에 물리다[질리다]

exts» twinge: 갑작스러운 통증 play the hero: 영웅인 체 행동하다 Mr. Cool: 멋쟁이 씨

064　'Boring' with a capital 'B'　대단히 따분한

sit»　우리말로도 어떤 표현을 강조할 때는 대문자나 이탤릭체로 쓰든가, 밑줄을 치든가, 따옴표로 묶어주든가 다양하다. 영어 또한 마찬가지다. 대문자로 시작하는 'Boring을 썼다'라는 말은 '매우 따분하다'라는 말을 강조함이 아닐는지.

ex»　Life with a capital 'L.': 대단한 생명력

con»　*JC*

Terry is boring. He's Boring with a capital 'B'. I mean, he, he used to have a life, and then he got his pub and then, and then he changed, just like you're gonna change.

Terry는 따분하다. 그는 지겨운 그 자체야. 무슨 말인가 하면, 그도 한 때는 자신만의 삶이 있었어. 그런데 술집을 경영하며 변했던 거야. 당신이 변하는 것처럼 말이야.

Chole

Yeah ... well maybe it's just you who thinks he's boring.

그래 ... 아마 그가 따분할 거라고 생각하는 사람은 당신뿐일거야.

gr»　used to+동원: ...하곤했다, ...였었다

ex»　I used to go to visit my aunt's farm every summer vacation.: 나는 해마다 여름방학 때면 아주머니 농장을 방문하곤 했다.

　　I used to be a member of CEO when I worked for IBM.: 내가 IBM에 근무할 때 CEO였었다.

gr»　'maybe (it's) just you (who) think he's boring(그가 지루하다고 생각하는 것은 단지 당신뿐일 지도 모른다)'은 강조 구문이다. 원래 문장은 'maybe just you think he's boring(아마 단지 당신만이 그가 지루하다고 생각할지도 모른다)'이다. 이 문장에서 just you를 강조하기 위해 'It is A(강조되는 말) that B(나머지 문장): B 하는 것은 A이다.'라는 강조 구문 형태를 썼다. 이때 강조되는 말이 just you라는 사람이기 때문에 that 대신 who를 써도 된다. 또한 강조구문에서 'it is'와 'that'을 생략하면 원래의 문장이 나온다.

065　play the hero　영웅 행세하다

sit»　'...행세를 하다.'는 'make believe to 동원', 또는 'make believe that 절' 형태로 표현할 수 있다. 또는, 'pretend to 동원' 또는 'pretend that 절' 등이 있다. 아니면, 'presume+명사형태'가 있다. 그러나 'play+명사'를 써서 쉽게 표현할 수 있다.

ex»　pretend to be a hero=make believe to be a hero

con» **JC**

Hang on a minute, Chole. you don't understand.

잠깐만, Chole. 오해가 있어.

Chole

You just have to play the hero.

영웅이 되겠다는 말이겠지.

JC

Chole, listen, if I don't do this, I'm going to <u>let someone down</u>.

Chole, 내 말 들어봐. 내가 이것을 하지 않으면 나 때문에 누군가가 <u>실망하게 된다구</u>.

rf»   hang on=wait: 기다리다 let ... down=disappoint ...: ...실망시키다

gr»   play+형용사 또는 명사: ...인 체하다

ex»   play innocent: 순진한 척하다, 내숭떨다

---

066   Don't try and make a bigger fool of me, JC.

날 멍청하게 만들지 마, JC.

---

con» **Chole**

Don't try and make a bigger fool of me, JC. Just go off around the world and <u>let me get on with my life</u>.

날 멍청하게 만들지마, JC. 어딘가 가버려. 난 내 인생을 살 테니까.

JC

Oh, you don't mean that!

이런, 그건 당신 진심이 아니지!

gr»   원래 문장은 'Don't try to make a bigger fool of me, JC.'이다.

ex»   Go and get it.=Go to get it.

rf»   make (B) of (A)=make (A) (B): (A)를 (B)로 만들다

exts»   'get'은 문맥에 따라 다양하게 적의 해석하면 되고 'on'은 '계속'을 나타내는 '부사'를 나타내고, 'with'은 '...와 더불어'라는 동반의 전치사라는 뜻을 이해하면 그 전체적인 뜻을 쉽게 얻을 수 있다. get 대신에 go를 대신 쓸 수 있다.

con» **Terry**

Blue Juice, JC, that's what I needed. I could have wasted my life.

블루 주스 말이야, JC, 내가 필요했던 게 그거야. 난 내 인생을 낭비해버릴 뻔 했거든.

JC

Yeah, but I mean … What about Sarah?

그래, 하지만 말야 … Sarah는 어찌 하구?

Grs» 위의 표현도 가정법 과거완료의 주절에서 주요 부분(could have pp)만 사용되는 경우다. 때문에 '사실은 낭비하지 않았다.'라는 뜻이 내면에 깔려 있다. 이런 경우, 조건절은 중요하지 않아 굳이 표현할 필요가 없거나, 아니면 불명료하거나 할 경우 주절만 쓰는 것이다. 때문에 조건절은 원하면 독자나 화자가 적의 생각하거나 표현하면 된다.

exts» yob: 건달(hoodlum). lot: 장소

---

068 **I can take it.**

제 얘기군요.(상대방이 말하고자 하는 사람이 본인이라는 뜻.)

---

sit» 상대방이 누군가를 언급할 때 처음에는 모르다가 본인이라는 것을 알고 상대 방에게 주지시킬 때 하는 표현이다.

syn» I am the one who you try to mention.

rf» 전화나 처음 소개할 때는, This's smith. 또는 This is Mr. Pang.처럼 표현하지만, 상대방이 알고 있다고 전제하거나 이미 알고 있을 때(가령 언론 기자의 보도 후에 본인에 대해 언급할 때), 혹은 직접 상대방 앞에선 'I'm Smith reporting at Bagdad.'처럼 'I'm'을 사용한다.

con» **Dean**

Nah … go on.

전 아니군요 … 계속해요.

Sarah

And Dean …

그리고 Dean …

Dean

I can take it.

제 얘기군요.

exts» Nah=Naw=Nay=Nope=No ↔ Yea=Yeah=Aye=Yep=Yup=Yes

never-done-nothing   아무 쓸모 없는(ulseless=unserviceable)

Grs»   영어는 종종 하이픈(hyphen)을 활용하여 품사를 변화시키는 경우가 허다하다.

ex»   Hawaiians are take-it-easy people.: 하와이 사람들은 마음이 느긋한 사람들이다. 이런 경우 구어체에서는 확인하기가 힘든데 화자의 말하는 억양으로 구분하는 수밖에 없거나 전체적인 문장구조로 빨리 간파하는 경우밖에 없다. 위의 표현은 형용사적으로 쓰였고, 'useless'나 'worthless' 또는 'unserviceable'을 써도 되지만 상황을 적절하게 표현하기 위한 구어체 표현으로 볼 수 있다.

con»   **Sarah**

Well ... he said ... you had a lot of unfulfilled potential.
저기... 그는 ... 당신이 지금은 성공하지 못했지만 많은 가능성을 갖고 있다고 했어요.

Dean

Oh, did he? Well that's a very nice way of saying I'm a never-done-nothing yob.
오, 그랬어요? 아무 쓸모 없는 건달이라는 말을 좋게도 말했군요.

rf»   That's a very nice way of saying: 멋진 표현[말하는 방식]이군요.

---

hang out   여기저기 돌아다니다

sit»   위의 표현은 '여기저기 서성거리다'라는 뜻으로 특별히 '할 일이 없어 돌아다니는 것'을 말하며 유사표현으로는 'hang around, goof off, fool around' 등이 있다.

con»   **Chole**

This isn't just gonna be a place for your friends to hang out.
여기는 당신들이 죽치는 곳이 안 돼.

JC

What, this lot? They're not my friends, they're customers.
뭐, 여기 말야? 이들은 내 친구들이 아냐, 손님들이지.

---

071   get on one's good side   누구에게 잘 보이다

sit» '...의 좋은 면 위에 있다'라는 말은 '누구에게 잘 보이다'라는 뜻이 된다.

syn» suck up to...=shine up to...

con» **Seth**

 Get on my good side and sit still and don't talk.
나에게 잘 보이려면 가만히 앉아있고 아무 말도 하지 마.

Richie

Get a better deal than 30%?
30%보다 더 줄 작정이야?

exts» loot: 훔친 물건, 전리품(trophy)

---

072   hang in there   포기하지 않고 꿋꿋이 견디다

sit» 이 표현과 유사한 표현은 매우 다양하다. 'hang'은 '달라붙다'라는 뜻으로
'...안에 달라붙어 있다'라는 뜻이므로 그 뜻을 가히 짐작할 수 있다.

con» **Richie**

I am just saying ...
나는 단지 ...말하고 ...

Seth

Conversation is over. Okay. Gloria, you hang in
there. Follow the rules and you'll get out of it alive. I
promise. Okay. I'll be back in a bit.
얘기 끝났어. 알았어. Gloria, 참고 기다려, 규칙만 잘 지키면 살려 줄 거야.
약속해. 좋아요. 금방 돌아올 거야.

exts» last thing: 가장 ...하지 않을 것 같은 일 congregation: 교회의 회중 pops: 〈구어〉
부르는 말로 아저씨 Come again?: 다시 말하겠습니까(Pardon=I am sorry)?

073   in hot water   곤경에 처해

sit»   뜨거운 물 안에 있다고 생각하면 얼마나 뜨겁고 견딜 수가 없겠는가?

syn»   up the creek=in a prediicament

con»   **Jacob**

Is this about money?
돈 때문이에요?

Seth

Yes, but not yours. My brother and I are in hot water. We need your help.
그래, 하지만 당신 돈은 아냐. 우리 형제가 곤경에 처했어. 당신이 도와 줘야 돼.

exts»   run[boss] the show: 일을 혼자서 처리하다[좌지우지하다], 주도권을 잡다(take the initiative). You got it.: 알겠습니다(점원이 손님이 주문한 것을 갖다 주려고 하며 하는 말). epitome: 전형, 요약 patron: 고정손님 gape at: 입을 딱 벌리고 쳐다보다 mesmerize: 최면을 걸다(hypnotize). piece of shit: 〈비어〉 망나니 pop open: 번쩍 뜨다 pound: 연거푸 때리다

074   A as in B   'B' 말[단어]속에 있는 'A'

con»   **Jacob**

I was a minister.
나는 목사였소.

Seth

Was as in not any more?
지금은 아니란 말인가?

gr»   원래문장은 '(You) was (a minister) as in (you are) not (a minister) any more?: 당신은 더 이상 목사가 아닌 (과거는) 목사였나요?'이다.

rf»   x as in x-ray: x-ray 말[단어]속에 있는 x(철자를 정확히 말해줄 때 쓰이는 표현)

syn»   x for x-ray.

exts»   chomp: 달려 물다 yank: 홱 잡아당기다 burst in: 갑자기 들어닥치다

075   up close and personal.   진솔하게 비밀을 터놓는

rf» 이 표현은 유명 인사들(celebrities)이 방송과 인터뷰를 할 때 사생활을 솔직히 털어놓은 상황을 묘사하는 데부터 유래.

syn» speak one's mind=make a clean breast of

con» **Seth**

Why did you stop?
왜 그만뒀지?

Jacob

I've gotten as up close and personal with you as I'm going to get.
나는 당신에게 털어놓을 만큼 그렇게 진솔하게 비밀을 털어놓았소(문맥상으로는, '당신에게 취조당할 만큼 당했소.'의 뜻).

---

076   on a wild goose chase　　　　헛되이 시간만 낭비하는

sit»　'어디로 날지 예측할 수 없는 기러기를 뒤쫓는 행동은 부질없다'라는 데서 유래했으며 아무 이득 없이 시간만 소비할 때에 쓰이는 표현.

rf»　'헛수고하다'라는 의미의 숙어는 다음과 같다. beat the air=knock at the open door=go on a fool's errand=make a vain efforts=be a waste of labor

con»　**Marlowe**

He's leading you on a wild goose chase.
그가 당신을 헛되이 시간만 낭비하도록 이끌고 있소[그가 당신을 이용하고 있는거요].

Karen

No, this is the truth.
아뇨, 이건 진실이에요.

exts»　get publicity: 이름이 알려지다(go public). against the clock: 매우 촉박한 as it is: 〈문장 끝에 오면서〉 현재 상태로도 이미 disfigured: 용모가 흉한 memento: 기념품 voice overr: 화면 밖으로부터 화면을 설명하는 목소리 take off: 갑자기 가버리다

---

077   draw (A) in...　　　　(A)를 (술수나 책략 따위에) 말려들게 하다

sit»　'draw'는 '...로 이끌다'라는 뜻이 있다. 그러므로 '...을 안으로 끌어들이는 것'이므로 이해가 가능하다.

con»　**Marlowe**

He's drawing you in.
당신은 그의 술수에 말려들고 있는 겁니다.

Karen

He thinks he is. At last I'm getting somewhere with him.
그가 그렇게 생각할 수도 있겠죠. 하지만 성과가 있을 거예요.

cf)　get nowhere: 성과가 없다

ask ... out ...에게 데이트를 신청하다

sit» '누구에게 물어 밖으로 나가자'라는 뜻이므로 이해가 가능하다.

rf» eat out: 외식하다 take out: 음식물을 가져가 먹다

con» **Simon**

We talked for a while. And eventually I asked her out.
잠시동안 우리는 이야기를 나눴죠. 그리고 결국 나는 그녀에게 데이트를 신청했죠.

Karen
And...
그리고...

exts» acute: 급성의 ↔ chronic: 만성의 paranoia: 편집증, 과대망상증 sexually assaulted: 성폭행당한 sexual harassment: 성희롱 sexual misconduct: 성추행 sexual perversion: 성도착층 sexual abuse: 성적인 학대

---

079 **That's it.** 그게 다야(That's all=All set).

sit» 위의 표현은 '그게 전부야.'라는 뜻으로 'That's all.'만큼이나 자주 쓰이는 유용한 표현이다.

syn» That's everything.=That's all she wrote.=That's the extent of it.=That's exactly right.=Precisely.

con» **Simon**

Some eggs, beef, onions, and vegetables for a salad.
계란 몇 개랑 소고기, 양파, 그리고 샐러드에 필요한 야채 좀 구입해 줘.

Karen
That's it. We don't need anything else.
그게 전부야. 더 필요한 것 없어.

exts» belittle.: 무시하다 go to[stand] trial: 재판을 받다 be fit to...: ...하기에 적합하다 sick bastard: 미치광이

---

080   **talk A out of B**   A를 설득해 B하지 못하게 하다

---

sit» 'A에게 말을 해 B로부터 나오게 하다'라는 의미가 있으므로 이해가 가능하다.

ant» talk A into B: A를 설득하여 B하게 하다

con» **Ramirez**

  I hope you're not trying to talk me out of my lawsuit because what you don't understand is ... they kept me chained in that cell for two more day ... after I identified myself ... after I told them who I was.
그들을 고소하지 말라고 날 설득하진 말아요. 왜냐하면 당신은 모르겠지만... 그들은 나를 이틀이나 이 쇠사슬로 묶어 감방에 가둬 놨기 때문이요. 내가 누군지 신분을 밝혔는데도 말이에요.

Jack

Lieutenant Commander, I'm not here about lawsuit!
소령, 나는 소송문제를 따지자고 온 게 아니오!

exts» pick ... up: ...를 체포하다 cell: 형무소, 세포 mastermind주도하다, 조종하다 growth industry: 성장산업

---

081   **No hard feelings.**

좋지 않은 감정[유감]은 없어., 언짢은 감정은 없어.

---

sit» '위의 표현은 유감은 없어.'라는 의미로 상대방이 자신의 감정을 상하게 한 일에 아량을 구할 때 쓴다. 또한 누구와 다툰 다음 화해를 청할 때 쓸 수 있다.

syn» I have nothing against...=I have no offense about...

con» **Amos**

  I hope there are no hard feelings.
나쁜 감정[유감]은 없기 바라네.

Ramirez

I'm sorry to disappoint you but there are a lot of hard feelings.
실망시켜서 미안하지만, 감정이 엄청 많군요.

exts» surveillance: 정찰, 감시 tracking center: 추적 센터 aside ...: ...제쳐두고, 접어두고, 이외에도, 제외하고 push to all one's limits: ...을 극한 상황에 몰아넣다

con»   **Amos**

This is going to be unlike any learning experience
you've had in the Navy. For one thing, we're going to
push to all your limits.
이 번 훈련은 자네가 해군 시절 터득한 경험과는 전혀 다를 걸세. 우선, 자넨
극한 상황을 겪게 될 것이네.

Ramirez

So, when do we start?
그럼 언제 시작할 겁니까?

---

083   **out of line**   (행동 따위가) 정도를 넘어선

sit»   '선을 지나, 선 밖에 있는'이라는 뜻이므로 이해가 가능하다.

con»   **Ramirez**

Listen, I've had some time to think. … I don't know
about anything anymore.
이 보세요. 생각을 좀 해봤는데요. … 난 이제 뭐가 뭔지 더 이상 모르겠어요.

Jack

He was a baseball dad. He deserves it. From what I
heard, he was way out of line.
그는 야구광인 아버지이시다. 그는 그것을 받을 만한 자격이 있다구[자네가
그럴 만도 했다구]. 내가 들은 바로는, 그는 좀 지나쳤더구만.

syn»   He was way out of line.=He was too much.=He has gone too far.=He went to
the extremes.: 그는 너무 지나쳤다.

rf»   way=too=so: 너무, 매우

gr»   not … any more=not … any longer=no more …=no longer: 더 이상 … 않는

ex»   I am not a baby any more.=I am not a baby any longer.=I am no more a
baby.=I am no longer a baby.: 나는 더 이상 어린애가 아니야.

084   What's your beef?   불평[불만]이 뭔가?

sit»   불고기를 먹는 데 본인의 것이 작거나 맛이 없어 보였는지 모른다. 이걸 보고 상대방이 하는 말로 생각하면 어떨까?

syn»   Why do you complain?=What do you complain for?=What are you complaining about?

con»   **Jack**

He was a baseball dad. He deserves it. From what I heard, he was waiy out of line. So, what's your beef? You think Karlos had a change of heart, he's turned sweet all of sudden?

그 사람은 야구광인 아버지야. 아비가 그럴만도 했다구. 내가 들은 바로는 그 사람이 좀 지나 쳤더구만. 근데 당신의 불평이 뭔가? 자넨 Karlos가 마음을 고쳐먹었을 거라고 생각하나. 갑자기 착한 사람으로 변했다고 생각하나?

Ramerez

You don't have to tell me about Karlos. I know exactly who Karlos is.

Karlos 얘긴 할 필요가 없어요. 그가 어떤 놈인지는 잘 안다구요.

rf»   don't have to+동.원=need not+동.원: …할 필요가 없다

---

088   Time is up.   시간이 다 됐다.

sit»   위의 표현은 '시간이 다 됐다'라는 뜻으로 '어떤 일을 하는 데 필요한 시간이 끝났다'라는 것이다.

syn»   That's all the time we have.=That's it.

con»   **Amos**

If you pass the test, we'll answer some of your questions. ... Time is up!

이 시험을 통과하면 몇 가지 자네 질문에 대답해 줄 것이다. 이젠 그만!

Ramirez

She had a man over.

집안에 남자를 끌어들였더군요.

exts»   rules follower: 규칙을 잘 지키는 사람 ravish: 강탈하다, 강간하다 link: 유대관계, 연줄(connection=strings to pull). smoking gun: 명백한 증거 go over to...: ...의 편에 붙다, ...에 투항하다 lay out: ...를 계획하다 bum: ...을 무료로 얻다 backfire: 실패하다, 허사다 sticky: 무덥고 습한, 끈적이는 show time: 행동개시(시간), (스포츠의) 명경기 장면 turn sweet: 태도가 부드럽게 변하다

---

086   This is nuts.　　　　이건 말도 안 되는 일이다.

---

sit»　'nut'란 의미에는 견과류 외에 '미친(crazy)'이란 뜻이 있다.

con»　**Melissa**

This is nuts. I wonder where her mother is. She must be worried sick about her. I can't believe you got me involved in this, Emily.

이것은 말도 안 되는 일이야. 그녀[엄마 곰]가 어디 있을까? 새끼 곰 때문에 걱정일 거야. 너 때문에 이 일에 말려들다니, Emily.

Emily

What are you doing?

뭐하고 있어요?

rf»　get involved in...: ...에 관여되다

exts»　poacher: 밀렵꾼 on sight: 보자마자 nab: 붙잡다 Poor thing: 불쌍한 것[일]

---

087   ground　　　　...외출금지시키다

---

con»　**Emily**

No, she's a friendly bear. I want to keep her.

아냐, 그녀는 친절한 곰이야[위험하지 않아]. 내가 기를래.

Melissa

If he finds out we let a bear in here, we'll be grounded for the rest of our lives!

만약에 곰을 들여놓았다는 것을 아시면, 평생 외출금지야.

rf»　ground: 외출금지시키다

cf»　detention: 구금, 구류(custody)

exts»　You got that?: 알아들었어?

088 nip ... in the bud 미연에 방지하다

sit» 'bud'란 '꽃봉오리'를 말하고, 'nip'이란 '싹둑자르다'를 말한다. 이 두 말을 조합하면 이해가 가능하다.

rf» nipper: 철사 등을 자르는 연장

con» **Sara**

Have you seen how happy our daughter is? Maybe we should let her keep it for a few days. Might help get her out of the slump she's been in.
Emily[our daughter]가 저렇게 좋아하는 거 본 적 있나요? 며칠만이라도 같이 있게 해줘야겠어요. 슬럼프에서 빠져나오는 데 도움이 될지도 모르잖아요.

Greg

You can't be serious. Anyway, the longer it stays, the harder it will be for Emily to say good bye. <u>Better nip this thing in the bud right now.</u>
농담이겠지. 어쨌든 오래 있으면 있을수록 Emily가 떨어지기가 힘들어. <u>당장 보내는 게 오히려 좋아.</u>

rf» You can't be serious.: 농담이겠지.

gr» Might ...=(It) might ...,: ...지도 모른다 Better+동.원=(You had) better+동.원: ...하는 편이 낫다 the+비교급 ... the+비교급: ...하면 할수록, 더욱더 ...하다

---

089 chances are...

...할 가능성이 있다, 아마 ... 지도 모른다

syn» It is likely that...=Probably...=Maybe...

con» **Greg**

What now? You didn't get me in enough trouble today?
이게 뭐죠? 오늘 이만 그만했으면 되지 않았나요?

Porter

Ah! Sorry. I don't mean to disturb you, just wanted to know if you've seen the cub, <u>cause chances are it'll come back here to get fed.</u>
오! 미안하오. 방해하려는 게 아니라 새끼를 봤나 해서요. 왜냐하면 <u>먹을 걸 구하기 위해 아마 다시 돌아오기도 하거든요.</u>

rf» get ... in trouble: ...에게 말썽을 일으키다
gr» cause=because

090 clean up   ...사태를 수습하다(smooth out)

syn» save the situation.

con» **Schroeder**

Now get away from that cage. Are you out of your mind? Oh, Porter, it's good that you're here, you (had) better clean this mess up.
곰우리에서 물러나. 정신 나갔어? 오, Porter, 잘 왔네. 사태를 수습해봐[어떻게 해봐].

Porter

You're in trouble, Schroeder.
곤경에 빠진 건 당신이야, Schroeder.

exts» Holy smoke!: 이런! 놀람을 나타내는 외침 Give me a break.: 농담하지 마.

091 I'm taking Schooeder and his pal into custody.
Schroeder일당을 체포하겠네.

con» **Sergeant**

Porter. Kids okay? I'm taking Schooeder and his pal into custody.
Porter, 애들은 무사한가? Schroeder일당을 체포하겠네.

Porter

Sergeant, ... on behalf of the Canadian Conservation Services, I'd like to press charges against one more poacher.
경사님, ... 캐나다 동물 보호소를 대표해, 또 한 사람의 밀렵꾼을 고소하고 싶습니다.

rf» on behalf of...: ...위하여, ...대신해서 take ... into custody: ...를 구속[감시, 감금]하다 press charges against...: ...누구를 고발[기소]하다

exts» That's it.=That's all. tracks: 발자국 keep ... in captivity: ...을 사육하다 warrant: 영장 bail out ...: ...를 보석금으로 석방시키다 make it: 성공하다 pal: 친구, 공범자

092   in favor   찬성하는

con» **Lord Walton:**

They are looking for a scholar of the very highest standing. <u>All those in favor</u>?
그들은 최고의 학자를 찾고 있습니다. ... 모두 찬성합니까?

Board Members:

Yes!
좋습니다!

exts»   unveiling: 공개 preside over...: ...을 주재하다 fetch: 데리고[가지고] 오다 Marvelous!: 잘했네!, 아주 좋아! broach: 말 따위를 꺼내다 for many years to come: 앞으로 오랫동안 incontrovertible: 논란의 여지가 없는(uncontroversial). dwarf: 난장이, ...을 무색하게 하다, 보잘것없게 하다 meager: 보잘것없는

093   I have nothing against Jon Bon Jovi.

나는 Jon Bon Jovi에 대해 나쁜 감정이 없다.

syn»   I have no hard feeling about Jon Bon Jovi.

con»   **Bernice**

I genuinely believe that we could get Jon Bon Jovi.
Jon Bon Jovi 를 초청할 수 있다고 확신해요.

David

Jon Bon Jovi? <u>I have nothing against</u> Jon Bon Jovi. But <u>so far as I know</u>, Mr. Jovi knows absolutely nothing about nineteen century impressionism.
Jon Bon Jovi를? 난 그에 대해 나쁜 감정은 없지만, 내가 아는 한, 그는 19세기 인상주의에 대해 아무것도 몰라요.

Jennifer

Oh, come on, the guy is gonna be a creep.
오, 아빠. 그 사람과 같이 지내면 불쾌할 거예요.

rf»   so far as ...=as far as ...: ...하는 한
exts»   Mary is a real <u>creep</u>.: Mary는 정말 불쾌한 존재다.

094 a once-in-a-lifetime opportunity

평생에 한 번 있을까 말까 한 기회

sit» 평생에서 한 번 정도 기회는 매우 드문 기회가 될 것이다.
cf» once in a blue moon: 거의 드문

con» **David**

Okay, there is no need to get excited here. I thought he'd be very exciting to have around, to learn from and talk to. This is a once in a lifetime opportunity. What I'm saying here is that Doctor Bean is a very remarkable man.

좋아, 흥분할 필요 없어. 그와 함께 지내며 얘기하고 배우는 게 정말 신나는 일일 거라고 생각한 거야. 이건 평생에 한 번 있을까 말까한 기회라고. 내 말은 Bean박사는 대단한 사람이라는 거야.

Jennifer

Oh, come on, the guy is gonna be a creep. All Englishmen are ugly.

오, 아빠, 그 사람과 같이 지내면 불쾌할 거예요. 모든 영국인들은 매우 추해요.

exts» PR=Public Relations: 홍보

095 get down to business   본론에 들어가다

syn» get to the point.

con» **Grierson**

Let's get down to business. I've asked Bernice to run through the order of the events for the opening.

본론으로 들어가지요. 개막식 행사 일정을 대충 훑어보도록 Bernice에게 요청했습니다.

Bernice

Now you will note that anything pertaining to special media necessities, is prefixed with an asterisk.

언론이 특별히 매체 요구한 사항은 별도[스타표시]로 앞에 표시해 놓았다는 걸 아실 겁니다.

rf» run through: 대충 훑어보다(skim), 그럭저럭해내다 pertaining to...: ...과 관련된 prefix: 앞에 붙이다 asterisk: 별표(*)
exts» benefactor: 후원자 fill hours: 시간을 채우다 throw in: (말 따위를) ...에 삽입하다, 무료로 일부를 주다 screw up: 잘못을 저지르다, 망치다 raise the subject: 문제를 제기하다(bring up the subject)

096   come to grips with...   ...(문제와) 씨름하다.

con»   **Alison**

So you two can stay here and really <u>come to grips with post modernism.</u> But I am taking our children to my mother's

그러므로 당신 둘은 여기에 남아 포스트모더니즘 문제에 관해 진지하게 이야기 해보시오. 난 애들 데리고 어머니한테 가겠어요.

Grierson

All right, folk, enjoy her while you can. After this morning we lock her away until the guy who paid fifty million dollars for her turns up.

좋아요, 여러분, 그림(her)을 마음껏 감상하세요. 오늘 아침 이후로는 이 그림을 위해 5천 달러를 기부한 분이 오실 때까지 그림을 볼 수 없을 거예요.

exts»   turn up: 나타나다 security console: 보안 장치 map: 그려져 있다, 상세히 표시돼 있다 snazzy: 세련된, 멋진(swell), negligence: 직무 유기(dereliction). calm down: 진정하다 salute: 경의를 표하다 philanthropist: 박애주의자

---

097   get[go] on with...   (일 따위를) 진척시키다, 시작하다

con»   **David**

Thank you, ladies and gentlemen. I am not a traditional art lover but I love my country. I can't stand the idea of a bunch of Frenches owning America's great painting. <u>Let's get on with it.</u>

여러분 고맙습니다. 나는 정통파 미술 애호가가 아니지만 나의 조국을 사랑합니다. 나는 미국의 위대한 그림을 프랑스놈들이 가지고 있다는 사실을 참을 수가 없었소. 어서 시작해봅시다[여기선 '만나봅시다'의 뜻].

Beth

Whatever you did you're a genius and I love you.

무엇을 했든 당신은 천재요 그리고 사랑해요.

exts»   coma: 혼수상태 sort of: 다소 약간(kind of=a little=somewhat)
gr»   관계대명사[관계부사]+ever: ...이든지 간에, ...일지라도 ('양보'의 뜻으로 해석해야 한다.

---

098 **When is Harrer due?** 하러 부인 출산 예정일이 언제입니까?

---

con» **Naziofficial**

Yes. Yes. But I'm sure that as a distinguished member of the National Socialist Party ... You would be proud to plant our country's flag on the summit of Nanga Parbat. When is little one due, Mrs. Harrer?

좋소. 좋소. 그러나 국민 사회당의 유명 당원으로서 ... 우리 조국의 깃발을 낭가 파벳 정상에 꽂는 것을 자랑스러워 할 것으로 믿소. 출산 예정일이 언제지요, Harrer부인?

Ingrid

About the time my husband reaches the base camp.

남편이 베이스 캠프에 도달할 때 쯤이겠죠.

rf» about the time=by the time: ...쯤이면, ...쯤에 이르면 due: ...기간이 된, 적당한, ...하기로 되어있는, 회비

---

099 **put one's life at risk** ... 생명을 위험에 빠뜨리다

---

con» **Harrer**

It's not your problem.

당신이 알 바 아니요.

Peter

Actually, it is my problem. It's my life. When you conceal a serious injury and put my life at risk I consider that my problem

실제로 이건 내 문제야. 내 생명이 걸렸어. 당신이 중상을 입고도 감춰 내 생명이 위태로워진다면 그건 내 문제지.

exts» plant: (기 등을) 꽂다 shot: 시도(try) P.O.W.=prisoner of war: 포로 the authority on...: ...에 대한 권위자 jail-breaker: 탈옥자 charade: 제스처 게임(도움을 받기 위해 온갖 몸짓을 하는 것을 말함(또는 그런 게임)

100   impose on ... nature   ...한 성격을 이용하다

syn»   take advantage of ... nature.

rf»   nature: 성격, 천성

con»   **Peter**

I'm sure you're heartbroken. May I impose upon your generous nature and camp here tonight?

마음 아파할 줄 알았네. 자넨 너그러운 사람이니[내가 자네의 너그러운 성격을 이용할 수도 있을 겁니다] 오늘밤 내가 여기에서 자도 되겠지?

Harrer

Be my guest.

좋으면 그렇게 하세요.

exts»   monk: 수사(friar), 승려 nun=convent: 수녀 foot the bill: 비용을 전액 지불하다 fill the bill: 요구를 충족시키다 bazzar: (특히 중동의) 시장, 잡화시장 junk: 잡동사니(odds and ends), 폐물

---

101   Be my guest.   원하는 것을 해도 좋소.

con»   **Harrer**

Be my guest.

좋으실 대로 하세요.

Peter

It is very gracious of you.

당신은 아주 친절하시군요.

gr»   It is very gracious of you.=You are so kind.

cf»   It's very gracious of you to say so.: 당신은 정말로 친절하시군요.It's easy for you to speak English.: 당신이 영어를 말하는 것은 쉽다. (이처럼 의미상의 주어가 'of+목적격' 일 때는 '감탄조'로 해석한다. 이유: 감정[인간의 속성]의 형용사가 올 때는 'for+목적격'이 오지 않고, 'of+목적격'이 온다. 감정형용사의 예: kind, gracious, ...

exts»   remorse: 양심의 가책 seamstress: 여자재봉사 Stand still please.: 움직이지 마세요.

102   Gotta go   (전화) 끊어야겠어.

con»   **Harrer**

Hey, Peter.
어머나, Peter이군요.

Peter

Hi, Harrer. Wait till you hear.
안녕, Harrer. 다 들을 때까지 기다려요.

Harrer

Why are you out of breath?
왜 그렇게 숨이 가빠요?

Peter

I just came back home after jogging right now.
방금 뛰고 돌아왔어요.

Harrer

I'm so busy. Gotta go. I'll call you back soon.
바빠요, (전화) 끊을게요. 다시 걸겠어요.

rf»   out of breath=panting: 숨이 가쁜

gr»   Gotta go는 I've got to go의 표현을 빠르게 말하기 위해 생략하고, 줄인 표현이다.
따라서 발음도 '가라고우'

exts»   I'm filling in.: 내가 대신이야. It's time to move on.: 새 출발을 할 때가 됐지. You're
the meaning in my life.: 당신은 내 삶의 이유예요. We broke up.: 우린 헤어졌어.

---

103   by my calculations   내 계산으로는

syn»   by my measurements

con»   **Harrer**

By my calculations, the Chinese border is two
thousand and fifty-eight kilometers away-. Tibet is
sixty-eight.
내 계산으로는, 중국까진 2천 58킬로미터나 돼. 티벳까지는 68킬로미터이고.

Peter

I think you are wrong. By my measurements it is
sixty-five kilometers to Tibet.
자넨 틀렸어. 내 계산으로는 티벳까지 65키로미터야.

104 foot the bill   비용을 전액 지불하다

rf»   fill the bill: 요구를 충족시키다

con»   **Peter**

You think I'm so happy to be travelling with you, I should foot the bill, huh?

자넨 내가 자네랑 여행하는 게 너무 좋아서, 내가 전액을 지불해야 한다고 생각하지?

Harrer

You have a problem, Peter?

Peter, 뭐가 문제야?

105 I don't have all day.   시간이 없어요.

sit»   어떤 일을 서둘러 달라고 재촉할 때 쓰는 말

syn»   I am runing out of time.=I don't have much time.

con»   **Perma**

You do not need to introduce yourselves. I know who you are. I am Perma. Ngawang wishes to make a gift to you, so please take off your clothes. Come now. Let's get started. I don't have all day.

소개하실 필요는 없어요. 누구신지 다 알고 있어요. Perma라고 해요. 나왕이 당신들에게 선물을 주고 싶어요, 그러니 옷을 벗으세요. 자 어서요. 시작하죠. 나는 한가한 사람이 아니에요.

Peter

Who is he to be so thoughtful?

이렇게 신경 써주는 분이 누구시죠?

rf»   Let's get started.=Let's get going.: 시작합시다

gr»   'Who is he to be so thoughtful?: 그렇게 신경 써주는 그분은 누구시죠?'의 뜻으로 'to be so thoughtful'이 앞의 대명사 'he'를 꾸며주는 형태다.

con»   **Perma**

No moving, please. Walking up mountain is a fool's pleasure, Heinrich.

가만히 있어요. 등산은 바보들의 놀음 같아요, Heinrich.

Harrer

Not so foolish.

꼭 그렇다고 볼 수는 없어요.

Perma

You admire the man who pushes his way to the top in any walk of life while we admire the man who abandons his ego.

당신네들은 어떤 분야로부터든지 최고의 자리에 오른 사람을 존경하지만 우린 자기를 완전히 버린 사람을 존경해요.

gr»   부정 명령문 작성하는 방법: Don't+동.원...=Stop+동.원ing=No+...ing: ...하지 마라, ...안 돼

ex»   Don't move.=Stop moving.=No moving.

exts»   Excellency: 대사, 총독, 각하, 장관 등에게 붙이는 존칭 people of all classes: 모든 계층의 사람들]

---

107   **make ..contribution to...**   ...에게 ... (재정적) 지원을 하다

con»   **Amban**

Perhaps you could help us explain why the Ministers demand that the Chinese Government cease making generous financial contribution to Tibetan monasteries.

당신은 왜 티벳 각료들이 중국 정부가 티벳 사원에 충분히 재정 지원을 하는 것을 중단하라고 하는 지 설명하도록 도와줄 수가 있겠소?

Ngawang

I am only a mere secretary.

전 일개 비서관에 불과합니다.

gr»   cease+...ing=stop+...ing

rf»   contribution: 기부, 기부금, 지원, 기여

108 keep (A) up-to-date on...

(A)에게 ...에 관해 최신 정보를 알려주다

con» **Peter**

The rumor is that the Communists have taken over
the whole of North and Central China.

소문에 의하면 공산당이 중국 북부와 중부 를 장악했더군.

Harrer

Rumor? It's a fact, Peter. Ngawang keeps me up-to-date
on all China's war news.

소문이라구? 그건 사실이야. 피터. 나왕이 전쟁 소식을 계속 알려줬어.

exts» Your Holiness: 성하 (원래는 로마교황의 존칭이다.)

109 make an arrangement 채비를 갖추다

con» **Harrer**

You have to leave. You have to leave Tibet, Ku-Dun.
Your life is at great risk. Forgive my presumption but I'
ve made an arrangement to get you out safely.

이곳을 떠나셔야 합니다. 티벳을 떠나셔야 돼요, 쿠둔. 목숨이 위태롭습니다.
제 무례함을 용서하십시오, 하지만, 안전하게 떠나실 채비는 해두었습니다.

DalaiLama

How can I help if I run away from them?

내가 떠나면 백성들을 어떻게 돕겠어요?

exts» secure: 손에 놓다 ransack: 약탈하다 scripture: 경전 presumption: 주제넘음,
건방짐 enthronement: 즉위식, 취임식(inauguration (ceremony)

110　get the wrong idea　오해하다, 이상하게 여기다

con» **Ross**

 Come in. Don't get the wrong idea, eh. Didn't buy any of it. It's my inheritance.
들어오시오. 이상하게 생각하지 마시오, 에. 내가 산 건 아무 것도 없소. 다 유산으로 받은 거요.

Jason

We've been looking at your accounts for a number of years. We never spotted. any suspicious expenditure.
우린 여러 해 동안 당신 사업의 거래 내역을 조사해왔습니다. 의심할만한 지출은 없더군요.

rf» Don't get the wrong idea.=Don't get me wrong.: 오해하지 마세요.

gr» have been …ing: 현재완료진행형(과거부터 현재까지 …행해오고 있다)

exts» hardware shop: 술집, 철물점 furnishings: 세간, 가구 clean as a whistle: (전과 없이) 매우 깨끗한 mug: 얼굴 mug shot: (범인) 얼굴사진. thug: 청부업자 grand: 〈영〉천 파운드 〈미국〉천 달러) drop behind: 뒤에 처지다 dosh: 〈속어〉돈 cough up: (돈, 정보 등을) 마지못해 내놓다, …할 수 없이 말하다, 돈을 갚다(pay up). legitimate defense: 정당방어 practically: 사실상 basically: 다시 말하면 technically: 전문언어표현으로 말하자면, 엄밀히 말하자면 bug: 괴롭히다

111　put (A) on the phone　(전화상으로) (A)를 바꾸어 주다

con» **Tone**

 Hello? Angie? It's me. You're alright now? I'm fine. Fine. Great. How's our little one … Did she really? Put her on the phone.
여보세요? Angie? 나야. 잘 지내? 난 좋아. 잘 지내. 아주 잘 지내. 우리 작은 꼬마 … 친구 어때? 그녀 또한 잘 지내었는가? 그녀 좀 바꿔줘.

Speed&Bear:

Alright? Everything's okay?
잘된대? 모든 일이 잘 되고 있대요?

cf» put A through to B: 전화상으로 A를 B에게 연결시켜주다

112   All good things come to an-end.

모든 좋은일은 끝이 있기 마련이다.

con»   **Bear**

Sorry, Tone. Believe me. All good things come to an end. Always like that... That's why they're good...

미안해, Tone. 날 믿어줘. 좋은일은 늘 끝이 있기 마련이지. 늘 그래... 그래 좋은 거고.

Tone

A woman, ... you've got no heart.

여자가 있는데... 넌 정말 인정이라 곤 하나도 없군.

rf»   come to an end: 끝나다 bring A to an end: A를 끝내다

exts»   poo=crap: 〈속어〉 똥, 헛소리 chick: 아가씨 guts: 내장 piss=wee=urinate: 오줌 놓다 potty: 어리석은, 미친 soppy: 감상적인 knackered: 완전히 녹초가 된 The buzz is off.: 위협은 이젠 안 통한다. gutter: 하수구, 빈민가, 밑바닥 인생(사회) rhyme: 〈작시할 때〉 운(을 갖다), 〈일을 행할 때〉 논리적 이유without rhyme or reason: 아무런 이유 없이 valium: 신경안정제 run wild: 방종하다 liability: 빚, 부채, 부담스런 존재 sink: 파멸시키다 hassle: 말다툼 nice 'n' proper: 아주 말끔히 No sweat.: 문제없어.

113   have no heart   인정이 없다

con»   **Bear**

She has no heart.

그녀는 인정이 없다.

Tone

Yeah. A little.

그래요. 약간 그렇죠.

rf»   move one's heart: ... 마음을 움직이다, 감동시키다 What the heart thinks, the mouth speaks.: 〈속담〉 평소에 마음먹은 일은 입 밖으로 나오는 법이다. In your heart you know it's true.: 당신도 마음속으로는 그것이 사실이라는 것을 알고 있습니다.

114   put oneself(A) in one's(B) shoes

입장을 바꾸어 생각하다[(A)를 (B)입장에서 생각해보다]

con» **Bear**

Sorry, Tone. ... **All good things come to an end.**
Always like that ... That's why they're good.

미안해요, Tone. ... 좋은 일은 끝이 있기 마련이다. 항상 그래 ... 그래서 좋은 거고.

Tone

A woman, a baby ... **you've got no heart.**

여자아이가 있었는데 ... 넌 정말 인정이 없구나.

Bear

Put yourself in my shoes.

내 입장이 돼봐.

Tone

The coward's greatest excuse. Put yourself in my shoes.

비겁자들이 가장 크게 떠벌리는 변명이지. 내 입장이 돼보라구.

syn» Put yourself in my shoes.=Look at my position.=Look where I'm coming from.

exts» scumbag: 〈속어〉 비열한 놈

115   be up to...   ... (무슨 일을) 하고[꾸미고] 있다

sit» 위의 표현은 '...하려고 하여, ...을 하는'이라는 뜻으로 'What are you up to?'라고 하면 'How are you passing the time?'이라는 의미다. 한편, 'The choice is all up to you.'에서 'up to'는 '...에 달려 있는'이라는 뜻이고, 'He is up to the job.'에서는 '그는 그 일을 잘할 능력이 있다.'라는 뜻이다.

con» **Speed**

Keep your hands up!

손들고 있어!

Tone

Did you really honestly think that I didn't know **what you were up to**?

너희에게 무슨 꿍꿍이가 있는지 내가 정말 모른다고 생각했니?

exts» feel ... in one's bones: 느낌이나 생각이 틀림없다고 확신하다

---

116 **get a move on**   서두르다

sit» '...계속 움직임을 가져라'라는 뜻이므로 이해가 가능하다. 보통 'Hurry up'을 쓰기도 하고, 간단히 'Move'를 쓰기도 한다.

con» **George**

Morning, Kids. Better <u>get a move on</u> or you'll be late for school.
잘잤니. 애들아. <u>서둘러야지</u> 그렇지 않으면 수업에 늦을 거야.

David

I don't believe this.
믿어지지 않아.

Jennifer

Neither do I.
나도 마찬가지야.

exts» Cut it out!: 그만해! bust: 망가뜨리다 Holy cow!: 저런, 우려나 놀람을 나타내는 감탄사 fella=fellow. go out: 작동하지 않다 oomph: 〈속어〉 힘, 매력, 성적 매력

syn» get going: 서두르다(shake a leg), be on: 시작되다 huh: 그런가(문장 뒤에 쓰여 '부가 의문문'처럼 쓰이고 혹은 문장 앞에서 의문을 나타낼 때 쓰임) flattering: 어울리는, 아첨하는

---

117 **dig in!**   얼른 먹어라!

con» **George**

Well, come on. <u>Dig in</u>!
자, 빨리 먹어!

Skip

I sure am glad you said you'd come out with me.
나랑 데이트한다고 말해줘서 정말 기뻐.

cf» dig in: 파다, 먹다 dig out=dig up: 파내다, 우연히 발견하다

rf» stick in one's throat: 목에 걸리다

118 come out with A

A와 데이트하다

sit» '...와 함께 나오다'이므로 이해가 가능하다.

syn» have a date with A=date A

con» **Skip**

I sure am glad you said you'd come out with me.
나랑 데이트한다고 말해줘 정말 기뻐.

Jennifer

Well, gee whiz, Skip. I sure am glad you asked me.
글쎄, 놀라워라. Skip. 데이트 신청해줘 기뻐.

Skip

I don't know if I ever said this to you before, but... I think you're the keenest girl in the whole school.
이런 말 전에 했는지 모르겠지만 말이야, 학교 다니는 애들 중 네가 가장 예쁘다고 생각해.

exts» keen: 아주 좋은, 썩 훌륭한 ... and everything: 앞말을 강조하기 위한 표현 TV dinner: 전자렌즈를 통해 간편하게 데워먹을 수 있도록 한 일회용 음식 Thank goodness!: 안도(relief)를 나타내는 감탄사 clear up=disappear

---

119 hold on to...

...을 고수하다(stick to...=cling to=adhere to...)

sit» 'on'은 '계속'을 나타내는 부사, 'to'는 '...에로'의 '방향'이나 '부착'을 나타내는 전치사다. 따라서 조합하면 이해가 가능하다.

con» **BigBob**

It's a matter of whether we want to hold on to those values that made this place great. So ... a time has come to make decision.
이곳을 훌륭하게 지탱해온 가치관을 고수하느냐의 문제입니다. 자, 이제 결단의 시간이 왔습니다.

Ralph

Together.
함께요.

exts» Look.: 이봐(주위를 환기시킬 때 하는 말). put on some makeup: 치장하다 sweetie: 사랑하는 사람에게 쓰는 sweetheart의 구어체 be charged with...: ...혐의를 받다 code of conducts: 행동 법규 laws of common decency: 공중도덕법 proceedings: 소송과정[단계] guts=courages. That's just the point.: 바로 그거예요.

120   That sure was swell.   정말 멋졌어.

con»

Margaret

Bud?

버드?

David

Oh, hi!

어, 안녕!

Margaret

That sure was swell.

정말 멋졌어.

David

Oh, Thank you, Margaret.

아, 고마워, 마거릿.

Margaret

I baked you some of my oatmeal cookies.

귀리밀 과자를 만들어 왔어.

David

Oh, no. You baked those for Whitey.

아, 아니야. 와이티를 위해 만든 거잖아.

Margaret

No. I baked them for you.

아니야. 너 주려고 만들었어.

exts»   swell은 우리가 일반적으로 '부풀다', '증가하다', '(감정이) 북받쳐 오르다'의 의미로
많이 알고 있는데, 형용사로 '멋진', '훌륭한'의 뜻도 있다는 걸 알아두자.

gr»   That sure was swell. 의 sure는 부사 surely의 뜻이다.

---

121   It just took me by such surprise.   나도 매우 놀랐거든.

con»   **Dyke:**

You know, I've been thinking. I might have been a
little hasty the other day when you asked to come
home. It just took me by such surprise, you know?
Ha ha. so even though I can't make any promises,
I figured if you asked me real nice I might just be
willing to talk about it again.

생각해 봤는데, 며칠 전 네가 집에 가겠다고 했을 때 내가 너무 심하게 굴었
지? 나도 매우 놀랐었거든. 하하. 약속은 못하겠다만 정중하게 다시 부탁하면
고려해보마.

David

I can't.

싫어요.

Dyke

What?

뭐?

---

122   I knew you'd pay a price for this.

네가 대가를 치를 줄 알았다.

---

con» **Jennifer**

Oh, We're stuck in 'Nerd-ville'. I knew you'd pay a
price for this. I knew you couldn't be so hopelessly
geek-ridden for so long without stuffering some
really tragic consequences. But it's just not fair. I was
getting really popular. Mark Davis was finally starting
to come around.

맙소사! 우린 '바보들의 세상'에 갇혔다고. 네가 이럴 줄 알았어. 그렇게 머저
리 같은 짓만 하더니 끝내 이런 비극적인 일을 겪는 거야. 하지만 난 억울해.
인기도 얻고 있었고, 마크 데이비스도 결국 나에게 눈길을 주기 시작했는데.

Biff

Hello, Mary Sue. What's all the commotion?

안녕, 메리 수. 무슨 일이야?

123   Are you up for it?   (제안에 대해) 너도 할래?

con»   **Jennifer**

Do you wanna leave, do you wanna go somewhere?
나갈래? 다른 곳으로 갈까?

Biff

Where could we go?
어디로?

Jennifer

Lover's Lane.
연인의 호수.

Biff

Lover's Lane!
연인의 호수로!

Jennifer

Yeah, Lover's Lane. You are up for it? Come on.
그래, 연인의 호수. 가겠어? 어서.

gr»   'be up for 명사(A)'은 상대방에게 뭔가를 제안할 때 쓰는 표현으로 '(A)할 마음이
있다('be willing to 동.원(A)', 또는 '... 하는 데 관심이 있다(be interested in)'라는
뜻이다. Lover's Lane: 연인의 호수('Pleasant Ville'에서 데이트하는 남녀들이 즐겨
가는 장소) Come on: 자, 가자

---

124   We have to just play along.   우리는 기다려야 해.

con»   **David**

We have to just play along for a little while till that guy
shows up again. Then I'll talk to him.
그 할아버지가 다시 나타날 때까지 기다려야 해. 그럼 내가 말할게.

Jennifer

Play along?
참으라구?

David

Yes! I'm Bud Parker and you're Mary Sue.
그래, 지금 난 버드 파커고 넌 메리 수야.

rf»   play along은 전혀 다른 세상에 왔지만 '주변에 맞춰 살면서(to pretend to agree to
do what someone wants)' 수리공 할아버지가 나타날 때까지 기다려야 한다'라는
의미로 쓰였다. show up: 나타나다, 얼굴을 내보이다 play along: 손을 잡다,
협력하다, 회답을 미루어 기다리게 하다

125   have a situation with A   A와 풀어야할 문제가 있다

sit»   ...와 평소에 해결하지 않은 문제를 가지고 있을 때 표현하는 말.

cf»   have a score to settle: 해결해야 할 빚이 있다.

con»   **Kevin**

I had a situation with his father. Had some trouble.
그의 아빠와 관계된 풀어야 할 일이야. 문제가 생겼다고.

Gloria

So, what, are you kidnapping kids now?
그러니까 뭐야, 지금 이 애를 납치하겠다는 거야?

exts»   loose ends: 미결 사항 Got that?: 알아들어? come after...: ...을 뒤쫓다 There you go.: 그럴 것 같다니까.

---

126   take the rap for A   A를 대신해 벌을 받다.

con»   **Kevin**

You want to talk. Let's talk. What do you want to talk about?
애 기나 하자. 얘기 하자구. 뭐에 대해 얘기할까?

Gloria

Look. I took the rap for you. Most people would've talked. I didn't talk. Look, we had a deal here.
자 보라구. 너 대신에 나는 벌을 받았다구[감옥에 갔다구]. 다른 사람들 같으면 다 불었을 거야. 난 안 불었지. 자, 우리가 약속한 거래가 있지.

gr»   Most people would've talked.: 다른 사람들 같으면 다 불었을 거야. (가정법 과거완료의 주절로 과거사실에 반대를 표현)

exts»   I mean it.: 진심이야. off from work: 휴가중인 pawn shop: 전당포 a home away from home: 아주 빈번히 다니는 장소 Let's go.: 자. (어떤 일을 촉구할 때 쓰는 표현) Hold on.: 잠깐만. hijack: 강탈하다, 탈취하다

127   What's the big deal?   뭐가 문제야?

con»

Sean

You never shot a short guy before. What's the big deal?

자넨 전엔 땅딸보를 안 쏴봤어. 대수롭게 생각할 필요가 없어.

Terry

Short, tall, fat, skinny ... they were all grown up.

땅딸보, 꺽다리, 뚱땡이, 말라깽이 그들 전부 다 어른들이지.

128   loose ends   미결 사항

sit»   원래는 '천, 끈 따위의 매지 않은 끝'이라는 의미지만, 여기에서는 '미결 사항'이 라는 뜻이다.

con»

Sean

I don't know. But I don't like to leave loose ends.

몰라. 하지만 확실히 끝을 맺고 싶어.

Terry

Did you forget something?

뭐 잊어버린 거 있니?

129   hang out with A   A와 빈둥빈둥 지내다

syn»   hang around with A.

con»

Gloria

What am I doing you? I didn't come up here to hang out with you. I got to be back in Miami by Monday. Keep still, kid.

내가 너랑 여기에서 뭐하는 거지? 너랑 빈둥빈둥하려고 여기에 온 게 아닌데. 월요일까지 마이애미로 돌아가야 하는데. 꼬마야, 꼼짝 마.

Sean

(into telephone to Kevin) Yeah, it's me. There're cops all over.

(전화로 Kevin에게) 예, 나야. 경찰들이 도처에 있어.

130 make a deal with... ...와 협상하다

Ruby

What are you doing? You're a smart girl. You're acting very foolish.

어쩔 생각이냐? 넌 똑똑한 여자야. 그런데 지금은 아주 어리석게 행동하고 있어.

Gloria

I want to make a deal with you. I'll give you the disk ... you tell Kevin to give me the kid.

당신하고 협상을 하고 싶어요. 디스켓을 줄테니 케빈에게 말해 아이를 놓아주라고 해요.

rf» cut the deal=close the deal: 협상을 성사시키다

---

131   push ... hard   ... 계속 밀어부치다

---

con» **Jack:**

I've thrown a few. Okay ... take anything looks good. Can I say something? You know, baseball is a ... thing that if <u>you push too hard,</u> you get exactly the opposite of what you're trying for. This time swing to miss.

좀 던져봤지. 좋아 ... 맘에 드는 걸로 쳐봐. 내가 충고하나 할까? 잘 알다시피 야구란 게 너무 밀어붙이다 보면 꼭 그 반대의 결과를 얻게 되지. 이번에 헛치려고 해봐.

Tom

Are you kidding?

농담하세요?

exts» go with...: ...에 따르다, 순응하다(comply with)

---

132   **get to it**   상황을 이해하다

---

con» **Tom**

You wanna play better, don't you? Drop your mitt.

더 잘하고 싶다고 했지? 그럼 글러브를 벗어.

Jack

Now, if you resist the force, that's exactly what you're gonna get resistance. Yet if you <u>go with it,</u> what you get is power. That's hard to understand right now, but <u>we'll get to it.</u> Okay, I'd like you all to sit up, cross your legs, sit up straight... breathe. Now just think about your breathing, Okay? Now, baseball is not just hitting and fielding. More than anything, it's thinking. What you think and how think it? Starting with this.

자, 뭔가 거부를 하면 얻게 되는 건 저항이야. 하지만 그걸 받아들이면 힘을 얻게 돼. 당장은 어렵지만 곧 이해할 거다. 좋아, 다들 양다리를 꼬고 똑바로 앉아... 호흡만 신경 써. 지금부터 호흡에만 신경 쓰는 거야. 야구는 공을 치고 수비하는 것만이 전부가 아니야. 무엇보다도[야구를 잘하려면] 생각이 중요해. 무엇을 어떻게 생각할까? 공에 대해 생각해보자.

rf» go with...: ...에 따르다, 순응하다 cross one's legs: 양다리를 꼬다 sit up straight: 허리를 똑바로 세우고 앉다

exts» do good deeds: 착한 일을 하다 firecracker: 폭죽 sound so sure: 그럴듯하다 get to see: 알게 되다 Like what?: 예를 들어?

---

133   That's all you are.   네가 그렇지 뭐.

---

con»   **Jack**

If you don't make a wish, I'll have to make one for you.
네가 소원을 빌지 않으면 내가 대신 소원을 빌어줘야겠구나.

Tom

Big deal! You don't fool me. You're just a ... bum. That's all you are, a bum.
됐어요! 웃기지 마. 아저씨는 떠돌이예요. 떠돌이밖에 안 된다구요.

rf» Big deal!=So what?=Who cares?: 그래서 어떻다고? 상관이 없어. bum: 떠돌이, 부랑자

134 A nickel gets you a cup of coffee?

도움이 안 된다., 쓸데가 없다.

sit» 5cent짜리 동전(nickel)은 가치가 거의 없는 돈이다. 이걸 가지고 커피 한 잔을 살 수 있는지 상상이 안 간다.

syn» It's no help to you.=It is worthless.

con» **Interviewer**

 You were fully exonerated.
결백이 완전히 밝혀졌는데.

Cotton

That and a nickel gets you a cup of coffee?:
그게 저에겐 무슨 이익이 되나요?

rf» nickel: 백동, 5cent짜리 동전 dime: 10cent짜리 동전 exonerate: ...결백을[무죄를] 증명하다, ...혐의를 벗겨 주다

135 set the record[facts] straight 사태의 실상을 낱낱이 전하다

con» **Interviewer**

Certainly, with Gale Weathers's book, and now the movie sets the record straight for Cotton Weary.
좋아요, Gale Weathers의 책을 통해 그렇고 이젠 영상을 통해도 당신(Cotton Weary)의 결백은 확실히 밝혀졌죠.

Cotton

Gale has been terrific through all this ...
이 모든 과정을 지켜보건데 Gale은 정말 대단한 리포터예요.

exts» fla(c)k: 난관(difficulties). starring role.: 주인공, 주연(hero). protagonist: 〈소설 따위의〉 주인공 ↔ antagonist: 주인공의 라이벌(opponent) deuteragonist: 부주인공 pre-med: 의예과 학생(의)

syn»   out of control.

con»   **Dewey**

I was just worried. Look Sid, if there is some freaked out psycho trying to follow in Billy Loomis footsteps, you probably already know him. Or her, or them. They are probably already in your life. They get off on that. I just want you to be careful, Sid.

걱정돼. Sid를 보라고. Billy를 흉내 내려는 정신 나간 사이코가 존재한다면, 당신은 그를 알고 있을지 몰라. 어쩌면 여자일지도, 공범인지도 몰라. 네 주위에 있을지 모르지. 그들은 그걸 즐기는 거야. 아무튼 조심해, Sid.

Sidney

You think I don't know that? What am I supposed to do? Cut everybody off, crawl under a rock?

내가 그런 걸 모를 것 같아요? 어쩌란 말이에요? 사람들과의 인연 다 끊고 집에만 있으란 말이에요?

rf»   get off on...: ...을 즐기다
exts»   follow in one's footsteps..: ...의 뒤[전철]를 밟다

---

137   **crawl under a rock**   몸을 숨기다, 세상 사람 앞에 드러내지 않다

syn»   hide from everybody.
rf»   ostrich: 타조, 도피자, 무사안일주의자

con»   **Sidney**

You think I don't know that? What am I supposed to do? Cut everybody off, crawl under a rock.

내가 그런 걸 모를 것 같아요? 어쩌란 말이에요? 사람들과의 인연을 끊고, 외부와 출입을 하고 있지 말란 말이에요.

Dewey

Just watch out. I'm going to just hang around. If that is alright with you?

어쨌건 조심해. 나도 네 주위에 있을게. 그래도 괜찮겠지?

gr»   be supposed to+동.원: 1)...하기로 되어있다 2)...해야한다 3)...하리라고 생각되다
exts»   You bitch: 성질이 못됐거나 불쾌감을 주는 사람에게 하는 욕 be out to...: ...을 하려고 하다 sequel: 속편, 연속작(series)

138   cash in on...   ...부터 많은 돈을 벌다

con»   **Randy**

The way I see it, someone is out to make a sequel.
You know, cash in on all the murder movie. hoopla.

제가 보기엔, 누군가가 지금 속편을 만들려고 하고 있어요. 알다시피, 액션영
화로부터 돈을 벌려고 해요. 야단법석이지.

Dewey

How do you find the killer Randy. That's what I want
to know.

Randy, 어떻게 범인을 찾아내지? 난 그걸 알고 싶어.

rf»   be out to...: ...하려고 하다 hoopla: 원모양 던지기 놀이, 요란한 선전, 야단법석,
멋있다!

exts»   gore: 찔린 상처 miss every major artery: 혐의를 벗어나다 have a half brain.:
영리하다, 똑똑하다 freaky: 미친

---

139   go on the air   방송에 나가다, 전파를 타다

con»   **Cotton**

She tells me if you and I went on the air, together.

그녀는 당신과 내가 방송탔다고 그래, 함께 말이야.

Sidney

Cotton, I can't ...

Cotton, 난 못해...

exts»   on the air: 방송 중에 stage: 계획하다, 염두에 두다 understudy: 대신[임시]하는
연기(하는 사람)

---

140   class act   일류, 뛰어난 일[사람], 걸출한[일급의]

행동[일].

con»   **Cotton**

I know. You don't like the press. But, Sidney ... It is
Diane Sawyer. She is a class act. This could be some
very, very heavy exposure.

네가 매스컴을 기피한다는 것을 알아. 하지만, Sidney ... Diane 토크쇼야. 그녀는 최고의 진행자라고. 우린 엄청나게 매스컴을 타게 되는 거지.

Sidney

Look, Cotton. Between the movie, and the book, people know the truth. There has been enough exposure. Why would you want any more?

이봐, Cotton. 영화랑 책을 통해, 사람들은 당신이 죄가 없다는 거 다 알아. 진실은 충분히 밝혀졌다구. 그런 마당에 뭐 더 필요하지?

---

141 drag one's name through the mud ...의 이름을 짓밟다

syn» give ... a bad name=dishonor=disgrace

con» Cotton

I don't know, Sidney. Maybe because I fucking deserve a little exposure. Come on Sidney, you drag my name through the mud.

나도 잘 모르겠어. Sidney. 매스컴을 좀 타고 싶다고나 할까? 말도 안 돼, Sidney. 날 그렇게 바보로 만들어 놓고.

Sidney

I'm sorry, but no.

미안하기 한데, 안되겠어.

rf» drag: 질질 끌다, 지체시키다. mud: 진흙

---

142 be after... ...의 뒤를 쫓다(chase)

con» Sidney

Hello? Hello? Oh God. Derek! We have got to out of here. Derek, he is after me.

누구세요? 누구지? 세상에. Derek! 여기로부터 나가야 해. 놈이 나를 쫓아오고 있어.

Derek

What are talking about?

무슨 소리야?

---

143 **cut it out!** 그만해(stop it)!

con» **Jennifer**

Cut it out, David. Mark Davis will be here in minutes!
그만해. David. Mark Davis가 금방 올 거란 말이야!

David

I got it.
알았어요.

exts» Let me tell you.: 정말(자신의 생각을 강조하는 말).

---

144 **flail around** (팔 따위를) 내두르다, 바둥거리다

con» **Dora**

That's a new one. (Gorden opens another room, where two men are keeping watch over Escobar, who is flailing around in a sack.)
처음 보는 것인데요. (Gorden 다른 문을 열자, 그 방에서는 자루 속에서 바둥거리는 Escobar를 두 명이 지켜보고 있다.)

Escobar

Let me out! Please! (McGrath hurries to shut the door.)
내보내 줘! 제발! (McGrath가 급히 문을 닫는다.)

exts» I'll say.: 그래요(상대방의 말에 동의할 때 하는 말). undo a clasp: 버클을 풀다(unfasten a clasp). mutt: 바보, 얼간이 Dismiss!: 〈구령〉 해산!(Fall out!)

---

145 **Let me tell you!** 정말! (자신의 생각을 강조하는 말)

con» **McGrath**

There's a lot of ham for these skinny legs, let me tell you.
빼빼씨에게는 정말 푸짐한 계집애로군.

Dra

That's a new one.
저런 건 처음 봐요.

rf» skinny: 뼈가죽만 남은, 바싹 여윈 a lot of ham: 〈비어〉 건장한 여자 ham: (연기를 과장하는) 엉터리[서투른] 배우

---

146 find intriguing ...구미[흥미]가 당기다

syn» find tempting

con» **West**

This is all I need to wear, right here.
난 여기, 이것만 휴대하면 충분 해.

Gorden

If you insist on wearing a fire gun, I have something which I think you'll find intriguing. I designed it to with this. (Gorden opens a cigarette case, revealing a tiny pistol inside.)
꼭 총을 소지해야겠다면, 구미가 당길만한 장소를 하나를 소개하지. 이 총이랑 한 짝으로 만들었어(Gorden이 담배 케이스를 열자 안에 작은 소총이 보인다.)

rf» insist on ...ing: ...을 주장[고집]하다

---

147 I was coming to that. 그 말을 하려던 참이었어.

syn» Those are my words.

con» **West**

He has an 80-foot tarantula. Yeah, well, I was coming to that.
80피트[25미터] 거구의 타란튤라 거미를 가졌단 말이지. 맞아, 그렇지 않아도, 그 말을 하려고 했어.

Gordon

Most impressive.
아주 인상적이었어.

exts» costume party: 가장무도회(masked ball=fancy dress ball). handpick: 손으로 뽑다, 고르다 buttocks: 엉덩이 outfit: 옷 한 벌 breezy: 통풍이 잘되는(drafty). stateroom: 특별한 고급 전용실

영화 속 찐 원어민 영어 따라잡기 1

148   stand in for...   ...을 대체하다

syn»   substitute for...=replace...=supplant...=take the place of...

con»   **Gorden**

I am the President of the United States. This man is an actor hired <u>to stand in for me</u> on public occasions. Not a very good actor at that.

난 이 나라의 미국 대통령이다. 이 친구는 공식 석상에 날 <u>대신해</u> 나가는 배우[꼭두각시]이고, 연기력과 유머가 딸리긴 하지만.

Grant

You got a lot of <u>brass</u>, Gordon. Where's West?

간이 부었구나, Gordon. West 어디 갔지?

rf»   brass: 뻔뻔스러움
exts»   woodshed: 장작 두는 곳 and all: 앞에 나온 말을 강조

---

149   I'm by your side.   난 네 곁에 있어.

con»   **Grant**

Was this part of your plan, Gorden?

이것도 자네 계획이었나 Gorden?

Gorden

Well, <u>I'm by your side</u>, sir. That's what counts.

글쎄요, 전 각하 곁에 있을 뿐입니다. 그게 중요한 거죠.

---

150   pertaining to...   ...에 관한

syn»   as for...=as to...=as regards...=with[in] regard to...=concerning...=about...

con»   **Gorden**

In matter <u>pertaining to war</u>, the person to talk to would be me.

전쟁에 관해서라면, 협상은 나와 해야 하는 것 아냐?

Loveless

And now just who are you?

근데 지금 너는 누구야?

151 hear tell...   ...들어왔다

syn» have been told=have heard...

con» **Loveless**

Please, sir! You fine, dark warrior! I have always admired you, Mr. West. I want you to understand that.
부디, 위대한 흑기사 양반! 난 당신을 늘 존경해왔소, West 씨. 알아주시오.

West

Four long years I've been chasing the animal responsible for the new Liberty massacre. And <u>I hear tell that's you</u>.
4년간 뉴 리버티 대학살을 책임지게 할 짐승 같은 살해자를 찾아 헤맸어. 듣던 것처럼 그게 바로 너였어.

152 get older   철이 들다

syn» cut one's teeth

con» **Sonny**

Vanessa's going to <u>break up with</u> me, and I don't know what to do to make her want to stay.
Vanessa가 날 떠나려고 하는데, 어떻게 하면 잡아둘 수가 있을까 모르겠어.

Kevin

<u>Vanessa's just getting older</u>. She wants different things, you know? Job, stable relationship, a ... family! That's how they get.
Vanessa가 이젠 철이 드는 거야. 뭔가 다른 삶을 원하는 거라구. 직업, 안정된 관계, 가족! 여자들은 나이가 들면서 그렇게 변하지.

rf» break up with...: ...와 헤어지다 That's how they get.: 그것이 그들이 갖는 방법이다.=그런 식으로 그들은 갖지.

ext» I got shit going on.: 기분이 안 좋다.

153 Those were the days. 그때가 좋았지.

con» **Sonny**

Yes, that was nice. Nobody was hassling you to get a job. Tommy and Phil were showering separately. Those were the days.

맞아, 그때가 좋았어. 어떤 사람도 취업을 하라고 들볶지 않고. Tommy와 Phil도 따로 목욕을 했지. 그때가 좋았어.

Kevin

Right.

맞아.

154 Sleep on it. 잘 생각해봐(Think about it.=Think it over.).

con» **Sonny**

I didn't think of it like that. But yes, that's good.

미처 그렇게 까진 생각치 못했는데, 그래, 그거 좋은 생각이다.

Phil

Sounds <u>nuts</u> to me, pal. <u>Do yourself a favor.</u> <u>Sleep on it.</u>

이 봐, 정신 나간 소리로밖에 안 들려. 네 자신을 생각해야지. 잘 생각해보란 말이야.

rf» do ... favor: ...에게 선의를 베풀다[...을 도와주다]
exts» Come on.: (재촉할 때) 자아, 자자. nuts=crazy

155 Here we go. 자, 시작한다(Here goes)., 자, 갑시다.

con» **Julian**

I'm scared. Could you do it too?

무서워요. 아저씨도 같이하면 안돼요[누면 안돼요]?

Sonny

All right. (Sonny stands facing the door, preparing to urinate.) <u>Here we go.</u> That's not too difficult, right?

좋아. (Sonny는 출입문을 바라보고 서서 오줌 눌 준비를 한다.) 자, 시작해, 어렵지 않지?

exts» bang with...: ...와 성관계를 갖다(get laid=have sex). throw up: 토하다(vomit=puke up)

con» **Brooks**

Mistake?

실수라뇨?

Sonny

I had a mother lined up for him but she's banging with the Pepperidge Farm guy. And ... the kid just won't stop peeing and throwing up. He's like a cocker spaniel. I just ... I think he'd be better off with his natural mother.

그 아이를 위해 찜해 놓은 엄마가 있었는데, 그 여자가 늙은 노털[농장 사내] 과 사랑에 빠졌지 뭐예요. 게다가 애는 앞으로도 쉴 새 없이 싸고 토할 거고. 아무 데나 싸고 다니는 cocker spaniel처럼요. 생모랑 있는 게 더 나을 것 같아요.

rf» be better off: 더 좋은 상태이다, 보다 행복하다, 더 잘 살다

exts» natural mother: 생모(biological mother). foster mother: 수양모 step mother: 계모 surrogate mother: 대리모 hang out: 데이트하다, 어슬렁거리다

---

syn» summon courage=gather courage=take courage

con» **Sonny**

And then, the bunny worked up her courage and asked the wolf if she could have just the little his kiss.

그래 가지고, 토끼는 힘을 내어 늑대에게 살짝 키스를 가질 수 있느냐고 물었어.

Layla

And the wolf thought it's just not the right time in his busy wolf life to be kissing any rabbits even though this particular rabbit was very sweet.

하지만 늑대는 하는 일이 너무 바빠 누구와 사랑에 빠질 만큼 한가하지 않다 고 생각했어. 토끼가 무척 멋졌는데 말이야.

exts» get shut down: 거절당하다 Your Honour.: 〈법정〉 재판장님 drain on...: ...에 대한 소모, 바닥남. sugar daddy: 젊은 여자를 꼬시는 돈 많은 중년 남자 one ounce of...: 조금의 ..., 소량의 ...

rf» 1 ounce=1/16 pound=약 0.231g. 1pound=0.473kg

158   I'm messing with you.   너를 놀리는 거야.

con» **Eddy**

What?
뭐?

Miles

No, I'm messing with you. They would never do that.
아니야, 너 놀리려구. 개네들이 절대 그렇게 할 리가 없어.

exts»   bam!: 꽝!(어떤 것을 보여주며 하는 말) Easy.: 가만히[조용히] 있어. circular saw: 회전톱 the right to remain silent: 묵비권(Miranda's rule)

159   I am good for it.   약속을 잘 지키는 거 알지.

syn»   I will keep this promise to you.

con»   **Miles**

Look, I'm not mad at you. But you will have to give me the gun and let me arrest you. (Tulley says, 'No.') Come on, man. Listen. I'll give you ten grand. You know I am good for it.
자식, 너한테 화풀이하는 게 아냐. 하지만 총 주고 나한테 체포당해야겠다. (Tulley가 '그럴 순 없지.'라고 답한다.) 그러지 말고 잘 들어. 너한테 만 달러 줄게. 나 약속 잘 지키는 거 알잖아.

Tulley

I'm thinking like 50(thousand), man.
5만 달러는 줘야지.

rf»   be good for...: 1)...에 좋다 2)...갚을 여력[돈]이 있는
exts»   grate: 쇠창살 ventilation system: 환기[통풍]장치 citation: 표창장, 감사장(a letter of thanks). diploma: 졸업 증서 certificate: 이수 증서 letter of credence: 신임장(credential). That's what it says right there.: 바로 저기 적힌 그대로예요.

160 That's pushing it, man! 이봐, 너무 지나치잖아!

con» **Miles**

Tulley, 50? That's pushing it, man! Shit! 20. And you'll
spend one night in jail. That's the best I can do. That's
it. Best I can do.

Tulley, 5만 달러라구? 그건 좀 지나치잖아. 미쳤어! 2만 달러. 그 리고 하루
만 구치소에서 보내. 내가 할 수 있는 최선이야. 이 방법밖에는 없어. 내 딴에
최선을 다하는 거라구.

Tulley

I don't think so.

난 그렇게 생각지 않아.

exts» heating ducts: 온풍기 chilling room: 냉동실 classified: 일정 부류만 알고 있는,
비밀의, 극비의 cesspool: 시궁창 불결한 장소

161 Word is... ...라는 소문이 있다

syn» There is a rumor that ...=The rumor has it that ...

con» **Rizzo**

Good morning. Listen up. Word is, Jean LaFleur is
bringing a shipment of heroin through town. They're
hot for him in San Diego. (Miles enters.) San Diego PD'
s done an excellent job ... shutting down the harbor
and the airports on him. Malone just transferred from
West Covina. He'll head our Burglary Division.

좋은 아침. 다들 잘 듣도록. Jean. LaFleur가 그 도시[LA]로 마약을 반입
한다는 소문이 있다. San Diego에서 덮칠 거다. (Miles가 들어온다.) San
Diego경찰은 항구와 공항을 막아 이미 개가를 올렸지. ... West Covina에
서 온 Malone이 이제부터 강도 관련 부서의 계장을 맡는다.

Penelli

(to Miles) Detective ... tell us a little about your plans.

(Miles에게) 형사 ... 앞으로 계획에 대해 한마디 하게.

rf» They're hot for him: 그들은 그에 대해 열심이다. (체포하기 위해 최선을 다하고
있다는 뜻) PD=Police Department. Burglary Division: 강도관련 업무과

162   What's it with her?   그녀는 어찌된 거냐?

con»   **Karson**

What's it with you and the heating ducts, Sir?

당신 왜 그러죠? 히터를 왜 이렇게 세게 틀어놓는 거죠?

Miles

Cold, Kalson. You don't feel that? Very cold. But I'm busy. What is it you want?

춥잖아, Kalson. 안 춰? 너무 춘데. 그건 그렇고 난 바빠. 무슨 일이야[당신이 원하는 그것이 뭐죠]?

rf»   heating ducts: 온풍기

---

163   Get over it!   집어쳐!

con»   **Rizzo**

Get over it. They're going right back out again.

집어쳐. 다시 반출시켜야 돼.

Miles

Why?

왜요?

exts»   reunion: 친목회(social gathering=social get together=retreat)

---

164   Roll it out.   운반해., 꺼내.

con»   **Rizzo**

Because the FBI wants to take it to their lab right away. (to officers) Roll it out.

FBI가 지금 당장 자기네들의 실험실로 압류하겠다고 말했기 때문이지. (경찰관들에게) 옮겨.

Miles

We can't get out of here, okay? They got cops everywhere.

절대 못 나가, 알겠어? 경찰이 쫙 깔렸어.

rf»   cop은 '경찰'을 약간 비하하는 표현이므로 police man 또는 police officer를 쓰는 것이 좋다.

---

165   be in on the case   사건에 개입하다

---

syn»   be involved in the case.

rf»   I am off the case.: 나는 손 떼겠네.

con»   **Joe**

And this 'Brains' isn't gonna suspect that <u>the cops are</u>
<u>in on the case</u>?

이 '영악에 가까운 놈'이 경찰들이 사선에 개입했다고 의심 안할까?

Tim

Who knows?

글쎄, 모르지.

rf»   Who knows?=Nobody knows: 아무도 모른다

---

166   There's no turning back.   되돌아가는 것은 불가능해.

---

syn»   It's impossible to turn back.

con»   **Tim**

Well, we have no other choice. We're in, <u>so there's no</u>
<u>turning back.</u> Madeline, Jesse

다른 방법이 없군. 우린 이미 뛰어들었으니, 되돌아 못 가구, Madeline,
Jesse.

Joe

Try to do your best.

최선을 다해 보라구.

rf»   We're in.=We're in on the case.: 우린 그 사건에 연루되어 있어.

gr»   There's no +...ing=It's impossible to+동.원: ...하는 것은 불가능하다

con»   **Tim**

Canti, Peters, I want you on the ground. I'll be here
coordinating things. <u>I think it's best I'm not in the
field.</u>
Canti와 Peters는 접선 현장으로 바로 나가구. 난 이곳으로부터 지시한다. 내
가 현장에 없는 게 더 좋아.

Joe

All right. See you then.
좋아, 그때 보자구.

---

168   **wear a wire**   도청장치를 하다(tap=bug)

sit»   원래 'wire'는 '전선(cable)'의 뜻이지만, 이 문장 속에서는 '도청장치'라는 의미
로 쓰였다.

con»   **Harry**

Oh, I think the cops are here. <u>You wearing wire?</u> No,
I don't have to touch ya, Clark. I trust ya. I know you
love your wife. So here we are. Is that the money?
아니, 짭새가 여기 있는 것 같아. <u>도청장치 했지?</u> 아냐, 널 해칠 필요는 없지,
Clark. 난 널 믿어. 아낼 사랑하지? 그래 우리가 여기 온 거잖아. 저게 문제의
돈인가?

Clark

Not until you tell me where she is.
아내가 어디 있는지 말하기 전에 는 못 줘.

exts»   fuzz: 형사, 경관

Are you giving me ultimatum? 한번 해보자는 거야?

con» **Harry**

Are you threatening me? Are you giving me ultimatum? (...) Clark! You're losing your cool, Clark. I thought that's how you made all your money by keeping your cool. All those million dollar auction.

협박하는 거야? 한번 해보자는 거야[최후통첩을 보내는 거야]? (중략) Clark, 제정신이 아니군. 냉정하기 때문에 그 많은 돈을 벌지 않았나? 백만 달러짜리 경매 건들 말이야.

Clark

Shut up! I have many things to do now.

입닥쳐! 지금 해야 할 일이 많아.

exts» ultimatum: 최후의 말[제언, 조건], 최후의 통첩 interrogation room: 취조실 torture room: 고문실

---

170 **running out of time** 시간이 없는

syn» have no time to lose.

con» **Madeline**

Look, are you gonna talk to me about this woman, because we are running out of time here.

이봐, 이 여자(Hannon 부인)에 대해 말할 거야, 말거야? 시간만 가잖아.

Harry

Answer my question - you know anything about Harry Houdini?

Harry Houdini란 사람에 대해 아는 것 있으면 말해봐.

exts» escape artist: 탈출의 명수(artist). rush into: 급히 들어오다

171   be screwed   엉망이 되다(mess up=goof up)

con»   **Madeline**

To show us that he's already a murderer. There's no negotiating with him. (...) It's a game with him. The Feds are screwed.

자신이 살해자임을 알리려고. 놈과 협상은 불가능해. (중략) 이건 놈의 게임이라구. FBI만 바보된 거야.

Jess

No, they aren't.

아냐, FBI가 아냐.

rf»   FBI=Federal Bureau of Investigation: 미연방수사국

---

172   (It) is your barbecue now.   그건 이젠 당신 소관이야.

syn»   The ball is in your court.

con»   **Jess**

They just got through talking to him on the phone and Harry is saying that the only way they are gonna see Frances Hannon alive is if he talks to you and you alone. Is your barbecue now, Maddy.

그들이 방금 Harry와 전화 통화를 했는데 그놈들이 Hannon 부인을 생전에 볼 수 있는 유일한 방법으로 너, 단지 너하고 만 말을 하겠다 는 단서를 걸었대. 이젠 네 소관이야, Maddy.

Maddy

I see, I can take care of it for myself.

알겠어, 내가 알아서 할거야.

exts»   luck into A: A를 우연히 만나다(meet A by chance=come across A=come upon A=encounter A=bump into A)

173   **make a name for oneself**   이름[명성]을 날리다

con»   **Harry**

Well, I intend to get free from these handcuffs and feet cuffs and escape from here. And then I plan on really making a name for myself.

글쎄, 수갑과 족쇄를 풀고 여기로부터 탈출할 거야. 그리고 정말로 이름 한번 날려 볼까봐.

Madeline

Does this incredible feat happen before or after you tell me where Frances Hannon be burried?

그런 허무맹랑한 일은 절대 없을테니, Hannon 부인이 어디에 묻혔나를 말해봐.

---

174   **kindred spirit**   동질감

con»   **Harry**

You know, when I saw those burn marks on your arm, I knew I had a kindred spirit.

네 팔의 불에 의한 화상을 보았을 때, 내가 동질감을 느꼈다는 거, 넌 아니?

Madeline

I am not a kindred spirit to you, and just because I've got these on my arms it does not make sense to make us alike on any level.

난 너랑 달라, 팔 다친 것 때문에 어느 수준으로든 너랑 같 다는 것은 오산이야.

rf»   kindred spirit[soul]: 마음이 맞는 사람, 생각이나 관심이 같은 사람 have a kindred spirit=have the right chemistry: 공감대를 형성하다, 궁합이 맞다

gr»   Just because ... it does not ...=Just because ... does not mean...: 단지 ...하기 때문에 ... 하는 것은 아니다

ex»   Just because they are majoring in English Language and English Literature does not mean they are good at English.: 영어영문학을 전공한다고 해서 항상 영어를 잘하는 것은 아냐.

175 **come in conflict with...** ...와 상충되다

con» **Andrew**

The Second Law
A robot must obey all human orders <u>except where</u>
<u>those orders come in conflict with the first law.</u> The
The third law A robot must protect itself so long as
doing so ... if it does not conflict with the first two
laws.

제 2원칙
로봇은 제 1원칙에 위배되지 않는 범위 내 인간의 모든 명령에 절대 복종한다.
제 3원칙
앞의 두 원칙에 위배되지 않는 한 봉사기간 만큼은 로봇은 스스로를 보호해
야 한다.

Mansky

Ok. try your best.

좋아. 최선을 다해.

grs» so long as...: (1)...하는 한 (2)...만큼 그렇게 오랫동안

176 **for better or(or for) worse** 좋든 싫든 간에

con» **Mansky**

Please reconsider, Mr Martin. Let us examine Andrew.
Name your price!

Martin씨, 한 번만 더 생각해보시오. Andrew를 검사하게 해주시오. 얼마
를 원하는 지 값을 불러요.

Richard

Now, listen to me. There is no price for individuality.
He is, <u>for better or worse.,</u> my robot and you'll never
<u>lay your hands on him.</u>

잘 들으시오. 개성에 값을 매길 순 없소. 그는 좋든 싫든 내 로봇이오. 그러니
그의 몸에 손끝 하나도 대어서는 안 되오.

rf» lay one's hands on...: ...에게 손을 대다(touch)

con»   **LittleMiss**

It dosen't matter what he is. Andrew deserves to benefit from the work he does.

그(Andrew)가 무엇이든지 간에 그건 중요치 않아요. 그가 창출한 수익은 그의 몫이라는 거죠.

Richard

Sweetheart. I will do what's right for Andrew, of course I will. At the end of the day, we are talking about a machine. You can't invest your emotion in a machine.

애야. 아빠 Andrew에게 공정하게 할 거야, 물론 그렇게 해야 될 거구. 하지만 어쨌든 결국은, 우리가 얘기하고 있는 Andrew는 기계다. 기계한테 마음을 쓰는 건 부질없어.

exts»   retract into...: ...으로 쏙 들어가다 suspend in mid-air: 공중에 걸려있다 hologram=holography(입체 영상, 레이저 사진술)에 의해 기록된 방해 도형

---

syn»   This is the first time this has happened.=This was completely unexpected.

con»   **Feigngold**

I couldn't say. There are no precedents. I don't think there's a law against it, but ... Why do you want to give him a bank account? What's he need money for?

뭐라고 말씀을 못 드리겠어요. 여태까지 없었던 일이라. 특별히 금지된 건 아니지만 ... 왜 Andrew한테 통장을 만들어 주려고 하죠? 무엇 때문에 그는 돈을 필요하지요?

Andrew

To pay for things which, otherwise, Sir would have to pay for. One would like to pull one's own weight.

제 돈을 따로 마련해 두지 않으면 물건을 살 때 주인님이 돈을 내서야 되잖아요. 전 제 돈으로 사고 싶어요.

rf»   pull one's own weight.: 자기 몫을 다하다
gr»   One would like to pull one's own weight: 사람은 (가능하면) 자기의 몫을 하기를 원한다

179 The answer's staring you in the face.

답이 얼굴에 쓰여 있어.

syn» The answer is obvious, but you don't want to admit it.

con» Andrew

One can see (that) that would create a complication. But the answer's staring you in the face. Marry your friend. (Little Miss laughs.) What?

복잡한 삼각관계군요. 하지만 아가씨 얼굴에 답이 쓰여 있어요. 그 친구와 결혼해요. (작은 아씨가 웃는다.) 왜 웃으세요?

LittleMiss

Well, he's not ... A relationship between us, it would be impossible, really. It could never work out.

그게, 그는 아니야 ... 우리 둘의 결합은 불가능한 일이야. 결코 이루어질 수가 없지.

exts» demo: 시청용 음반[테이프] stick with...: ...고수하다, 현 상태를 유지하다 fumble: 만지작거리다 excentricity: 기이한 행동 anthropomorphize: 의인화시키다 line of work: 업무, 일 sharp: 매력적이고 멋있는 challenging: 도전적이고 해볼만 한 suit: 만족시키다 You're in on this.: 당신은 참여한다[관여한다.

---

180 **The story's evaporating.**   그 얘긴 한물갔어[진부해].

---

con»   **Archie**

Just the end of the war celebration story.
종전 축하 파티 소식이지 뭐.

Cathy

That's it? The story's evaporating.
그게 전부? 그따위 이야기는 한물갔어.

syn»   It's running out of steam..=It hasn't got legs.: 힘이 다했다.

ext»   freaky: 기형의 private: 이등병(의) civil affair: 민원 walk away from...: ...을 쉽게
앞지르다 play one's cards right: 처신을 잘하다, 일을 잘 처리하다

---

181 **You got your star clinched.**   당신이 장군 되는 것은 따놓은

당상이다.

---

con»   **Archie**

You got your star clinched.
당신이 장군 되는 것은 따논 당상이다('나는 장군이 되기는 글렀다.'라는 뜻).

Horn

So now it's my fault that you plateaued a long time
ago?
그러니까 오랫동안 진급 못하고 있는 것이 내 탓이란 말인가?

rf»   clinch: 고정시키다 plateau: 정체하다

ex»   learning plateau: 학습 정체기(노력해도 성적[학습 효과]이 오르지 않는 시기)

exts»   make amends: 많은 변상을 해주다 stick to...: ...에 고수하다(cling to...)

182   No big deal.   별거 아니야.

con»   Troy

We could say we captured it?
마치 입수한 것처럼 말이죠?

Archie

That's right. We leave at dawn, back before lunch. No big deal.
맞아. 새벽에 출동, 점심 전에 복귀한다. 별거 아니라구.

exts»   It's better cover.: 더 속이기 쉽지.

183   Get this reporter off my back.   이 기자를 나에게서 뒤로 따돌려.

syn»   Get this reporter off my case.=Make this reporter go away.

con»   Archie

Get this reporter off my back. You know who Adriana Cruz is?
이 기자를 나한테서 좀 떼내. Adriana Cruz란 기자 알지?

Walter

Reporter on NBS, sir.
NBS 기자죠, 나으리

rf»   give ... the slip=get ... off one's back=shake off...: .. 따돌리다

184   I'm nearly in the black.   나는 거의 빚을 갚아 가고 있어.

sit»   경제학에서 현금 출납부를 쓸 때 이익이 나면 검은색 글씨[흑자]로, 손해를 보면 붉은색 글씨[적자]로 쓴다.

syn»   My debts are almost paid off.

con»   Amir

I came back to open a couple of hotels near Karbala. I'm nearly in the black when this silly war starts and you guys bombs all my cafes (...) You know what I think? ... You're stealing cash box
카발라 근처에 호텔을 몇 군데 열려고 왔소. 그런데 빚을 거의 갚을 쯤 빌어먹을 전쟁이 터지고 말았고 미국 놈들이 내 카페를 폭파시켰소. (중략) 내가 한마디 할까요? ... 당신은 금괴를 훔치고 있소.

Archie

You're wrong.

훔치는 게 아니요.

---

185   beat all the odds

모든 불리한 가능성을 깨부수다[어려운 상황을 이겨내다]

---

con»   **Rhyme**

Funny - since I made my decision, I've slept like a baby.

웃기는군. 난 결정을 하니까 꿀같이 잘 잤는데.

Dr. Lehman

After all, you've survived, beat all the odds. There's work on nerve regeneration every day.

어쨌든, 자네가 살아난 건 인간승리야. 하루가 다르게 신경재생수술도 발전되고 있고.

rf»   against all the odds: 불리한 것[모든 저항]을 물리치고 even number(짝수) ↔ odd number

exts»   tensilary strength.: 인장강도 (물체가 잡아당기는 힘에 대해 견딜 수 있는 최대 응력)

---

186   It's going around.   으레 그렇지.

---

con»   **Sellito**

I caught a serious situation.

심각한 문제가 생겼어.

Rhyme

It's going around, Paulie.

늘 그렇지, Paulie.

exts»   NCO=Noncommisioned Officer: 하사관(의 약어) work out: (일이) 잘 풀리다[해결되다]

---

187   **There you are.**   거기 있었군.

---

con»   **Roz**

 There you are. I was looking for you two. Eve. It is past midnight. Your cohorts are already in pajamas.
이곳에 있었군. 두 사람 모두 찾고 있었어요. Eve야, 열두시 넘었다. 언니하고 너의 동료들[동생들]은 벌써 잠옷으로 바꾸어 입었어.

Eve

I was talking to Daddy.
아빠랑 얘기하고 있었어요.

rf»   cohort: 동료
exts»   refugee camp: 피난촌 How come?: 〈구어〉 왜, 어째서?. We're alone.: 우리 단둘만 있다(연인사이나 남편과 아내 사이에서 쓰는 말). I'll tell you what?: 있잖아?(의견의 격을 해소하기 위해 어떤 제안을 할 때 쓰는 말) the Man upstairs: 하나님 look all over: 모든 곳을 찾아보다]

---

188   **put a finger on...**   ...을 정확하게 지적하다(point at...=indicate)

---

con»   **Eve**

 What was wrong with that lady?
그 부인은 어디가 아픈 거예요?

Louis

Well, some illnesses are hard to put a finger on.
글쎄, 어떤 병이라고 딱 꼬집어 말하기가 어려워.

exts»   be on the drugs: 마약을 사용하고 있다 head start: 이점, 유리한 입장 (advantage)

189   talk A through B   A를 설득해 B를 극복하게 하다

rf»   talk A into[out of] B: A를 설득해 B하게[하지 못하게] 하다.

con»   **Eve**

(reading) ... I was so startled that I hit her and she
fell to the floor. I knew that I had lost her. Mozelle,
I would give my life to have that moment back. We
would like to talk her through confusion.
(읽으며) ... 난 너무 놀라 그녀(Cisely)를 때렸고 그녀는 마루 바닥에 쓰러졌
지. 순간 그 여자를 잃었다는 것을 알았어. Mozelle, 이 순간을 돌이킬 수 있
다면 무슨 일이라도 하겠어. 우리는 그녀를 설득시켜 혼란스러워 하는 부분을
이겨내게 하고 싶지.

Roz

You've got it.
맞아.

exts»   psychic counselor: 심령 치료사 sideshow attraction: 이류급 관심사 something
of a A...: 대단한 A. not much of a ...: 대단한 ... A가 아닌 not less of skeptic:
대단한 회의론자 look to: 돌보다 for one's heaven's sake: 제발, 아무쪼록 haze:
정신 상태가 몽롱함]

190　out of one's wits　정신을 잃어, 어찌할 줄 모르게 하여

ant»　in one's wits.

con»　**Cosette**

How dare you ask me the truth when you only tell me lies? Why does a policeman frighten you out of your wits? Who is he? Who are you?

저한테는 거짓말만 하면서 어떻게 저보고 진실을 말하라고 하세요? 왜 형사만 보면 무서워 어쩔 줄을 몰라 하죠? 그 형사는 누구죠? 아빠의 정체는 뭐예요?

Valjean

You don't understand. You've ruined me. You've ruined us.

넌 이해 못 한다. 너 때문에 난 끝났다. 우리 모두 다 끝이야.

gr»　'Why does a policeman frighten you out of your wits?'의 원래 해석은 '왜 형사는 당신을 무섭게 하여 어찌할 줄 모르게 하는 거요?'이다. 'How dare ...?: 어찌 감히 ...?'에서 'dare'는 조동사, 'you'는 주어, 'ask'는 동사의 원형이다.

exts»　inspector: 경감 police chief: 경찰서장 I'm all ears.: 경청하겠다. law enforcement: 법의 집행 homegrown: 현지의(indigenous), 그 지방산의(native). start with an clean slate: 백지상태로부터 새롭게 출발하다 pry into: 꼬치꼬치 캐묻다 defile: 모독하다 debase: 인격, 품위를 떨어뜨리다 be relieved of...: ...로부터 해임[해제]되다 informer: 밀고자(snitch). scrape=shave: 면도하다

191　give away　(비밀 따위를) 누설하다

syn»　reveal.

con»　**Cosette**

It's a secret, Marius. I can't give it away. I was an orphan and he saved me. He gave me everything I have. I can't leave him right now.

비밀이에요, Marius. 말할 수 없어요. 난 고아였고 아빠 가 날 구해줬어요. 원하는 건 뭐든지 해주셨죠. 지금 아빠를 떠날 수가 없어요.

Marius

That means I'll never see you again.

그렇다면 우린 다시는 못 보게 돼요.

exts»　stay put: 꼼짝않고 있다 be condemned[sentenced] for life: 종신형을 선고받다 convict: 죄수 at stake: 위험에 처해있는

---

192   be identified as ...   ...로 판명[입증]되다

---

con»   **Frank**

Frank Conner. You know why I'm here. My son has leukemia. He will perish without a bone marrow transplant. He's only nine years old.
Frank Conner이에요. 당신은 내가 온 이유를 알시오. 나의 Son은 백혈병을 가지고 있어요. 이식을 하지 않으면 그는 악화될 거예요. 그는 단지 9살이오.

McCabe

And somehow ... I've been identified as a compatible donor for your son.
어쨌거나 ... 내가 당신 아들의 유전자와 일치하는 곳으로 판명됐군.

rf»   I've been identified...: 나는 판명되어져왔다...

gr»   have been pp: 현재완료 수동태(과거부터 현재까지)... 행해져왔다

exts»   leukemia: 백혈병 hemophilia: 혈우병 bone marrow transplant: 골수 이식 ground: 근거 go through: 일일이 검토하다 registry: 기록소 redemption: 속죄

---

193   go into remission   병이 악화되지 않다, 병세가 좋아지다

---

con»   **McCabe**

Why?
왜지?

Frank

Because I haven't told him his cancer is back. And when he went into remission, he wouldn't even let himself celebrate.
아들에게 암이 재발했다고 말하지 않았기 때문이요. 병세가 좋아졌을 때도 기뻐하지 않았던 아이요.

exts»   recur: 병이 재발하다 That depends.: 상황에 따라 달라요. Hey look.: 이 봐(실제로 뭔가를 보라는 뜻이 아니라 상대방의 주의를 끌고자 할 때 쓸 수 있는 표현). What for?=Why? Name it.: 말해봐. warden: 간수, 교도소장

---

194   What's on one's mind? ...는 무슨 생각을 하고 있는가?

con»

Frank

I'll do everything I can.
최선을 다해 보죠.

McCabe

Good. Frank. You do everything you can. <u>What's on</u>
<u>your mind</u>, Frank?
좋소. Frank. 최선을 다해주쇼. <u>무슨 생각을 하지?</u>

Frank

<u>You could have decided</u> this the last time I was here.
지난번에 왔 을 때 결정할 수도 있었잖소.

rf»   What's the angle?=What's the catch?: 속셈[꿍꿍이 생각]이 무엇이니?

gr»   You could have decided: 가정법 과거완료(과거 사실의 반대)의 주절이다.

---

195   things are working out   일이 잘되다

con»

Frank

Sounds a little like redemption.
속죄하겠다는 말같이 들리는군.

Mccape

Maybe in a way, help a kid, help myself. Who knows,
right Frank? This is great. <u>I'm just happy things are</u>
<u>working out for both of us.</u> The warden is never
going to approve all the stuff.
어떤 면에선 그렇지. 한 아이를 돕고 나 자신도 돕고. 누가 알아, 그렇지
Frank? 아주 잘 됐어. <u>우리 모두를 위해 일이 잘돼 무척 기뻐.</u> 교도소장은 내
가 원하는 걸 결코 다 들어주지 않을 거야.

exts»   anesthetize: 마취시키다 restraint: 결박 도구 shackle: 속박, 족쇄 stand around:
서성대다 syringe: 주사기 jerk: 홱 잡아당기다 Hold it.: 꼼짝 마. make a deal:
협상하다 parole: 가석방 absolution: 석방 on one's side: ...의 편에 서 있는

196 Stay cool.   침착해.

syn»   Keep cool.=Calm down.=Settle down.

con»   **Frank**

Look at me, stay cool. Settle down. There's nobody on your side except me.

자. 진정해. 진정하라구. 나 말구는 네 편은 아무도 없어.

McCabe

You are on my side?

네가 내편이라구?

rf»   Which side are you on?: 너는 어느 편이야?

---

197 go to bat for...   ...을 변론[지지]하다(vindicate=advocate)

con»   **Frank**

If you help me ... You put that knife down and give my sonn a transplant. I will go to bat for you. I will do everything in my power to make your life tolerable. You'll never get freedom.

날 도와준다면 ... 그 칼을 버리고 내 아들에게 골수를 이식해주게. 그러면 자네를 변론하겠네. 힘닿는 정도껏 다해 최소의 형기를 살도록 해주겠네. 안 그러면 자유는 영원히 없어.

McCabe

Alright. I'll try my best.

좋아요. 최선을 다하겠어요.

exts»   crutch: 협장 stretcher: 들것 bay: 건물 또는 벽과 벽의 기둥사이 lock ... up: ...을 감금하다 dispense with...: ...없이 지내다 grasp hold of...: ...을 꽉 잡다

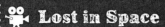

---

198   No offense...   오해하지 말고...

con»   **General**

 What can you tell me about the Jupiter Mission, Major?

Jupiter 작전에 대해 말해보시오, 소령.

West

Any monkey in a flight suit can pilot that ship out of the solar system and set her down on Alpha Prime. It's a babysitting job, sir. No offense.

어느 원숭이라도 우주복만 입혀 놓으면 주피터 호를 조종해 태양계를 벗어나 알파 프라임에 착륙할 수 있습니다. 너무나 쉽죠. 무례하다면 양해를 바랍니다, 대장님.

exts»   babysitting job: 매우 쉬운 일 recon=reconnaissance: 정찰 sleep away: 잠자며 시간을 보내다 rendezvous with...: ...와 만나다 suspended animation: 가사 상태 companion: 쌍을 이루고 있는 것의 한쪽(counterpart)

---

199   That's more like it.   (누구의) 취향에 더 잘 맞다.

con»   **Robot**

 Robot is on line. Reviewing primary directives 16 hours into mission destroy Robinson family ... destroy all systems.

로봇이 작동 중임. 초기 명령 검색 중, 작전 16시간 후 Robinson 가족을 없애라. ... 모든 시스템을 파괴하라.

Smith

That's more like it. Farewell, my platinum-plated pal. Give my regards to oblivion.

이건 내 취향에 더 맞아. 안녕, 내 백금으로 도금한 친구. 망각에 안부를 전해 줘[완전히 박멸해버려].

rf»   be on-line: 작동중이다 platinum-plated[gilt]: 백금으로 도금한 oblivion: 망각

gr»   give regards[wish] to...=say hello to...: ...에게 안부를 전하다

exts»   publicity stunt: 홍보용 쇼 sedition: 모반(riot=uprising=revolt=tumult).

unflagging: 불요불굴의(unyielding). last-minute check: 최종 점검 anomaly: 변이, 변종 hail: 우박, 환호. pose a threat: 위협이 되다

---

200   **make a judgement call**   어려운 결정을 내리다

---

con»   **John**

You handled us brilliantly, sending down here.
자네 훌륭한 비행 술 덕분에 이곳에 떨어졌네.

West

Those aliens posed a continuing threat. I made a judgement call and, if I have to, I'll make it again. If your father were here, he would back me up.
그 거미들[외계인들]은 계속 우리들을 위협했어요. 난 어려운 결정을 내렸어요[소신껏 최선을 다했어요]. 만약 똑같은 상황에 처해도 여전히 할 거예요. 당신 아버지가 있었다면 날 지지했을 거예요.

rf»   back up: 지지하다
ext»   slug it out.: 격렬하게 싸우다

---

201   **be stranded**   오도 가도 못하다

---

con»   **Maureen**

I am interrupting something? You, two should keep going and slug it out. We are stranded on an alien world and you boys went into a pissing contest? Please go for it.
방해가 됐나요? 당 신 둘이 계속 싸워 봐요. 우린 이름 모를 행성에 불시착했는데 애들처럼 싸울 건가요? 좋아요 계속해요.

Judy

We are really lostt., aren't we?
우린 미아가 된 거죠?

rf»   pissing contest: 무의미한[하찮은] 싸움 (원래는 누가 더 높이, 멀리, 정확하게 오줌을 싸는가 내기하는 게임) Go for it.: 한번 해봐(상대방에게 자신 있게 뭔가를 하라고 권할 때 쓰는 표현이다).
ext»   brand new: 아주 새로운 billow: 부풀게 하다 constellation: 별자리 consenting age: 결혼 따위를 승낙할 수 있는 나이 pleasantry: 농담, 익살스러운 행동

con» **West**

Don't play coy. We're not the only married man and woman of consenting age in the universe. How much more of a set-up do you need?

내숭 떨지 말아요. 이 우주에선 당신과 나만이 미혼이에요. 분위기[짜고 하는 일=연출]를 얼마나 더 잡아야 하나요[해야 하나요?]?

Judy

So you figure why not just dispense with the pleasantries and get down to business?

그러니까 이젠 농담은 그만하고 본론으로 들어가자는 말인가요?

West

You have a way with words, Doctor.

말솜씨가 좋군요, 박사님.

rf» Don't play coy.=Don't play innocent.: 내숭 떨다 dispense with...= do without...: ...없이 지내다, ...을 배제하다 have a way with words: 말솜씨가 좋다

exts» get settled: 진정하다 rescue mission: 구조대 rip apart: 찢어 놓다 distortion: 뒤틀림 descend on: 습격하다

---

203 **descent** 출신, 혈통(lineage)

---

con» **Loyen**

 You're of Greenlandic descent?
그린랜드 출신인가?

Smilla

My mother was from Thule. You were the one who examined him? (He nods yes.)
어머니가 튜레 출신이죠. 당신이 그를 검진한 바로 그 사람인가? (그는 그렇다고 고개를 끄덕인다.)

rf» nod: (긍정적으로[상하로] 고개를 끄덕이다 ↔ shake(부정적으로 좌우로 고개를 끄덕이다)

---

204 **be backed up** 일이 밀리다

---

con» **Smilla**

Do you perform all the forensic outopsies on Greenlanders?
그린랜드인들은 모두 당신이 부검을 하나요?

Loyen

No. Of course not. ... They were very backed up that night.
아니오. 물론 아니지. ... 그들은 그날 밤엔 일이 많이 밀려있었어.

rf» back up: 지지하다, 일을 지연시키다. back off: 물러나다 backlog: (상품 등이) (미처리인 채) 쌓이다

205   **The case is closed.**   사건은 종결됐다.

con» **Loyen**

There was no indication that this was anything but
... but the case is closed. Please come by again if
something else is troubling you, my dear lady ...

이것이 결코 아니라는 증거가 전혀 없어 ... 하지만 이 사건은 종결됐네. 미심
쩍은 게 있으면 또 들르세요 그럼, 부인.

Smilla

I'm filing a complaint with the District Attorney.
지방 변호사에게 소송을 제기할 겁니다.

rf»   come by=drop by=stop by: (잠깐) 들르다, 방문하다

---

206   **file a complaint with...**

...에 소송을 제기하다, 불만[민원]을 제기하다

con»   **Smila**

I'm filing a complaint with the District Attorney.
지방 변호사에게 관할소송을 제기할 겁니다.

Loyen

How is your business?
이 일이 당신하고 무슨 상관이 있지?

exts»   foul play: 부정행위 in prayer: 기도 중의 How is your business going?: 사업
근황이 어떻습니까?

---

207   **on the payroll**   고용된

ant»   off the payroll.

con»   **Smila**

Four days ago he fell off a roof. Someone chased the
boy off the roof. ... Do you know a Professor Loyen?
Was he on the Cryolite payroll?

4일 전 그는 지붕으로부터 떨어졌어요. 누군가가 그 아이를 쫓아 지붕으로부터
떨어지게 했어요. ... Loyen 교수를 아나요? Cryolite 사에 일하고 있나요?

Lubing

I don't remember.

기억이 없는데요.

rf» payroll: 임금 대장, (종업원의) 급료 총액, 종업원 명단, 종업원수

exts» archives: 공문서 보관소

---

208 **be out of it** ...손을 떼다

---

con» **Smilla**

I can't be part of this. I just came to tell you that. I'm out of it. Good luck.

나는 이 일에 관여하고 싶지 않아요. 이것을 말하려고 왔어요. 손 떼겠어요.
잘해봐요.

Mechanic

What did they do to you?

경찰에선 당신에게 무슨 일이 있었죠?

exts» prick=creep: 〈속어〉 싫은 녀석 dyslexia: 난독증 explosive: 폭발물 poster boy:
모범이 될 만한 본보기 stutter: 선천적이고 습관적인 말더듬이

cf» stammer: 긴장 따위로 하는 말더듬이 come up: 수면 위로 떠오르다 new year's
resolution: 새해 들어 하는 다짐

---

209 **keep an eye on...** ...감시하다

---

con» **Smila**

What do they pay you?

뭘 받기로 했죠?

Mechanicc

... He wanted me to keep an eye on the boy. There isn't a night that goes by I don't dream I catch him in my hands before he hits the ground.

... 그는 내게 아이를 감시하라고 했소. 그(Isaya)가 땅에 떨어지기 전에 내 손
으로 그 아이를 받는 꿈을 매일 밤 꿨소.

exts» improvise: 임시변통으로 만들다 make-do: 임시변통의 일

210　get down on one's knees　　...의 무릎을 꿇다(kneel down)

con» **Jessie**

Nobody will. I assure you of that. I wouldn't make
too much over this if I were you. I certainly know as
much about what you do, and have done, as you think
I do. And you know that.

아무도 간섭을 하지 않을 거예요. 그 점은 보장하죠. 내가 당신이라면 조용히 있
겠어요. 당신이 어떤 사람인가에 대해 알 만큼은 알아요. 당신도 물론 알겠지만.

Sonny

I guess I do. Would you get down on your knees
with me, one more time? Just this last time. I want us
to pray together. A little understanding. For loving
understanding if it were possible.

알 것 같아. 나와 함께 한 번 더 무릎 꿇지 않겠소? 이번이 마지막이오. 함께
기도합시다. 서로 이해하는 마음으로. 가능하면 사랑하는 마음으로 말이오.

exts» mess with...: ...에 쓸 데 없이 참견하다 puny: 보잘것없는 assed: 바보같은, 멍청한
get to...: ...착수하다

211　Keep your hands where they are.　　이 손 치워요.

con» **Jessie**

There's not a lot for you to think about, Sonny. I just
want to get on with it. Now you just, keep your hands
where they are. Okay?(Sonny makes a motion toward
her.) Don't.

Sonny, 많이 생각할 것도 없어요. 난 단지 그것을 시작하고 싶었을 뿐이요
[나를 찾고 싶을 뿐이요]. 당신은 그저, 이 손 치워요. 네? (Sonny가 다가간
다.) 이러지 말아요.

Sonny

What? What do you want to get on with?

뭐야? 뭘 계속하겠다는 거야?

rf» get on with...: (일 따위를) 계속하다

gr» There's is not a lot of for you to think about,: 당신이 깊이 생각할 많은 것이 있지 않습니다. ('to 부정사'의 '의미상의 주어'는 'for+목적격'이다. 따라서 이 문장에 for you가 '의미상의 주어'이다. 때문에 주어처럼 '당신이'라고 해석한다. 문장 주어는 a lot of 이다).

---

212 You're telling me.   동의합니다.

sit» 상대방이 한 말에 대해 '동의한다'라는 의미다.

con» Edwards

It all happened too quickly.
순식간에 일이 이뤄졌습니다.

Sonny

You're telling me.
동의합니다.

Edwards

It seems that a proper church vote was taken according to the church bylaws.
교회법에 따라 정당한 교회 투표가 이루어지고 있는 것 같습니다.

exts» take a vote: 투표하다 bylaw: 규칙(rule), regulation: 조례 law: 법률 constitution: 헌법, order[decree]: 명령

---

213 drivee a wedge between A and B
A와 B를 이간질시키다

con» Sonny

You see, I'm on my journey. Satan driven a big wedge between me and my family. I'll tell ya ... You got any children?
보시다시피, 전 여행 중입니다. 사탄이 나와 우리 가족을 이간질시켰습니다. 그런데 아이들은 있습니까?

Oldman

Yes sir, and I have eight grandchildren besides.
있죠. 손주도 8명이나 돼죠.

rf»   wedge: 쐐기(를 박다)

syn»   set A against B: A를 B와 이간질시키다

---

214   Not that I know of.   내가 아는 한 아니다.

---

con»   **Sonny**

Not that I know of yet. But the lord's leading me, and he's talking to me.

현재까지는 없습니다. 그러나 주님이 인도하실 겁니다, 그리고 내게 말씀하실 겁니다.

Old man:

You sound like a preacher.

목사같이 말하는군요.

gr»   sound[seem, look] + 형용사[like+(대)명사]: ...처럼 들리다, ...생각되다

exts»   preacher=minister=clergyman=reverend: 목사 spare A B: A에게 B를 주다

---

215   have a fellowship

교제하다(make friends with=keep company with)

---

con»   **Sonny**

Well, I'm the Apostle E.F. Believe it or not, the Lord sent me to have a fellowship with you. So if you could spare me a minute of your time, I'd greatly appreciate it.

글쎄요, 전 사도 E.F입니다. 믿거나 말거나, 주님이 저를 당신과 교제하라고 보내셨습니다. 저에게 잠깐만 시간을 내주시면 정말 고맙습니다.

Blackwell

Come on in.

어서 들어오세요.

gr»   So if you could spare ... I'd greatly appreciate it.: 가정법 과거 문장이다.

exts»   come along with...: ...와 협력하다

216   hold A against B   A를 B의 잘못이라고 여기다

con»   **Sonny**

You hold it against me, don't you.
자네는 내 잘못이라고 생각하는 거지.

Joe

No way, Sonny. I might have done the same thing myself. I just want you to be alright, because I love you.
말도 안 되는 소리, 소니. 나같아도 똑같이 했을 거야. 자네가 잘 지내기만을 바라네. 자넬 사랑하니까.

Sonny

You say he is still in a coma?
Horace가 여전히 혼수상탠가?

---

217   be in a coma   혼수상태다

con»   **Sonny**

You say he is still in a coma?
그가 여전히 혼수상태인가?

Joe

The whole church is praying for him. Round the clock ... one hour shifts.
전 교인이 기도하고 있네. 24시간 내내 ... 1시간씩 바꾸어 말야.

rf»   Round the clock: 24시간 내내 shift: 교대 근무(시간)

exts»   look out for...: watch out for...: 주의하다 I get it=I understand: 이해하다

---

218   get hold of A   A를 찾다, A와 연락을 취하다

con»   **Sonny**

Let me ask you something, Joe. How come I haven't been able to get hold of mamma? I have tried quite a few times and there is no answer.
Joe, 물어 볼게 있네. 어머니하고는 왜 연락이 안 되는 거지? 어머니께 여러 번 전화했는데 연락이 안 되네.

Joe

I have been meaning to tell you.

이 얘기를 꼭 하려고 했는데.

gr»   How come은 why라는 뜻이지만 다음에는 도치되지 않고 평서문(주어+동사 형식)이 온다.

exts»   No way.: 절대 아니다.

---

219   **be had**   속다(be deceived)

---

con»   **Troublemaker**

Don't look at me like that. I know what you are trying to do! And you think I can be had, don't you?

날 그렇게 보지 마. 당신이 뭘 하려하는지 알아. 당신은 내가 속을 거라구 생각하지?

Sonny

Nobody moves that book, nobody.

저 성경책은 아무도 옮기지 못합니다, 아무도.

exts»   at the moment: 현재 on one's own: 자력으로(independently), shortcircuit...: ...을 방해하다(frustrate)

220 be on leave

휴가 중이다(on vacation)

con» **Wally**

Actually, the Army has given me leave, twice. ... And now I'm on leave to help my mom with the harvest. She is no farmer. Apples were my dad's business. But with the war on, we're short on pickers.

사실 군대에 있을 때 휴가를 두 번 받았어요. ... 그리고 지금 이번 휴가는 농장 수확 일을 돕기 위한 거예요. 엄마가 손수 농장 일을 하시지는 않아요. 아버지가 하시던 사과농장을 경영하고 계시죠. 하지만 전쟁이 계속되면서 사과 따는 일에 일손이 부족해요.

Homer

You are so great.

정말 훌륭하시군요.

gr» with the war on: 전쟁이 계속되면서 (분사구문의 부대상황을 나타내는 구문이다)

ex» Don't get out of your room with lights on.: 불을 켠 채로 방에서 나가지 마라.

exts» deliver: 아기를 받다 be short on...: ...가 부족하다 over[under]qualified: 자격이 넘치는[미달되는], 과분한 get along: 살아가다 stiff: 고된 stick it out: 끝까지 계속하다

221 Where're you headded?

어디 가세요?

con» **Wally**

Well, Where are you headed?

어딜 가세요?

Homer

I don't know.

잘 모르겠어요.

syn» Where are you going?=Where are you off to?

exts» be grateful for...=be thankful for...: ...에 대해 감사하다 keep an eye on...: ...에 눈을 떼지 않다, 돌보다

222   get along okay   잘 지내다(get on well)

con»

Wally

You getting along okay? Guess what?
잘 지내고 있지? 맞춰봐?

Homer

Well, I have no idea.
글쎄, 잘 모르겠는데.

syn»   be doing well=be doing OK

exts»   be torn apart: 부서지다, 찢어지다

223   get in trouble   곤경에 빠지다, 말썽을 일으키다

syn»   be in trouble=do something wrong you shouldn't.

con»

Rose

You ain't getting in no trouble, I hope.
아무 일 없기를 바랄 뿐이야.

Homer

No trouble.
아무 일도 없어.

gr»   ain't=is not, am not, are not, have not, has not의 다른 표현이다. You <u>ain't</u> getting in <u>no</u> trouble,은 You <u>are not</u> getting in trouble. 또는 You are getting in <u>no</u> trouble.이 문법적으로 맞는 표현이다. 왜냐하면 이중 부정은 긍정이 되기 때문이다. 하지만 구어체 표현에서는 위의 표현처럼 긍정문이 아니라 부정문이다.

224 **That's not cool to you?** 그게 마음에 안 드는 거야?

sit» 상대방의 동의를 구하거나 설득하려고 할 때 쓰는 표현. 문법적으로는, 'That's not cool with you.'라고 해야 옳다. 'That's cool!' 하면 감탄어조로, '그거 끝내준다.'의 뜻이다.

syn» You don't agree with that?=Aren't you comfortable with that?= Don't you think that's a good idea?=Do you have a better idea?

con» **Tobias**

Because what? What are you doing? That's not cool to you?

왜 그래? 도대체 왜 그러는 거야? 그게 네 맘에 안 드는 거야?

Susanna

I don't know why. Let me tell you later.

이유를 모르겠어. 나중에 얘기해 줄게.

exts» at some point: 가끔은 draft: 징집(선발)하다, 징병하다 volunteer: 지원병 conscription: 징집 enlist: 징모하다, 병적에 넣다 zombie: (무의지적, 기계적 느낌의) 무기력한 사람, 괴짜, 기인

---

225 **All of the above** 가능한 모든 것들

sit» 앞에 많은 사례들을 나열한 후, '앞에 열거한 모든 언급한 것.'이라고 강조하고 싶을 때 쓰는 표현.

syn» Anything is possible.=This, that, and everything in between.=Everything imaginable.=Everything you can think of.

con» **Melvin**

The time jumps, the depression ... the toothache?

기억착오, 우울증, 치통?

Susanna

All of the above.

전부 다요.

exts» all the way up: 위로 쭉 You put yourself here.: 네가 자초한 거야.

con» **Lisa**

What needs to happen? No one's ever going to kiss her, man. They're building a new Disneyland in Florida.

일은 무슨 일? 이봐, 키스할 남자 한 명 없는데. 플로리다에 새로운 디즈니랜드를 세운대.

Susanna

Shit, maybe she is crazy.

제기랄, 그녀 미쳤구만.

exts»   seclusion room: 격리실

---

227 put the calendar to work 일정을 짜다

---

con» **Geoff**

 She says she doesn't feel that way about me.
그녀는 저를 그렇게 생각하지 않는다고 하더군요.

Frank

... When shall we put our calendars to work and set goals? Right now? All right?
언제 일정을 만들어 계획을 짜고 목표를 세웁니까? 지금 당장? 괜찮아요?

exts» calm down: 침착하다, 마음을 가라앉히다 feel highly emotional: 흥분상태에 있다 be up all night: 밤새 깨어 있다 I share your feelings.: 동감입니다. social calendar: 사교상의 일정

---

228 That was close. 하마터면 늦을 뻔했어요.

sit» close는 '가까운', '가까이'라는 기본 뜻을 포함하고 있기 때문에, 'That was close.' 표현은 문맥에 따라 다양한 해석이 가능하다. 예를 들어, '경기가 팽팽하다', 질문에 대한 '답이 거의 맞다' 등

con» **Julia's dad**

 That was close.
하마터면 늦을 뻔했어요.

Rick

It's raining cats and dogs out there.
밖에 소나기 억수로 오네요.

exts» a ball of joy: 즐거운[멋진] 시간 be puzzled about...: ...이 혼란스럽다 as to...: ...에 관해(서라면) mental institution: 정신 요양원 put ... on the payroll: ...을 사원으로 고용하다. sign up=register: 등록하다 substitute teacher: 임시교사 go, go, go=continue to win: 계속 이기다 be all set: 준비가 되다 〈육상 경기〉 On your mark, ready, get set, go: 제자리로, 준비, 정렬, 출발 You go to it.: 넌 할 수 있어. buddy: 친구

---

229   No harm done.　　　　괜찮아요.

sit»　잘못된 일이 없을 때나 일이 잘되어 가는 것으로 생각될 때 쓰는 표현.

con»　**Cybil**

You know how kids can be.
애들은 애들이죠.

Michael

That's all right. No harm done. I found it
좋습니다. 괜찮아요. 찾았으니까.

syn»　That's all right.=That's OK.=It doesn't matter.
cf»　Kids grow out of it.: 아이들은 그러면서 크는 거죠[시간이 지나면 없어질 거예요].
rf»　There you go again.: 또 그러는 군(=You are doing it again.)

---

230   What's with this ma'am stuff[thing]?

　　　ma'am이라는 말을 계속할 거예요?

sit»　'ma'am'이라고 부르는 말이 언짢다는 뜻.
syn»　What is related with this ma'am stuff[thing]?=What has to do with this ma'am stuff[thing]?: 무엇이 이[ma'am이란 말과 관계가 있는지요?

con»　**Michael**

No, ma'am. Jersey City, mostly.
아뇨, 부인, Jersey 출신이요. 대부분말이죠.

Cybil

What's with this ma'am stuff? I'm looking that old already?
자꾸 '부인, 부인' 할 거예요? 내가 벌써 그렇게 늙어 보인단 말이에요?

231 play around   장난을 걸다(tease)

syn» tease ...=have fun at one's expense ...

con»   **Cybil**
There you go again.
또 그러는군.

Michael
I'm just playing around.
장난이었어요.

exts» with or without: 있든 없든 간에 sweetie: sweet heart와 같은 말로 애인이나
자식에게 부르는 말 Hang on a second.: 잠깐만 기다려라.

232 We're all set here.   다 됐습니다. 준비되었습니다.

sit» 위의 표현은 다음 2가지로 사용 가능하다. 1)해야할 일을 다 끝마쳤다(We're
all through here). 2)어떤 일을 시작할 준비가 되어 있다(Everything is
in place, so we can start operating).

con» **Policeman**
Well, I guess we're all set here. We'll be on our way.
그랬다면 이상 없군요. 저희는 이만 가겠습니다.

Cybil
So are we. (to Michael) Come on!
저희도 나가요. (Michael에게) 일어나요!

gr» So are we.=We are all set, too.: 우리 또한 떠날 준비가 되었어요.
exts» get the door.: 문을 열어주다.
rf» I'll get the phone.: 내가 받을 께. 이처럼 'get'은 다방면으로 쓰인다. We were
just fixing[about] to leave: 우린 막 떠날 참이었다. the man of the house:
집주인(host). Go get your stuff.: 가 네 물건을 가져오렴. I can give you a hand
with your bag.: 너의 가방을 들어 주겠다.

233 things being the way they are,   당신도 알다시피,

sit» 이 표현은 상대방이 상황을 잘 알고 있을 때, 우언적으로 말하는 경우에 쓰는
말로 어떤 상황이나 가능하다.
syn» in[under] the circumstances=the way things have been going=〈문장 앞에
써서〉 as it is(실상은)

rf» 보통 표현은 As you know=As you see이다.

con» **Peterson**

So, it's gonna be fifty cents on the dollar, that's what ... things being the way they are.

그러므로, 1달러에 50센트가 될 것이요, 당신이 알다시피 말이요.

Murphy

No. The deal was seventy.

아니오. 계약은 70센트였소.

exts» on one's way over.: 오는 길에. cleanliness: 청렴결백 You don't do that.: 당신은 농담을 안 하지(You don't make joke.)

---

234 Cleanliness is next to godliness.

신을 경배하듯 깨끗이 살아.

sit» 신성한 것을 소중히 하려면 우선 주위부터 청결한 상태에 있게 해야 하므로 마음속에 늘 신을 모시듯이 하며 마음이 청결한 상태에 있게 될 것이다. 누군 가에게 깨끗이 살라고 충언해줄 때 하는 표현이다.

rf» next to: (1)(...에) 접하여, 잇닿아, (...의) 옆에

ex» a vacant lot next to the house: 그 집과 접한 빈터 the person next to him in rank[age]: 지위[나이]가 그 사람 다음 가는 사람 (2)[부정어 앞에 써서] 거의 ...(almost). in next to no time: 곧, 순식간에 It is next to impossible.: 거의 불가능하다. He eats next to nothing.: 그는 굶다시피 하고 있다. (3)...은 별도로 하고, ...의 다음에는 Next to cake, ice cream is my favorite dessert.: 케이크 다음으로, 내가 좋아하는 디저트는 아이스크림이다. (4)(미속어)(...와) 친해져, 가까운 사이에 있는

con» **Cybil**

Cleanliness is next to godliness, in your life

신을 경배하듯 깨끗이 살아, 평생동안.

Michael

Yes. I changed my mind. I always want to try my best.

그래요. 마음을 바꿨어. 최선을 다하고 싶어.

exts» Listen up.: 잘 들어(Listen carefully). Things have changed.: 상황이 바뀌었어.

235   I know you've got to go.   이젠 끊어야겠구나.

syn»   I know you have a tight schedule.=I know you don't have time to talk right now.=I realize you have to keep an appointment. (이처럼 어떤 이유가 있어 부득불 통화를 끊어야 할 때 쓰는 표현이다.)

rf»   보통 통화를 끊을 때는 Bye, (I'll talk to you soon.) 하면 된다.

con»   **Pam**

(to Debbie)(into telephone) I can't believe he knew to ask Dad's permission. ... Okay. I know you've got to go ... I'll talk to you soon. Bye.
(Debie에게)(전화로) 그(Bob)가 아빠한테 허락해 달라고 부탁했다는 게 믿어지지지 않아. 그래, 전화 끊어야 되는 모양이구나. ... 조만간 다시 전화할게. 안녕.

Greg

So what's going on? What? Debbie's marrying that guy?
무슨 일이야? 무엇이라구? Debbie가 그 녀석과 결혼한 다구?

cf»   I've got to go.: 이만 가봐야 하겠습니다(같이 있다가 먼저 자리를 뜰 때 하는 말).

exts»   Isn't that great?: 잘된 일이 아니야? win him over: 그의 맘에 쏙 들다(=win his affection)

236   It's the man of the hour.   오늘의 주인공이다.

con»   **Bob**

(to group) Hey, hey! It's the man of the hour!
(모두를 향해) 자, 오늘의 주인공이 나오십니다!

Gregg

(to group) Sorry, folks, I had to pay a little visit to the urinal fairy.
(모두를 향해) 죄송합니다, 여러분, 제가 잠깐 화장실에 다녀왔습니다.

rf»   man of the hour: (1)〈구어〉지금 현재 가장 이슈가 되는 사람 folks: 같은 관계[부류]에 있는 사람에 대해 전체적으로 말을 할 때 씀 the urinal fairy: toilet을 비유적으로 표현한 말이다. take a chance: 위험이나 부담을 감수하다

unless you want some privacy=If you don't want some privacy: 방해가 되지 않는다면 It's a big day.: 중요한 날이야.

exts»

---

237   handy   손재주가 있는

---

con»

Gregg

Sure, I bet he could ... I saw some beachwood outside. He's very handy. He's an extremely handy and crafty craftsman.

그럼 되고 말고, 나는 바깥에서 목재도 봤는걸. 저 친구 아주 재주가 많은 사람이야. 손재주가 뛰어나고 아주 능숙한 사람이야.

Pam

Yes, he's very talented. But it would have never worked out.

그래 굉장히 재주가 많은 사람이지. 하지만 그것은[결혼은] 결코 성공하지 못했을 거야.

rf»   I bet=I am sure: 정말이야 beachwood: 너도 밤나무 work out: 성공하다

exts»   break: 길들이다(=domesticate=tame). when you have a minute: 시간이 있을 때 circle of trust: 믿음 공동체

---

238   turn A against B   A가 B에게 적대감을 갖게 만들다

---

con»

Gregg

(To Debbie) Your dad has totally turned you against me.

(Debbie에게) 당신 아버지가 당신을 완전히 내 적으로 만들어버리셨군요.

Jack

I didn't turn her against you, Greg. You did that to yourself.

내가 그녀[내 딸]가 너에게 적대감을 갖게 한 게 아니야, Greg. 네가 자초한 일이라구.

rf»   You did that to yourself.: 네가 자초한 일이야(You put yourself here).

gr»   the second[the minute=as soon as]+절 ...: ... 하자마자

exts»   accepting[generous] person: 도량이 넓은 사람]

139

239 Cat got your tongue? 꿀 먹은 벙어리가 됐소?

sit» 상대방이 말을 못하고 우물쭈물할 때 쓰는 표현.

syn» Why are you unable to answer?

con» **Gregg**

You don't? Huh.?. What's the matter? Cat got your tongue? (to Pam) Hey, Pam guess what? Daddy's planning a little covert operation in Thailand for the day after wedding. Did you know that?

모르신다구요? 정말요? 이게 어찌된 일인가? 갑자기 꿀 먹은 벙어리가 되었소? (Pam에게) 이뵈, 어떻게 생각해? 당신 아버지는 결혼식 바로 다음 날 비밀 작전을 수행하러 태국으로 떠날 준비 중이시라구. 그거 알고 있었어?

Debbie

(to Jack) Are you sure?.

(Jack에게) 아빠 정말이에요?

exts» Round and round we go: 일이 점점 복잡해진다(=It's getting more complicated.)
He's still very much in the CIA.: 그는 여전히 CIA에선 활발한 활동을 하고 있어.
You just blew it!: 네가 일을 망쳐났다(=You ruined the surprise).

240 My cover is blown. 내 비밀이 탄로 났군(My secret is revealed).

con» **Gregg**

(to Pam) He's right. ... (to group) ... he's right. I confess. My cover is blown. I am planning a secret operation the day after the wedding.

(Pam을 향해) 저 친구 말이 맞다. ... (모두를 향해) ... 저 친구 말이 맞아. 내가 인정하네. 내 비밀이 탄로났구만. 결혼식 다음 날 비밀 작전을 계획하고 있었는데.

Jack

A surprise honeymoon for Deb and Bob ... you silly son of a bitch. You just blew it.

Debbie와 Bob을 위한 깜짝 신혼여행 말야. 이 멍청한 개자식 같으니라구. 니가 망쳐버렸잖아!

rf» son of a bitch: 〈비어〉개자식 (영어에서는 '욕'을 철자가 4개인 것이 많아서 four letter words=swear words라고 부른다.)

241 **You just blew it.**   네가 일을 망쳐 놨다.

syn» You spoiled it.

con» **Jack**

(to Pam) He's right. ... (to group) ... he's right. I confess.
My cover is blown. I am planning a secret operation
the day after the wedding.

(Pam을 향해) 저 친구 말이 맞다. ... (모두를 향해) ... 저 친 구 말이 맞아.
내가 인정하네. 내 비밀이 탄로났구만. 결혼식 다음 날 비밀 작전을 계획하고
있었는데.

Dina

What?

뭐라구요?

Jack

A surprise honeymoon for Deb and Bob ... You silly
son of bitch. You just blew it.

Beb와 Bob을 위한 신혼여행 말야. 이 멍청한 바보 같으니라구. 니가 다 망쳐
놨잖소!

242　See how you like it.　너도 한번 당해봐.

syn» Here's taste of your own medicine.=Try it on yourself.=What's sauce for the goose(거위의 암컷) is sauce for the gander(거위의 수컷).

con»　**Mac**

(to Bunty) You were the one who was always hitting him. See how you like it.
(Bunty를 향해) 네가 매일 그(Rocky)를 때리기 때문에 그래. 그래 너도 한 번 당해봐.

Bunty

(to Mac) Don't push me, four eyes!
(Mac을 향해) 밀지 마! 이 안경잡이야.

rf» Don't push.: 시비 걸지마., 강요하지마(Don' boss me around). four eyes: 안경잡이 (놀릴 때 하는 말)

exts» I say: 내가 얘기하고 있잖아. dissentation in the ranks: 계급의 분열

243　Today's the day.　드디어 때가 왔다.

sit» '오늘이 그날'이라는 이 표현은 손꼽아 기다리던 날이나 중요한 날이 되었음을 강조하기 위해 쓰는 표현.

syn» This is the time for us to act on our plan.=The time has come.=The time has ripened.

con»　**Ginger**

(to chickens) Today's the day, girls. We're going to fly! I can feel it!
(모두[닭들]를 향해) 드디어 때가 왔구나! 우리는 날게 될 거야. 내 느낌이 그래.

Bunty

(to chickens) Finally we get to see a real professional in action.
(모두[닭들]를 향해) 마침내 우리는 사부가 손수 나는 광경을 볼 수 있게 되었구만.

exts» ramble on...: ...에 대해 장황하게 얘기하다

con» **Ginger**

I just wanted to say ... well, I may have been a bit harsh at first. What I really mean is ... thank you ... for saving my life.

너한테 하고 싶은 말이 있었는데 ... 저기, 내가 처음에 지나치게 쌀쌀맞았는지도 몰라. 무슨 일이냐면 ... 고마워 ... 내 목숨을 구해줘서.

Rocky

Uh, yeah. It's not just that ... you know ... life, as I've experienced it, you know ... out there, lone free-ranging and stuff, it's uh ... it's full of disappointments, and uh ...

아하, 그래. 있잖아 ... 내 경험상, 인생은 저 밖에[풀밭에] 뛰놀 듯 자유로만 가득히 있는 것 아니었어. 실망스러운 일투성이야. 그리고 어...

rf» free-ranging: 자유롭게 돌아다니는 것(free-ranger: 방랑자) foot loose: 자유롭게 돌아다닐 수 있는 and stuff: 그 밖의 비슷한 행동들

exts» 〈속담〉 It's[The grass is] always greener on the other side (of the fence).: 남의 떡이 커 보인다.

---

245 **Let me get this straight.** (얘기를) 정리 좀 하자.

sit» 상대방으로부터 믿기지 않은 얘기나 그럴 것 같지 않은 이야기를 들었을 때 하는 말이다. '내가 제대로 이해했는지 정리 좀 하자'라는 뜻이다.

syn» Am I hearing you right?=Did I hear you right?=Please say that again.

con» **Rocky**

Wait a minute. Let me get this straight. You want to get every chicken in this place out of here at the same time?

잠깐만. 얘기를 정리 좀 하자. 여기 있는 닭들을 한꺼번에 다 도망치게 하겠다구?

Ginger

Of course.

그래.

Rocky

You're certifiable!

완전히 제정신이 아니군!

certifiable: 증명할 수 있는, 정신병으로 인정할 수 있는, 미친 것 같은

exts» day in and day out: 매일매일(=all day, every day). pull off a stunt: 불가능한 계획을 실행하다, 어리석은 책략을 쓰다 I couldn't agree more.: 네 말이 절대 옳다구.

---

246   **lay low**   몸을 숨기다

---

syn» stay in hiding=avoid notice.

cf» keep a low profile: 눈에 띄지 않고 있다, 저자세로 있다

con» **Rocky**

You wanted to keep it down? I'm trying to lay low here.

목소리 좀 낮춰 볼까? 나는 여기에서 숨을 곳을 찾아야 할 것 같다.

Ginger

I should turn you in right now.

당장 신고해야겠는 걸.

rf» keep it down: (목소리를) 낮은 상태로 유지하다 turn ... in: ...을 제출하다, 신고하다

exts» Spread the word.: 모두에게 내말을 전해(=Tell everyone the news).

---

247   **Are we still on?**   우리 약속한 것처럼 하는 거지?

---

sit» 과거에 어떤 문제에 대해 얘기를 했다거나 계획을 세워 놓았을 때, 계획의 변경 여부에 대해 물을 때 쓰는 말.

syn» Are we all set?=Are we on track?=Do we have a go?

con» **Ginger**

(to herself) We've got to get out here.

(자신에게) 우리는 여기를 나가야만 해.

Mac

(approaching Ginger) Ginger. Are we still on?

(Ginger에게 다가가며) Ginger. 우리의 탈출 작전은 여전히 끝나지 않은 거지?

exts» dapper: 말쑥한, 민첩한 all the rage: 끝내 주는[인기를 얻고 있는]

Right you are. 물론이고 말고.

syn» You can say that again.: 당연히 네 말이 맞아.

con» **Nick**

Right you are, Miss. How about this nice handcrafted tea set?

안다구 알아, 아가씨. 이 고급 수제 찻잔 세트는 어때요?

Ginger

Oh, no...

싫어...

exts» coop: 조그만 닭장

---

249 **vision** 굉장히 아름다운 여성

con» **Fowler**

That is French.

그건 불어야.

Nick

It's two hats in one, Miss. For weddings. Oh, Madame, it makes you look like a vision. Like a dream.

한가지로 두 가지 멋을 부릴 수가 있지, 아가씨. 오, 부인, [결혼식을 위해] 이 것을 쓰니까 무지 예쁜데[이것은 당신을 아름다운 여성으로 만들어준다]. 간 단히[힘들이지 않고].

rf» Like a dream: 힘들이지 않고, 꿈만 같은]

250　A penny for your thoughts.

무슨 생각을 하고 있는 건지 말해봐.

sit»　오래된 영국 속담으로, 글자 그대로 말하면 '네 생각을 말하면 1전을 줄께.'의
의미가 된다. 'A penny for them'이라고 하면 '무엇을 멍청히 생각하고 있지?'
라는 뜻이다. penny는 영국 화폐단위로 미화 cent에 해당된다.

syn»　What are you thinking about?=Tell me what's on your mind.=What do you
think about this?

con»　**Jack**

 We still have a full day of trading before <u>zero hour</u>
... and I don't want any trouble. <u>A penny for your</u>
<u>thoughts</u>, Alan?

합병 발표일까지 우린 아직도 하루 남았으니 실수 없이 하도록. 무슨 생각이
지, Alen?

Mintz

Oh God, I'm sorry, Jack. I was thinking about, you
know, Dee and the kids I promised I'd be home for
dinner. It's Christmas Eve.

이런 죄송해요. Jack, 저녁같이 먹겠다고 집사람과 애들한테 한 약속을 생각
하고 있었습니다. 크리스마스이브잖아요.

rf»　zero hour: 예정 행동[공격] 개시 시각

251　tunnel vision　　한가지 만 생각하는 좁은 식견

sit»　한 가지만 생각하는 좁은 식견(extremely narrow outlook)을 가지고 있
을 때 하는 말.

cf»　field dependence: 〈심리언어학〉 주위 때문에 집중하지 못하는 정신 상태 ↔ field
independence: 주위에 상관없이 집중을 잘하는 정신 상태

con»　**Jack**

 <u>Okay, okay, maybe I do have a touch of tunnel vision</u>
<u>this holiday season.</u> ... When a deal like this turns up,
you get on it, and you ride it till it's over.

좋아, 좋아, 내가 이런 연말[휴]에 너무 일에만 몰입해 있는 것인줄 모르지만.
... 이런 일이 생기면 이 일에 매달려 끝장을 봐야지.

Mintz

You're right. I'm really sorry.
맞아요. 죄송해요.

rf»   a touch of: 약간의(=slightly). turn up: 일이 생기다.

exts»   focus on...: ...에 집중하다, 매진하다 prospectus: 사업계획서

---

252   You want to get cute?   영리하게 구는 게 좋을걸?

sit»   'cute'란 '예쁜, 귀여운'의 의미가 아니라 '영리한(clever), 눈치 빠른(shrewd)'
의 의미로 쓰일 때가 있다.

syn»   Are you being clever[saucy]?

con»   **Tony**

Take a walk, pal.
꺼져, 이 친구야.

Jack

Oh, not cool. Not cool! You want to get cute? Get cute. I'm gonna go to the office, and I'm filing a complaint to the manager of the building and having you fired!
이거 너무 심한데. 너무 심해! 영리하게 구는 게 좋을걸? 나 지금 사무실로 가
서 아파트관리자한테 말할 거야[민원을 신청할 거야]. 그럼 당신은 해고야.

rf»   Take a walk.=Take a hike.=Go and fly the kite.: 제발 여기 있지 말아 주세요.
(누군가 본인 옆에서 방해할 때 쓴다.)

exts»   co-op board: 한 아파트 주민들이 형성한 대표 단체 sexual witty banter: 음담패설:
기발하고 야한 농담. noblesse oblige: 사회적 지위가 높은 자들이 갖는 도덕적
책임 file a complaint to...: ...에게 불만을 제기하다 hop in.: 올라타다 buckle up:
안전띠를 매다 throw up=vomit: 토하다 urge: 충동 get worked up: 화나다, 열받다
sound familiar: 많이 들어본 말이다 cocky: 건방진 be on a acid trip: 환각제로
인한 몽롱한 상태에 있다 mumbo jumbo: 주제를 흐뜨리거나 청취자를 혼란에
빠뜨리는 모호한 말 as it takes: 필요한 만큼

sit»   동사 'phone'은 '전화를 걸다'라는 뜻이며, 'phone in'은 '전화로 정보를 알리다', 'phone up'은 '전화로 불러내다'의 의미로 쓰인다.

con»   **Kate**

I called all of our friends. I had the state <u>troopers</u> looking for you. I was on the phone with the hospital for God's sake!

친구들한테 다 전화했어요. 주 <u>경찰들</u>이 당신을 수색하고 있게 하고, <u>지금 병원과 전화를 하고 있다고요,</u> 세상에!

Jack

I don't know. Could you please stop yelling at me?

모르겠어. 나한테 소리지르지마.

rf»   yell at...: ...소리지르다 trooper: 기마병, (주 경찰의) 경관
exts»   hold on: 전화를 끊지 않고 기다리다 Never mind.: 신경 쓰지 마라. be mad at...: ...때문에 매우 흥분하다, 혼나다
cf»   be mad about...: ...에 열광하다, 좋아하다

 **El Dorado**

254 What's your angle? 꿍꿍이가 뭐냐?

syn» 'What's your interest?=What's the angle?=What is the catch?'의 대답은 'Nothing in particular: 별것 없어요 No strings attached: 부대조건 없어요'처럼 할 수 있다.

con» **Tulio**

 What's your angle?
무슨 꿍꿍이지?

Chel

No angle. I want in.
꿍꿍이 같은 거 없어요. 다만 끼고 싶어요.

rf» angle: 음모, 책략, 각도
exts» scam: 사기사건

255 Let's not make it personal. 사생활에 깊이 개입하지 맙시다.

con» **Miguel**

 Aha! Got it. (to Chel) Why?
아아! 이해했다고. (Chel에게) 왜요?

Chel

Think you're the only ones who dream of better things, of adventure. You've got your reasons and I've got mine. Let's not make it personal. Okay. It's just business. So when you guys are ready to go back ... I'm going with you.
당신들이 더 좋은 것, 모험 같은 것을 꿈꾸는 유일한 사람들이라고 생각해요? 당신들은 각자의 이 유가 있고 나는 내 이유가 있는 거죠. 상호 개인 일에 신 경 쓰지 말자구요. 좋아요. 이건 단지 거래일뿐이요. 그러니까 당신들이 이곳 으로 돌아서려고 할 때 ... 나는 당신과 함께 가자는 거여요.

Tulio

No, don't think so.
아니, 안되겠는데.

exts» tribute: 공물

256 　Let's just see how this works out.

일이 어떻게 풀리는지 알아봅시다.

rf» 　work out: 일이 잘 풀리다

con» 　**Tulio**

Wait! Hold it.
잠깐! 기다려.

Chel

Deal?
거래가 성사된 건가요?

Miguel

Deal.
수락하지.

Tulio

Not yet. Let's just see how this works out.
지금까지는 아냐. 일이 어떻게 풀리는지 좀 봅시다.

257 　I just got carried away. 　　난 너무 흥분했어.

con» 　**Miguel**

You don't have one! But I'm sorry. I just got carried
away.
넌 그런 거 못하잖아! 미안하지만, 난 너무 흥분돼 있어.

Tulio

Way away.
아주 멀리[아주 넋이 빠져 있구나].

Miguel

Maybe we should tell the truth and beg for mercy.
사실을 말하고 자비를 구해야겠어.

exts» 　come up with...: ...만들어 내다, 생각해내다 mega-cosmic: 초자연적인 현상,
놀라운 사건 warrior: 전사 my lord: 각하, 귀족, 판사 등을 높여 부르는 말 dawn:
나타나기 시작하다, 새벽 ↔ dusk: 땅거미

258 **You got it.** 알아들었구나.

rf» 위의 뜻은 많은 것을 내포하고 있다: (1)알아들었구나(=You understand it.).
(2)알겠습니다., 당신이 주문한 음식 여기 있습니다.

con» **Miguel**

In a boat?
배를 타고 가라구?

Tulio

You got it.
알아들었구나.

exts» Give me a boost: 날 좀 들어올려봐. do a trick: 재주를 부리다, 효과가 있다 pry
bar: 지렛대. peewee: 몸집이 작은 사람 crappy: 쓸데없는, 터무니없는 There it is.:
바로 그거야. provision: 식량

gr» How's ... coming?=How's ... going?: ...는 어떻게 돼가고 있느냐?

---

259 You're absolved of your sins. 당신의 죄는 사면되었소.

---

rf» absolve (A) of a sin: (A)를 사면하다

con» **Dave**

 Yes I do.
그래요.

Father

You're absolved of your sins. Go in peace.
당신의 죄는 사면되었소. 편히 가시오.

exts» look in on: 잠깐 들르다 call in: 불러들이다

---

260 stick around 꼼짝 않고 기다리다

---

con» **Minos**

Like, why didn't you wait for the Coast Guard after
calling in on the emergency channel?
이를테면, 왜 비상 채널로 연락한 후 연안 경비대가 도착하기를 기다리지 않
았습니까?

Dave

My wife gave them the position. They could see
the oil and gas on the water. No need for us to stick
around now was there?
아내가 그들에게 위치를 알려 주었어요. 그들은 물위에 기름과 연료가 떠있는
걸 볼 수가 있을 겁니다. 그때 가만히 앉아 기다리고 있어야만 할 필요는 없었
지 않습니까?

gr» 원래 문장은 '(There was) No need for us to stick around now'이다.

exts» blow up: 폭파시키다 take out: 파괴하다 come after: 찾으러 오다 streak: 깡마른
사람 and all that jazz: 그와 같은 부류 hang up: 그만두다 guts: 대담성 boogie:
떠나다 dark: 까무잡잡한 hooch: 술(booze)

sick A on B A를 시켜 B를 공격하게 하다

con» **Dave**

Bartender at Smiling Jack's said <u>he sicked them on me by calling one of your kids.</u> They also hurt a friend of mine, and I wanted to take care of it.

Smiling Jack의 바텐더가 자네의 클럽들 중 한 군데에 전화해 그들이 날 혼내주도록 했다더군. 그들은 나의 친구를 다치게 했다구, 그리고 난 그 점에 복수하고 싶다구.

Bubba

Is that why you're here?

자네가 여기에 온 이유가 그 때문이야?

rf» take care of...: 돌보다(look after), 처치하다

exts» Yup=Yes. motor mouth: 수다쟁이 nose-dig: 탐정, 형사 reach out to...: ...연락을 취하다 juice: 원기, 힘 wetback: 밀입국자 on the side: 부업으로 discretion: 분별, 신중 make one: 참가하다, 일행에 들다 migraine: 편두통

---

262 **good-for-nothing** 쓸모없는 사람

con» **Bubba**

... And this boy Toot, he's some voodoo, like to torture people, take pictures of it. Forget these clowns. <u>They're good for nothing.</u>

... 그리고 Toot, 이 자는 voodoo교인데 사람들을 고문하기를 즐기고 그걸 사진 찍지. 이 광대들을 잊어버리게. <u>그들은 쓸모없는 인간들이야.</u>

Dave

I hear Johnny Dartz was <u>working for the Feds.</u> Make you nervous?

Johnny Dartez가 연방 수사국을 <u>위해 일하고 있었다고</u> 들었어. 내가 자네의 신경을 건드렸나?

263   **on the side**   부업으로(as a second job)

con»   **Bubba**

The guy on the plane, Johnny Dartez, was working for the Feds. And I didn't know that Dartez was running wet-backs on the side.

비행기에 있던 자, Johnny Dartez는 연방수사국(Feds)을 위해 일하고 있어 요. 그런데 전 Dartez가 부업으로 밀입국자들을 관리하는 줄은 몰랐어요.

Didi

Fine, you turned him off.

좋아, 그래 가지고 그자를 없애버렸군.

rf»   wet back: 밀입국(하다), 밀입국자(예: Rio Grande 강을 헤엄쳐서 미국으로 밀입국하는 멕시코인) smuggle oneself into a country=stow away: 밀입국하다

---

264   **make one**   참가하다, 일행에 들다

con»   **Bubba**

Dave and I grew up together. Now he ain't gonna be a problem unless we make him one.

Dave와 저는 함께 자랐습니다. 지금 우리 가 끌어들이지 않는 한 그는 문제 될 게 없습니다.

Dibi

I know Dave Robicheaux, too. Now for a long time, the man's been a massive migraine to all of us in New Orleans.

나도 Dave Robicheaux를 알아. 오랫동안 그자는 뉴올리언즈에서 우리에 겐 대단한 두통거리였어.

exts»   take part in=participate in=join in=be in=be a member of ...: ...참가하다 obsession: 강박관념, 망상 So what?: 그래 어떻다구?

265 **get under one's skin** 화나게 하다

sit» 어떤 사람들을 '괴롭히다. 화나게 하다. 끊임없이 생각나게 하다. 흥미를 갖게 하다' 등 다양한 뜻을 갖고 있다. '괴롭히다'라는 뜻으로 쓰일 곳에서는 'bug' 로 바꾸어 쓸 수 있다.

con» **Dave**

I'm going to a party at Jack's place. Do you want to come?

잭의 집에서 열리는 파티에 가겠다. 자네도 가겠는가?

Charlie

No, that guy really gets under my skin.

아니, 이 녀석은 날 정말 화나게 만드는 군.

266 **There is something wanting.** 뭔가 빠져 있다.

con» **Marianne**

But, there is something wanting. He's too sedate.
하지만 뭔가 빠진 구석이 있어. 그는 너무 조용하거든.

Mrs. Dashwood

But Elinor has not your feelings. His reserve suits her.
하지만 엘리너는 너처럼 생각하지 않아. 그의 조용함이 그 애와는 어울릴 거야.

rf» sedate: 조용한, 진지한, 수수한(빛깔 따위). reserve: 삼감, 자제심
exts» rectify: 고치다, 바로잡다 form an attachment: 사랑을 하게 되다 amiable: 친절한 I
dare say=I bet=I am sure. unearth: 밝혀내다 winkle out of...: ...로부터 알아내다
curate: 보좌신부, 부목사

267 **form an attachment** 사랑하게 되다

con» **Mrs. Dashwood**

I believe that Edward and Elinor have formed
an attachment. It would be cruel to take away so
soon. Devonshire is so far. Why so grave? Do you
disapprove her choice?
Edward와 Elinor가 사랑하게 된 것 같아. 그 애를 이렇게 멀리 데리고 간다
면 잔인한 짓 이 될 거야. Devonshire는 너무나 멀지. 왜 그렇게 걱정스러
워 보이니? 그 애의 선택이 마음에 안 드니?

Marianne

By no means. Edward is very amiable.
아니에요. 에드워드는 매 우 친절해요.

rf» By no means=Never.
cf» By all means.=Absolutely

268   stand upon ceremony   ...격식을 갖다, 체면을 갖다

sit» 사교적인 만남의 자리로부터 격식을 유지하거나 지나치게 예의를 지켜 행동한다는 뜻. 부정문 형태를 취해 부정 명령문이나 'if... 절'에서 쓰이는 데, 흔히 'Don't stand on ceremony.'라는 표현으로, 어떤 사람이 상대방을 대할 때 지나치게 정중하거나 격식을 갖지 않고 상대방을 편안한 분위기로 이끌 때 쓰는 표현.

con»   **Sir John**

(He is surprised by Marianne's rude interruption.) Yes. Yes, of course. My goodness. Yes, we do not stand upon ceremony here, my dear.
(Marianne의 무례한 방해에 놀란다.) 그럼. 그럼, 물론이지. 이런. 그래, 여기에서는 아무도 격식을 따지지 않는다.

Marianne

(She stands up, to interrupt them) Sir John? Might I play your pianoforte?
(그들을 중지시키기 위해 일어난다.) John경 아저씨의 피아노를 쳐도 될까요?

exts» invalid: 환자, 유효기간이 지난 set one's cap at...=pursue a romantic relationship with...: ...와 사랑을 나누다 Lady: 〈영국〉공작, 후작, 백작의 딸에 대한 경칭 Aye=Yes. tumble down: 굴러 떨어지다 preserver: 보호자, 구조자(savior). any manner of=any kind of: 어느 종류의 nothing: 중요치 않은 사람 understanding: 비공식적인 결혼 약속 be attached to...: ...에 애정을 가지다

269   out of sorts   기분이 좋지 않은

sit» 화가 나거나 불유쾌한 상태, 또는 기분이 좋지 않은 상태를 말한다. 평상시와는 달리 기분이 좋지 않은 조건에 쓰인다.

con»   **Lucy**

You seem out of sorts, Miss Dashwood. Are you very well?
불편해 보이는군요, Dashwood 양. 괜찮은 거예요?

Elinor

Perfectly well, thank you.
괜찮아요, 고마워요.

Lucy

I have not offended you?
내가 기분 나쁘게 한 건 아니죠?

Elinor

On the contrary.
천만에요.[반대예요].

rf» On the contrary: (1)그와는 커녕 (2)not at all.: 전혀 그렇지 않은
exts» do the trick: (1)술책을 부리다 (2)문제를 해결하다

---

270 Mark my words. 내 말 잘 들어요., 장담해요.

---

con» **Mrs.Jennings**

Lover's quarrels are swift to heal. That letter will do the trick, mark my words. Well, I must be off. (She exits, leaving Elinor alone with Lucy.)
연인들의 싸움 은 쉽게 해결되지. 장담하지만, 저 편지가 효과가 있을 거야. 자, 난 가봐야겠어. (엘리너를 루시와 단둘이 남겨두고 나간다.)

Lucy

What a welcome I had from Edward's family, Miss Dashwood? I am surprised you never mentioned how agreeable you sister-in-law is. And Mr Robert, all so affable.
내가 에드워드의 가족한테서 얼마나 환영받았는지 몰라요, 대시우드 양? 당신 올케가 얼마나 친절한지 당신이 말하지 않았다는 게 놀랍군요. 로버트씨도요, 모두 너무나 친절하더군요.

rf» be swift to...=be likely to...=be apt to...=be liable to...: ...하기가 쉽다 be off=go. do the trick: 술책을 쓰다, 효과가 있다
exts» forlorn: 낙담하는 agreeable: 상냥한 affable: 친절한 guarded: 신중한 bestow upon: 주다 put an end to...: ...종지부를 찍다.

271   I am, "et cetera".

이하 생략.(이 부분부터 편지의 맺음말이므로 Marianne이 생략해서 읽은 것임)

rf»   et cetera=and so on=and the rest=and so forth=and the like=and such like: 기타 등등

con»   **Marianne**

My affections have <u>long</u> been engaged elsewhere, and it is great regret that I return your letters and the lock of hair which you so obligingly bestowed upon me. <u>I am, "et cetera,</u> John Willoughby."

제 사랑은 오랫동안 다른 사람에게 속해 왔기 때문에, 유감스럽지만 당신이 너무나도 친절하게 보내주신 편지와 타래를 돌려드립니다. 저는, "어쩌구 저쩌 구[이하 생략], John Willoughby."

Elinor

Oh, Marianne. It is best to know what his intentions are at once.

오, 마리앤. 그가 말하고자 하는 뜻은 바로 아는 게 좋아.

rf»   long=for a long time: 오랫동안 at once: 바로, 동시에(at the same time)

exts»   I wish you joy.: 축하합니다. throw together: 서둘러 만들다, 사귀게 하다 in view of...: ...을 고려하여 released=free: 자유로운

---

272 I'm telling you. 정말이야.

---

con» **Bobby**

I'm telling you, it's great. Jewel, I grew up here. Yeah, the Giants are my homies.

정말이지, 멋져요. Jewel, 난 이곳으로부터 자랐죠. 그래요, 자이언츠 선수들은 내 고향친구들이에요.

Jewel

Well, that's good to hear, but let me ask you this. I mean, we all know you're famous for your dedication to perfection.

글쎄요, 그렇다니 다행인데, 이걸 좀 물어보죠. 뭐냐하면, 당신이 완벽주의를 향한 노력 때문에 유명하다는 건 우리 모두가 알고 있어요.

rf» homey: '〈구어〉 제집 같은, 안락한, 고향친구(home boy), 친척[인척], 숙제[과제]'처럼 다양한 뜻이 있다.

cf» homies는 복수형태다.

exts» good-looking: 잘생긴 franchise: 가맹권 turn down.: 거절하다. nuts: 바보

---

273 be down on... ...에 덤벼들다, 비난하다

---

con» **Gil**

So what? if the guy's makin a lot of money? If they offered it to you, would you turn 'em down? You wouldn't turn em down, you'd have to be nuts. So why is everybody down on Rayburn? 'Cause he's not nuts?

그렇다면 그 녀석(Bobby)이 큰돈을 받은들 어떻소? 만약 그만한 돈을 제의한 다면 당신은 거절하겠소? 거절하지 않겠죠, 거절한다면 당신은 멍청이임에 틀림이 없을 거요. 그런데 왜 모두 Rayburn을 비난하는 거죠? 그가 멍청이가 아니기 때문이요?

Bobby

You got a point there. Gil, I apologize.

당신 말이 맞아요. Gil, 사과하죠.

rf» turn down=reject=decline=say 'No': 거절하다

gr» makin=making, em=them, wouldn't=would not, you'd=you would, 'Cause=Because(이처럼 구어체 표현에서나 노래가사에서는 단어의 일부를 종종 생략하는 경우가 많다. 이때 발음에 유의해야 한다. (노래가사는 박자나 음정을 맞게 하기 위해 이처럼 일부 음절을 생략하는 것이다.)

---

274 You got a point there. 당신 말이 맞다[일리가 있다].

con» **Gil**

So why is everybody down on Rayburn? 'Cause he's not nuts?
그런데 왜 모두 Rayurn을 비난하는 거지? 그가 멍청이가 아니기 때문이에 요?

Jewel

You got a point there. Gil, I apologize.
당신 말이 맞아요. Gil, 사과하죠.

syn» There is some truth in it.=You can say that again.=You said it.: 맞아요, 일리가 있어요.

exts» schmuck: 얼간이, 바보 sneak away: 몰래 빠져나가다 sneaky boy: 좀도둑

---

275 play hookey 학교를 빼먹다, 농땡이 부리다

syn» play truant.=play hooky=cut class=ditch the class

con» **Rick**

(into microphone) Opening Day at Candelstick. Park, 1996, and Steve, What's not to love about Opening Day? Fathers sneaking away early from work, and kids playing hookey from school, and for at least one day everybody is in first place.
(마이크에 대고) 1996년 Candelstick 야구장의 개막전입니다, 그런데 Steve, 어떻게 개막 전을 사랑하지 않을 수 있을까요? 아버지들은 회사로부터 일찌감 치 빠져 나오고, 아이들은 학교를 빠져, 적어도 오늘만큼은 모든 사람들이 개 막 전에 와 있군요.

Steve

(into microphone) Rick, Opening Day is what baseball is all about.

(마이크에 대고) Rick, 개막전이야말로 야구의 전부라고 할 수 있죠.

ext»   sort out: (분쟁, 문제 등을)해결하다, 분류하다 outstanding: 미결제의, 미불의, 훌륭한 commission: 수수료 forward: 보내다, 발송하다, ...앞으로

---

276   **bottom line**   결론, 사실의 핵심

---

con»   **Gil**

Yeah, by ripping him off.
그래요, 그 분을 속여 말이죠.

Garrity

He wasn't a business man, Gil. And neither are you. That's the bottom line.
그는 사업가는 아니었어, Gil. 그리고 자네는 마찬가지 고. 결론은 그거야.

rf»   rip off: 속이다, 사취하다, 이용하다 That's rip-off: 너 사기 당했어(비싸게 구입했을 때 하는 말).

---

277   **get a kick out of...**   ...로부터 재미를 얻다

sit»   '즐기다'라는 뜻으로, 사람이나 사물에 모두 쓸 수 있다.

---

con»   **Bobby**

You guys are getting a real kick out of this, aren't you?
당신들은 이 일을 즐기고 있죠?

Jewel

What are you talking about?
무슨 소리 하는 건가?

ext»   That kicks.=That rocks.: 신난다.

278   slow down the watch   시계를 느리게 가게 하다, 상황을 즐기다

con»   **Bobby**

... And you guys are just slowing down the watch.
... 그리고 당신들은 느긋하게 즐기고 있는 거구요.

Jewel

I thought I'd really enjoy this, but the fact is I feel for
you. I didn't know it was gonna be this rough.
나도 이 일을 정말 즐길 거라고 생각했는데, 사실은 당신을 동정하고 있어요.
난 슬럼프가 이렇게 힘들어질 줄은 몰랐어요.

rf»   feel for: 동정하다(sympathize)

279   a flash in the pan   일시적인 성공가, 반짝스타

con»   **Gil**

Bobby listening? Bobby?
Bobby 듣고 있나요? Bobby?

Bobby

Yeah, Gil, I'm here. How are you doing?
그래요, Gil, 여기 있어요. 안녕하시오?

Gil

You're the greatest player this city has ever had and
all of sudden you got some flash in the pan, some
hotdogger like Primo giving you a hard time about
your number.
당신은 이 도시가 가졌던 가장 위대한 선수인데 별안간 Primo같은 반짝스타
허풍선이가 백넘버 일로 당신을 괴롭히게 된 거요.

rf»   hotdogger: 허풍선이
exts»   on the payroll: 고용되어 call it a night: 그날 밤 일을 마치다 bullshit: 허튼소리

con≫ **Bobby**

No, that's a bunch of bullshit.
아니오, 그건 정말 말도 안 돼요.

Gil

(It) Doesn't hurt he's not around. Come on, level with me. I saved your kid. You want to pay me back?
당신은 그가 없어졌어도 아무렇지도 않소. 이것 봐요. 사실대로 말해요. 난 당신 아이를 구해줬잖소. 당신은 나에게 보상을 하기를 원해요?

rf≫　 a bunch of...: 많은 ..., 한 무리의 ... bullshit: 거짓, 소똥
gr≫　 It doesn't hurt...: ...탈나지 않는다, 덧나지 않는다
ex≫　 It doesn't hurt to ask the teacher any time when the students don't know how to solve.: 해벌 방법을 모를 때 선생님들에게 언제라도 질문하는 것은 탈나지 않는다.
exts≫　 be around: 도래하다, (주의에) 존재하다

---

con≫ **Bobby**

Curly, what do you want?
컬리, 원하는 게 뭐요?

Gil

Well, I've been thinking it over. You know, in life, life just comes down to one single action.
글쎄, 난 다시 한 번 생각해 봤소. 글쎄, 인생에서 삶이란 단지 한 가지 행동에 의해 결정되는 것이오.

exts≫　 chemo(teraphy): 화학요법 heart attack: 심장마비

---

282 give .. a break　　　　...에게 관대해지다, ..봐주다

---

con»　**Mag**

 Oh, Patrick's going conveniently blind.
오, 패트릭은 편리하게도 눈이 안 보이겠죠.

Mort

But not deliberately. I mean, give the guy a break.
하지만 일부러 그러는 건 아니잖소. 내 말은, 그에게 너그러워지라는 거요.

Mag

He made a joke about my getting a real job.
그가 내가 진짜 일을 갖는다는 걸 비웃었다구요.

exts»　be generous to...: ...에게 관대하다 dread locks: 미국 흑인들 사이의 유행
머릿결(가늘게 따 오글오글하게 하는 형태) stretcher: 들 것 take hold: 확립하다,
뿌리를 내리다 Don't you start with me.: 화내지 마, 불평하지 마. Don't aggravate
me.: 나를 화나게 하지 마시오. a pain in the neck: 눈엣가시 civil service exam:
공무원 시험 social worker: 사회사업가

---

283 It pours out of you.　　　너는 자질이 넘친다.

---

con»　**Mag**

 You think I'd make a good social worker?
당신은 훌륭한 사회사업가가 될 거라고 생각해요?

Mort

It pours out of you. You have the sufficient ability to
love me.
당신은 자질이 넘쳐흘러요. 당신은 나를 사랑할 충분 능력이 있어요.

exts»　have a heart=greatly kind. whisker: 범이나 동물의 긴 수염 snipe at...: ...을
저격하다]

con» **Mag**

Great.
좋아.

Patrick

Look, we're so exhausted, we're sniping at each other.
Come on, let's hit the sack.
이것 봐, 우린 피곤해, 우린 서론 신경을 건드리고 있다고. 자, 잠이나 잡시다.

exts» hit seven: 7번을 눌러주세요(엘리베이터 안에서) hit the ceiling: 화나다 hit the
book: 예(복)습하다 cutting=skipping. flunk: 실패하다, 낙제점을 따다 bail
out=give up: 손을 떼다 snip-snip: 싹둑자르다 chop-chop: 빨리 빨리

---

285 **out of the woods** 고비를 넘긴

sit» '어려움이나 문젯거리로부터 빠져 나오다'라는 뜻으로, 어렵거나 불쾌한 상황
을 어두운 숲에 비유한 데서 나온 표현이다. 따라 위험한 상황을 벗어났다는
것을 뜻하게 된 것이다. 원래 이 표현은, 부정문 형태로, 'Don't crow before
you're out of the woods.(숲을 빠져 나오기 전에는 기뻐하지 말라)'는 속
담으로부터 나온 것이다. 이것은 위험이나 문젯거리로부터 안전하기 전까지는
섣불리 기뻐하거나 자만하지 말라고 경고할 때 쓰이는 말이다. 그러나 요즈음
은 줄어 더욱 포괄적으로 쓰임.

con» **Mag**

... The minute something starts to get too hard, or you
can't do it immediately, you just bail out. You stop it
and you say, "I'm outta the woods now."
어떤 일이 힘들어지기 시작하거나, 그 일을 곧 할 수 없자마자, 넌 바로 그만두
지. 그만두고 이렇게 말하지, "이제 난 숲을 빠져 나왔어."

Percival

Yeah, that's very deep? You're very deep when you're
stoned.
그래요, 아주 심오한데요? 엄만 마리화나에 취하면 매우 심오해지시는군요.

rf» bail out: 보석으로 나오다, 그만두다 deep: 사상 등이 깊은, 심원한 stoned: 술이나
마약에 취하다

exts» pop out: 별안간 나타나다 heavy: 무게있는, 진지한 break one's heart: 실망시키다
fruitcake: 광인, 이상한 사람 vigilant: 방심하지 않는, 매우 주위 깊은

sit» 터무니없는 말이나 과장, 또는 허튼말이라는 뜻으로, 뻔뻔스러운 거짓말을 하는 사람, 또는 거만이나 허영을 부리는 사람들에게 쓸 수 있는 말이다.

syn» baloney=tall talk=brag=big talk 등이 있다.

con» **Mag**

I'm not going to talk about Percival. And if I pass the test, I'm still not taking the job.
퍼시벌에 대해선 얘기 않겠어요. 하지만 난 시험에 통과해도 그 일은 안할 거예요.

Mort

Well, well, well, now we see. You're nothing but hot air. Let me tell you a secret. God likes a go-getter.
그래, 그래, 그래 이제 알겠다. 당신은 허풍쟁이일 뿐이야. 내가 비밀 한 가지 말해 줄까? 신은 능동적인 사람을 좋아하지.

gr» nothing but=only
cf» anything but=never
exts» go-getter: 활동가 on leave: 휴가로

---

287 **split hairs** 꼬치꼬치 따지다

sit» 사소한 일이나 중요하지 않는 사항을 지나치게 따진다는 뜻으로, 늘 미묘한 상이점을 들어 따지기만 하는 사람에게 쓸 수 있다.

syn» quibble: 옥신각신하다

con» **Alfred**

Not necessarily at that moment.
그 순간에는 아닐지도 몰라요.

Mag

If you're just going to keep splitting hairs, please, it's just that ...
그런 식으로 꼬치꼬치 따질 거라면, 제발 ... 그것은 단지 ...

exts» decent: 더할 나위 없는 maintenance: 유지, 건사, 생계 fired up=enthusiastic: 열정적인

con»　**Cynthia**

**Well, I think he's having fun in his Alfred kind way.
He's rising to the challenge like you did.**
글쎄요, 그는 자신만의 Alfred 방식으로부터 즐거움을 느끼는 것 같아요. 당
신이 하셨던 것처럼 도전에 맞서려고 하죠.

Mag

**Are you kidding? I was a lousy mother. I always forgot
the permission slips.**
농담하는 거니? 난 형편없는 엄마였어. 난 늘상 허가서를 잊어버렸지.

rf»　rise to...: ...에 맞서다 lousy: 지독한 permission slips: 허가서(학생이 학교활동을
면제받을 수 있도록 부모가 서면으로 승낙하는 것)

289　**have had it with...**　　...에 지치다, 질리다

con»　**Izzy**

**I can see you're not too fired up about my theory, but
you're gonna hear it anyway.**
아빠가 제 의견에 그렇게 열광하시진 않는다는 건 알지만, 어쨌든 들어는 보
세요.

Patrick

I've had it with the theories.
이들 의견[이론]이라면 신물이 난다.

syn»　be bored with...=be sick with...=be fed up with...: ...에 신물이 나다
exts»　Go with me on this.=Let me explain on.: 내가 이 얘기를 계속하게 해주세요.
throw out: 내쫓다(expel) dander: 비듬(dandruff), 분노 lose one's mind: 미치다
thousands=millions=매우 많다는 것을 비유할 때 쓰인다. bizarre: 기괴한, 별난
break out: 발발하다 hives: 발진, 두드러기(nettle rash). prickly heat: 땀띠 rash:
발진 cut out: 담배 등을 그만두다 figure: 생각하다

---

290 make a weekend of it. 주말을 즐겁게 지내다

con» **Roz**

Today's Thursday.
오늘은 목요일이잖아요.

Frank

I know, Beano wanted me to steal a painting on Sunday morning, and do the whole job in one day? But I figured why not make a weekend out of it?
알아, Beano는 내가 일요일 아침에 그림을 훔치길 바랐지만, 이 모든 일을 하루에 해낸단 말야? 하지만 난 이 일로 주말에 여행을 한다면[주말을 잘 보낸다면] 어떨까 생각했지?

exts» bucks=dollars. mecca: 동경의 땅, 발상지 Here we go again.: 또 시작이구먼.

---

291 out in the open 공공연하게(publicly)

con» **Roz**

Oh, please allow me.
오, 내가 내겠어요.

Frank

… Um, sometimes the best way to do something is to do the most obvious thing right <u>out in the open</u>, in broad daylight right <u>under their noses</u>. People don't even <u>pick up on it</u>.
음, 최선의 방법은 가장 뻔한 일을 <u>아주 공개적으로</u>, 대낮에 바로 그들 <u>코앞에</u>서 하는 거지. 사람들은 그런 것에서는 <u>흠을 들춰내지</u> 못한다구.

rf» in broad daylight: 대낮에 under a person's nose: …의 코앞에서, …의 면전에서(in one's- presence). pick on…: …의 흠을 들춰내다

exts» perpetrator.: 범인. abscond with…: …을 갖고 도망가다 cop: 훔치다 lift: 훔치다 shill: 야바위꾼, 한통속 in the mood: 마음이 내키어 heist: 강도, 도둑 Bingo.: 이겼다. fake it: 속이다 last minute: 최후의 순간, 막판 propitious: 사정이 좋은, 행운의 bash: 파티 nah=no

292 wild-goose chase 헛된 시도

con» **FBIChief:**

No, <u>you give me a break.</u> You expect me to authorize travel expenses for another one of <u>your "Phil the shill"</u> <u>wild-goose chases?</u> ... <u>Can't you get it?</u>
안 돼, 내 사정 좀 봐주게. 내가 자네의 그 '야바위꾼 필'이라는 헛된 수사에 또 여행 경비를 허락할 거라고 기대하나? ... 못 알아들었소?

O'Maley:

Sir, I've got information that the fence is <u>on the move.</u> I think he's gonna lead us to the painting. You've got to let me follow them.
장물아비가 움직인다는 정보를 얻었습니다. 그를 뒤쫓으면 그림 있는 곳을 알아낼 수 있을 겁니다. 쫓도록 허락해 주세요.

rf» wild-goose chases=a fool's errand: 헛된 일[수고] fence: 장물취득인, 장물아비

---

293 on the move
활동하고 있는, (일이) 진행 중에 있는(on the go)

---

con» **O'Malley:**

Sir, I've got information that the fence is on the move. I think he's gonna lead us to the painting. You've got to let me follow them.
장물아비가 움직인다는 정보를 얻었습니다. 그를 뒤 쫓으면 그림 있는 곳을 알아낼 수 있을 겁니다. 추적하도록 허락해 주셔야 합니다.

FBIChief

You want to go back to a desk?
내근으로 되돌아가고 싶나?

O'Malley:

No, sir, I don't.
아닙니다.

exts» pick one's nose: 코를 후비다 blackmail: 등쳐 빼앗다, 협박하다 narrow-minded: 마음이 좁은, 편협한 slap: 페인트, 버터 등을 덕지덕지 바르다 shift gear: 기어를 바꾸다, 화제를 바꾸다 community college: 지역초급대학 connection: 연줄 lottery: 복권 in between...: ...사이에

294 put one's foot in one's mouth 실언하다

syn» put one's foot in it.

con» **Todd**

And what happened?
그래, 어떻게 됐어요?

Frank

Didn't go too well. Put my big fat foot in my mouth again.
별로 잘 안됐어. 또 큰 실언을 했어.

exts» kind of: 얼마쯤, 약간 break up: 헤어지다 party: 일행, 패거리 chip: 포커 등에서 판돈[칩]을 지르다, 돈을 걸다 win the pennant: 우승하다

295 nickel-and-dime 하찮은

con» **O'Malley:**

I've seen old guys like this all my life. They're all heading for the same place. Spending his life pulling these nickel-and- dime jobs, waiting for the big payday. Well, this is it. The big score. ... Well, listen to me, you can piss your life away on a small-time loser like this or you can do what you know is the right thing. Now, what do you say? What are you gonna do.?
난 평생 이런 사람들을 봐왔소. 그들이 가는 곳은 같지. 큰돈을 받는 날을 기다리며 하찮은 도둑질을 하느라 인생을 낭비하지. 글쎄, 그게 이거야. 한탕 낭비한 거지. 글쎄, 내 말 좀 들어봐요. 당신은 이런 하찮은 전과자한테 당신의 인생을 낭비할 수도 있고, 당신이 옳다고 생각하는 일을 할 수도 있소. 자, 어떻소? 어떻게 할거요?

Frank

I did it. I stole the painting. She wasn't involved in this. She's too smart. Actually, she tried to talk me out of it but I wouldn't listen.
내가 했어요. 내가 그림을 훔쳤어요. 그녀[로즈]는 이 일과는 관계가 없어요. 그녀는 너무 똑똑하거든요. 사실, 그녀는 날더러 이 일에서 빠지라고 설득하려 했지만, 난 듣질 않았죠.

rf»   piss away: 낭비하다 small-time: 시시한, 보잘것없는 What do you say?: 어떻게 생각하는가(What do you think)?. talk ... out of...: ... 설득하여 ...을 하지 못하게 하다 ↔ talk ... into ...: ... 설득하여 ... 하게 하다

exts»   pull a job: 도둑질하다 score: 성공, 행운 Easy street: 유복한 환경

---

296   **All well and good, but**   그건 좋지만,

sit»   어떤 일에 대해, '좋다, 사실이다, 만족스럽다'라고 하는 말이지만, 사실은 그것이 불만족스럽기 때문에 그 불만족스러운 이유를 전에 비꼬는 투로 던지는 말이다. 따라서 이 표현 뒤에는, 'but...'이 이어져 그 이유를 설명한다. 때때로 'All well and good.'이라고만 쓰는 경우도 있는데, 이것은 동의나 이해를 나타내는 말이다.

con»   **O'Malley:**

That's all well and good, but I still don't have the painting or the buyer.
모두 좋은데, 난 여태껏 그자[구매자]도 그림도 잡지 못했소.

Frank

I can get you the painting and the guy who bought it.
당신에게 그림을 찾아주고 그걸 산 사람도 잡아줄 수 있어요.

---

297 roll with the punches 침착하게 받아들이다

sit» '어떤 손해나 충격으로부터 자신을 방어할 수 있도록 행동한다'라는 뜻으로 '타격을 입고도 재기하는 것'을 말한다. 복싱 경기로부터 유래한 것으로, 권투 선수가 상대방의 주먹을 피하는 것이 아니라 그 주먹이 오는 방향으로 물러남 으로써 타력을 완화하는 방법을 일컫는다. 즉, 다가오는 힘을 약화시켜 받아 들이는 방법이다.

con» **Alan**

Come on. We'll be fine. We just have to stay calm. <u>Roll with the punches.</u>

이봐, 괜찮을 거야. 침착하기만 하면 돼. <u>현명하게 받아들여라.</u>

Sarah

What is it?

무슨 말이에요?

exts» height of fashion: 대유행 Stand and face it.: 두려움에 싸워라. have a fit: 불같이 노하다 fang: 송곳니(canine tooth), molar: 어금니 hallucination: 환상 outfit: 의상 fold up: 파산하다

---

298 Dig into your higher consciousness. 잘 생각해봐.

syn» You think about it.=Sleep on it.

con» **Sarah**

Who?

누구요?

Alan

What are you, an owl? <u>Dig into your higher consciousness.</u> Your old boyfriend, Billy.

당신 올빼미야? <u>잘 생각해봐.</u> 당신 옛날 남자 친구, 빌리란 말이야.

exts» walk off: 떠나가다

299 **keep one's chin up** 강경하고 단호한 자세를 취하다

sit» 걱정이나 어려움에 봉착했을 때, 혹은 낙심했을 때, 거기에 대한 무서움의 감
정을 드러내지 않는다는 뜻으로 줄여, 'Chin up(턱을 들어 올려).'이라고도 한
다.

syn» keep a stiff upper lip.: 윗입술을 빳빳한 상태로 유지하다.

con» **Sarah**

He's a kid, and he was trying to help.
그는 아이일 뿐이고 도우려고 그랬던 거예요.

Alan

Hold that (He hands her the game. Sarah and Judy
walk off.) I warned you about this, Peter. No, you
wanted to play the game. (Peter starts to cry.) Are you
crying? Don't cry. You keep your chin up. Crying
never helped anyone do anything. You have a
problem, face it like a man.
이것 좀 가지고 있어. (그녀에게 게임판을 건네준다. 새라와 주디가 떠난다.)
난 이런 일에 대해 경고했었다, 피터. 하지만 넌 게임을 하고 싶어했지. (피터
가 울기 시작한다.) 우는 거냐? 울지 마라. 대담해져라. 우는 건 어떤 사람에
게도 도움이 안 돼. 문제가 있으면 남자답게 그것에 대적해 싸워라.

exts» fall apart.: 깨어지다 for nothing: 이유없이, 까닭없이 fervently: 열렬히 guest of
honor: (만찬 따위의)주빈 VIP=Very Important Person. man of honor: 영광의
재인

300 **fold up** 파산하다

sit» '(회사 등)이 붕괴하다', '파산하다'라는 뜻으로, 공연이나 TV 프로그램, 운동
경기, 그리고 카드놀이에서도 쓰이는 데, 특히 사업체나 쇼 비즈니스 업계에
대해 더 자주 쓰인다.

syn» lose effect and energy

con» **Nicole**

Let's go see that new Broadway play.
새로운 브로드웨이 연극 보러 가자.

Sharon

Too late. It folded up last week.
너무 늦었어. 지난주에 막을 내렸어.

301   be on one's case   ..괴롭히다

sit»   '어떤 사람을 그 사람의 개인적인 문제를 들어 괴롭히다'라는 뜻으로, 비난이
나 지나친 간섭 또는 잔소리로 괴롭히는 것을 말한다.

syn»   be on one's tail

con»   **Tom**

The boss has been on my case about the large number of telephone calls I make.
내가 전화를 많이 건다고 사장이 잔소리로 괴롭혀.

Jerry

Well, are they mostly personal calls?
글쎄, 대체로 개인적인 전화야?

---

302   prostrate oneself before...   ...앞에 엎드리다

---

con»   **Ace**

Certainly. I prostrate myself before you and beg your forgiveness.
물론입니다. 당신 앞에 엎드려 양해를 구합니다.

Greenwell

Oh, now, don't get me wrong. I mean, I do enjoy the occasional prank. It's just that my heel is getting rather raw.
아, 저, 오해하지 말아요. 나도 또는 이따금 장난을 좋아한다구요. 하지만 발 뒤꿈치가 벗겨져 말이죠.

rf»   prank: 농담 raw: 살껍질이 벗겨진

exts»   fret: 초조해지다 Hang on!: 꼭 붙들어라! retrieval: 만회, 복구 intestine: 장, 내부 stinky: 냄새가 고약한 earthly: 속세의 ashram: 은둔자의 암자나, 또는 종교적 교육이나 훈련을 받는 곳 in the light of...: ...을 고려하여. dowry: 신부의 지참금

---

303   out of picture   재고할 가치가 없는

---

sit»   '경험한 바가 없는,' 또는 '재고의 여지가 없는'이란 뜻이다. '그림을 감상할 때 그림 안에 있는 내용에만 주의를 집중하고, 그림의 틀 바깥쪽은 보지 않는다' 라는 것으로부터 유래한 말이다.

con»   **Ace**

Okay, Quinn is out of the picture. We have no more suspects or clues. ... I can feel it. I can feel it like it's right in my neck!
좋아, Quinn은 관계없군[재고할 가치가 없군]. 혐의자나 단서는 더 이상은 없고. ... 난 느낄 수가 있어. 내 목에 있는 것처럼 느낄 수가 있어.

Greenwell

I'm sure it's fine. Ouda is probably going for help right now.
괜찮아. 아우다가 이제 구해줄 거예요.

---

304 beat.. up   ..마구 때리다, ..괴롭히다

---

con» **Ouda**

Hello, Ace! They found me. No Sweat!
여보세요, Ace!. 괜찮아. 그들이 나를 발견했어요. 걱정마!

Ace

Don't beat yourself up. You know, gingivitis is the number one cause of all tooth decay.
자책하지 말게. 저, 치은염은 충치의 가장 큰 원인이죠.

exts» beady eyes: 동그란 눈 clawed: 발톱을 가진 rabies: 공수병 filthy: 불결한 weasel: 족제비 tooth decay: 충치 go far enough: 최대한 참다 dart: 침, 입으로 불어 날리는 화살 equation: 방정식 smallpox: 천연두 all-knowing: 전지의, 모든 것을 다 아는 excrement: 배설물 plaster: 회반죽 abrasion: 찰과상 run back: 되감다 redemption: 속죄, 회개 Repent!: 회개하라! slime: 지겨운 사람, 중상모략가 filmflam: 속임수

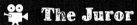
---

305 **clam up** 입 다물다

---

sit» 대합조개(clam)가 굳게 자기의 몸을 닫고 있는 모양을 상상해보면 이해가 가
능하다.

con» **Annie**

 No. I'm private.
아니야. 난 튀지 않을 거야.

Juliet

Admit it. You clam up.
인정하라구. 넌 입을 꽉 다물고 있잖아.

rf» private: 공개하지 않는, 비공식의, 비밀의

exts» single mother: 미혼모 your honor: 재판장 jury: 배심원(재판장에게 답신하는
사람들), 심사원 deliberation: 협의, 심의 fall at your feet: 당신에 의해 완전히
매혹되다 Chill out.: 침착해(Relax).

---

306 **open and shut** 명백한

---

con» **Locksmith**

 I don't think the government proved its case.
난 검찰 측에서 그의 유죄를 입증하지 못했다고 생각해요.

Accountant

Proves? It's open and shut.
입증이라구요? 이건 명명백백한 사건이에요.

exts» So you say.=That is your opinion. hit m.an: 청부 살인업자 pick on: 비난하다
resonable doubt: 합리적인 의심(제시된 증거에 대해 합리적인 의심의 여지가 있을
경우, jury는 피고에게 무죄를 선고해야 함) teeny=tiny. scum: 인간 쓰레기 one
way or the other wayy: 어느 쪽이든 be charged with...: ...혐의를 받다, 기소되다
Good for you.: 잘했어. leak: (비밀 등의) 누설, 누출되다 to the effect that...: ...라는
뜻으로 tamper: 조작하다 bring a charge against...: ...을 고발하다 smother: (감정,
충동을) 억제하다 fire: 정열 guts=courage: 용기 goon: 깡패, 얼간이 discard:
버리다 figurehead=boss

con» **Annie**

Are you gonna get rid of him?

그를 제거할 건가요?

Teacher

Well, eventually we'll throw away old Louie, but for the time being, we might keep him as a <u>figure head</u>. Take the heat off of me. Let him be a mountain. I'll be a ravine.

글쎄, 언젠가는 늙은 Louie를 제거하겠지만, 당분간은 그를 계속 명목상의 보스로 유지시킬 거요. 나에게 오는 불똥을 피하는 거요. 그가 산이 되도록 하는 거지. 나는 계곡이 되는 거고.

exts»   be a mountain: 주의를 끌다 ravine: 협곡 What makes you tick.: 네가 왜 그런 행동을 하는지 알려 줘.

308　**What makes you tick?**　네가 왜 그런 행동을 하는지?

con»　**Teacher**

 Yeah.
그렇습니다.

Boffano

And I don't know the first thing about what makes you tick. Isn't that funny? In all those ten years, I don't know nothing about you.
그런데도 난 자네가 왜 이러는지 전혀 모르겠어. 우습 지 않는가? 10년이란 세월이 지나도 난 자네에 대해 아무것도 모르고 있어.

gr»　What makes you tick?=Why do you tick?=What do you tick for?

309　**at one's feet**　　　..　에게 매료되는

sit»　'어떤 사람의 영향력의 범위 안으로 들어가다'라는 뜻으로 이때의 영향력은 특히 매력이나 능력이 뛰어난 데로부터 기인하는 것을 말한다. 자신보다 우월한 사람에게 복종하거나 매료되는 경우에 쓰는 말이다.

con»　**Annie**

 I just don't babble to men, that's all.
난 그저 남자들한테 재잘대지 않아, 그것뿐이야.

Juliet

Babble.? Annie it's not babble, this is an art. ... Then you push him back and you pull him in and push him back and you pull him until you've got him dizzy and staggering and falling at your feet.
재잘댄다구? Annie, 재잘대는 게 아니야, 이건 예술이라구. ... 그런 다음 그를 밀어댔다가 끌어당기고, 밀어내고 끌어당겨 그를 어지러워 비틀거리게해 매료되어 네게 넘어가게 만드는 거야.

310   **be on the safe side**   안전한 쪽에 있다

con»   **Dexter**

It can't be <u>transmitted</u> through the air.

공기로는 전염되지 않아.

Erik

Just to be on the safe side, I think you should go inside.

모든것보다 안전한 쪽에 있기 위해, 네가 안으로 들어가야 할 것 같은데.

Dexter

But I'm workin' on my mud fort.

하지만 난 흙 요새를 쌓고 있다구.

exts»   faggot: 남성 동성애자

---

311   **beat the shit out of...**   ...를 괴롭히다

con»   **Erik**

... a bunch of <u>assholes</u> like you who ain't sick thought it might be fun just to beat the shit out of him.

너희 같이 아프지 않은 머저리들이 그 애를 괴롭히는 일이야말로 정말 재미있을 거라고 생각했다는 거지.

Buddy

Come on, man. Let's beat it.

이봐, 그만 가자.

rf»   beat it: 가다, 나가다, 내빼다
ex»   Let's beat it.: 도망치자.
exts»   whip: 때리다 pint: 0.473리터 underachiever: 낙제생 germ: 세균 midget: 난쟁이, 꼬마 jungle gym: 철제 운동 시설 queer: 동성애의 남자 asshole: 머저리 beat the shit out of...: ...를 괴롭히다 bump into...: ...우연히 만나다 talk out.: 기탄없이 얘기하다

312   **Gotcha.=Got you.**   걸렸어요., 속았어요., 잡았어요.

con»   **Dexter**

Twenty-five cents. Gotcha.

25센트요. 당신은 나에게 걸렸어요.

Linda

Shit.

제기랄.

exts»   twirl: 비비꼬다 when it comes to...: ...의 문제라면 not to take any chances: 요행수를 바라지 않다 dig in: 먹기 시작하다 extract: 뽑아낸 물질 bayou: 강기슭 backwater: 벽지 suppress: 증거, 사실, 성명 따위를 발표하지 않다 findings: 발견물, 연구 결과물 pick up: 우연히 손에 넣다 sure thing: 그렇고 말고 cousin: 〈속어〉 친구 ... or something.: 인지 무언지

---

313   **trick .. into...**   ...를 속여 ...하게 하다

con»   **Erik**

We tricked the nurses into thinkin' that he was sick.
And Nurse Murphy said that everyone knows it was comin.

우리가 간호사를 속여 재가 아프다가 생각하게 만들었거든요. 그랬더니 Murphy간호사가 이런 일이 일어나리라는 걸 누구나 알고 있었다고 했어요.

Dr.Jensen:

So you tricked 'em?

그래, 그들을 속였던 말이지?

gr»   'em=them(빠르게 발음할 때 종종 이처럼 생략한다.

exts»   jump up: 벌떡 일어나다 hit the roof: 몹시 화내다

con»   **Erik**

Well, we pretended that Dexter stopped breathin.
And he jumped up and screamed and scared 'em.
(chuckles)

저, 우린 Dexter가 숨을 멈춘 것처럼 꾸몄어요. 그런 다음 쟤가 벌떡 일어나
소리질러 그들을 놀라게 했던 거죠. (껄껄 웃는다)

Dr.Jensen:

She must've hit the roof.

그 간호사가 무척 화를 냈겠구나.

Erik

Yeah. Dexter laughed his ass off.

네. Dexter는 숨이 넘어가도록 웃었어요.

gr»   must have pp: ...했음에 틀림이 없다

rf»   laugh one's ass off: 엄청나게 웃어대다

exts»   let down: 실망시키다 count on: 기대하다

315 **have designs on...** ...에게 나쁜 의도를 품다

con» **Lewis**

Do I realise what I'm getting into?
내가 어떤 일을 저지르고 있는지 알고 있느냐구?

Riley

Well, do you?
알고 있니?

Lewis

Fear not, Christopher. She's married woman, and a committed Christian which may not mean much to you, but does mean she's unlikely to have adulterous designs on me. And after Christmas, she sails back to New York.

걱정 말게, Christopher. 그녀(Joy)는 결혼을 했고 독실한 기독교인이야. 자네에겐 대수롭지 않은 사실일 수도 있지만 그녀가 나에게 이성으로서 불미스럽게 접근을 하지 않을 거라는 사실을 짐작케 해주고 있네. 그리고 크리스마스가 지나면 Joy는 배편으로 뉴욕으로 가네.

rf» get ... into...: ...를 ...한 상태에 빠지게 하다

exts» in reflection: 비춰진 bliss: 최고의 행복 pluck: 잡아 뜯다 be liable to+동.원...: ...할 것 같다 dispatch: 속달 우편 inhibition: 억제 respectability: 품행이 방정함 make no odds=make no difference: 중요하지 않다 set oneself up for...: 일부러 ...하게 행동하다 fall down: 계획, 주장 등이 실패하다 have another go at...: ...을 다시 시도하다 atheist: 무신론자 get the bug: 감염되다 line of work: 종사하는 일 toss-up: 반반의 가능성 fall for...: ...을 좋아하게 되다, ...에 속다 show off: 잘난체하다 take cheap shots: 상대방의 약점을 공략하다 implied criticism: 말속에서 은연중에 드러내는 비판 tough-talking: 고자세인, 거만한 no-nonsense: 실질적인, 농담을 싫어하는 soul mate: 감정이 통하는 사람 anima: 개인의 무의식 속에 숨은 개성, 남성 속에 억압된 여성의 요소 ↔ animus

con» **Harrington**

If she does recover, we shall chalk it up as a victory
for then power of prayer.

그녀가 회복된다면, 그 공은 기도의 힘으로 돌려야 할 겁니다.

Riley

I've never very understood about prayer. Does God
intervene in the world only when asked?

기도에 대해선, 지금까지 이해를 못 했어요. 하느님은 간구를 해야만 세상일
에 관여합니까?

gr» when asked=when (he is) asked.: '접속사' 다음에 '주어+be동사'가 생략이
가능하다

---

317 **It makes no odds.** 이러나 저러나 매한가지야.

sit» 이 표현은 두 개 중에서 어느 것을 선택해도 마찬가지라는 뜻이다.

syn» It's six of one, half a dozen of the other.=It's all the same.=It makes no
difference.=If it's not one, it's the other.: 오십보 또는 백보야.

con» **Lewis**

Do we want more rain or don't we?

비가 좀 와야 되나요 안 와도 되나요?

Paxford

Makes no odds. If we don't get rain, the bean'll
shrivel. If we do, the carrot'll rot.

이러나 저러나 매 한가지죠. 비가 안 오면 콩 이 시들고, 비가 오면 당근이 썩
으니까요.

318　set oneself[someone] up for falling down
알며 무모한 짓을 하다

sit»　실패할 것을 알며 어떤 일을 시도하는 것을 이렇게 표현한다. 비유적으로 말
하자면, 넘어지기 위해서 보울링 핀과 같은 입장에 스스로 놓이려고 하는 것
과 비슷하다.

syn»　put oneself[someone] at a disadvantage=guarantee failure=attempt the
impossible.

con»　**Paxford**

I'm not one to set myself up for falling down, Mr Jack.
전 잘 알면서 낙관적으로 생각하나가 실망하는 사람은 아닙니다, Jack씨.

Lewis

Nor you are, Paxford, nor you are.
그럼 아니지, Paxford, 아니구 말구.

319 **That's what mothers are for.** 엄마란 다 그런 거란다.

sit» 'That's what ... are for.'라는 표현은 특정 부류의 사람이 인생으로부터 어떠어떠한 목적을 띠고 있다는 뜻의 관용어다. 다시 말해 '...는 원래 그런 것이다', '그런 일은 ...라면 당연한 것이다' 같은 표현을 할 때 쓸 수 있다.

syn» That's what mother's about.=That's mother's role in life.

rf» That's what friends are for.: 그것이 친구가 존재하는 이유지[친구 좋다는 것이 뭐야].

con» **Anne**

Well, I'm trying. I just wish you wouldn't worry so much about me.

글쎄, 노력하고 있어요. 그렇게 제 걱정을 하지 않으셔도 돼요.

Mum

I can't help it. I'm your mother. That's what mothers are for. After all, I don't have a real job.

어쩔 수가 없단다. 난 네 엄마이니까. 엄마들은 다 그런 거 아니니. 사실 딱히 할 일도 없다.

gr» wish that 주어 동사의 과거형: ...하면[라면] 좋겠는데 (가정법 과거 형식으로 현재 사실에 반대를 나타내는 소원을 의미)

exts» bad blood...: 나쁜 감정, 반목 Might is right.: 힘이 정의다. whore: 창녀 vow of silence: 침묵의 맹세 Shame on you.: 부끄러운 줄 알아라. slut: 더러운 여자, 매춘부 sheepfold: 양우리 sticky=difficult. take sides: 어느 한쪽 편을 들다 plastic bag: 비닐 가방 pitchfork: 건초 드는데 쓰는 쇠스랑

320 **You just can't walk away from it.**

그냥 포기해 버릴 수가 없지.

syn» walk away from=abandon=give up=drop something=wash one's hands off=cut one's losses.

con» **Rosie**

Did you hear Beth's husband just left her?

Beth의 남편이 Beth를 떠났다는 얘기 들었어요?

Sandy

You mean he just walked away from her?

그럼 Beth를 버렸단 말이에요?

321 catch up on[with]... ...을 만회하다, ...을 따라잡다

sit» 'catch up'에 'on'이 붙으면 '밀린 일을 하다'라는 뜻이고, 자동사 형태나 'with'를 붙이면 '앞에 가는 사람을 따라잡거나 같은 수준에 도달하다'라는 것을 뜻한다.

con» **Jerry**

Phil, will you be able to go with us to the football game on Sunday?
Phil, 일요일에 우리와 함께 미식축구 보러 가지 않을래?

Phil

I still have a lot to catch up on my homework. But if I get it done, I'll give you a call. I got behind when I went home last week.
여전히 해야 할 숙제가 많이 남아 있어. 다 하면 전화할게. 지난주에 집에 가는 바람에 숙제가 밀렸어.

exts» whine: 울먹이다, 징징거리다 virgin: 처녀, 동정의 남자 newsflash: 뉴스 속보 No way!: 안 돼! chick: (장난기 있는 매력적인) 어린 여자 trainer bra: 어린 여자들이 쓰는 브라 retard: 지능이 낮은 사람 prepublescent=pre+puberty+adolescent: 사춘기 이전의 spy plane: 첩보기 plastic surgery: 성형수술 over-wrought: 지나치게 긴장한 brushcut: 짧게 깎은 be into...: ...에 열중하다 way: 훨씬, 월등하게 half-sister: 아버지가 다른 누이 stab ... in the back: 비겁하게 등 뒤에서 찌르다 hate one's guts: ...을 몹시 미워하다 off oneself=suicide. shrink: 정신과 의사 blank out: 멍해지다

322 bring up ... (얘기)를 꺼내다

sit» 우리말로 '그런 얘기 꺼내지 말라'라고 할 때 '얘기를 꺼내다, 화제에 올리다'에 해당하는 것이 'bring something up'이다. 한 참 재미있는 대화를 나누고 있는데 듣기 거북한 얘기를 꺼내는 사람에게 'Don't bring up that embarrassing topic.'이라고 할 수 있다. 또한, 'bring up'은 'He brought up the matter at the meeting.'처럼 어떤 회의석상에서 '어떤 문제를 거론하다'라는 뜻으로 쓰이기도 한다.

syn» address an issue=mention=broach a subject

Were you able to borrow your father's ship to go out this weekend? If so, I have some great plans!

이번 주말에 나들이 하기 위해 아빠의 배를 빌릴 수가 있니? 그렇다면 멋진 계획을 가질 텐데!

Tom

When I asked him, he brought up the happenings I had last week and turned me down.

아버지에게 여쭈었을 때, 그는 내가 지난주에 가졌던 일화를 꺼내시며 거절하셨다.

rf» turn down: 거절하다(reject=decline), 음량을 줄이다

exts» split up: 헤어지다 shrewd: 영리한 yup=yep=〈속어〉 yes

323 go as far as to...   ...정도까지 심하게 ...대하다[말하다]

con» **K**

Well, I'm not going as far as to say that I look on the whole thing as a joke.

음, 모든 걸 장난이라고 본다고까지는 말하지 않겠소.

Inspector

Very right.

그거야 그렇소.

exts» warrant: 영장 provoke: 신경질 나게 하다 warder: 감시인, 간수 don't make head or tail of...: ...전혀 모르다 the world is the world.: 세상일이란 다 그런 것이다. on what ground: 어떤 근거로

324 at one's disposal   ...마음껏 할 수 있는

con» **K**

Then this arrest isn't serious, as I said?

그럼 내 말처럼 제가 체포되는 것은 심각한 일이 아니군.

Inspector

That's not for me to say. It's just an arrest. It's not for me to say how serious it is. That's for others. You don't have to go to the bank, of course. Do what you like. But I did arrange for these three colleagues of yours to be at your disposal to make your arrival at the bank as inconspicuous as possible.

제가 말씀 드릴 입장이 아닙니다. 그냥 체포되는 겁니다. 얼마나 심각한 일인지는 제가 말씀드릴 수 없습니다. 다른 사람들이 알고 있지요. 물론 은행에 꼭 가야하는 건 아닙니다. 하고 싶은 것을 하십시오. 다만 당신이 은행에 도착할 때 남들 눈에 이상하게 보이지 않도록 하려고 당신의[은행] 동료 세 명이 당신의 처분하에 있도록 해 놨습니다.

rf» It[가주어] ... for[의미상의 주어(B)] ... to+동.원[진주어](C)=(B)가 (C)하는 것은 ...이다. 'to 부정사'의 의미상의 주어는 'for+목적격'이다.

gr» It's not for me to say how serious it is: 나는 그것이 얼마나 심각한 일인지 말씀드릴 수 없습니다.

senior official: 고위 관리 nightie: 잠옷(nightgown). be up...: (자지 않고) 일어나
있다 flog: 매를 때리다 be right behind...: ...의 편들다 pester: 귀찮게 하다 close
in on...: ...다가가다, 몰려오다 show ... around: ...구경시켜주다 verdict: 평결
proceedings: 소송 절차 get one's hands on...: ...에 접근하다, ... 손에 넣다

---

325 That man never leaves me alone.

그 사람은 저를 가만히 놔두지 않았어요.

---

con» Washerwoman

Listen. I'm sorry I caused a disturbance when you
were doing your speech. It wasn't my fault. That man
never leaves me alone. He's wild about me.

아, 그리고. 당신이 말씀하고 있을 때 소란을 피웠던 일이 있었는데 죄송해요.
제 잘못이 아니었어요. 그 사람은 저를 가만히 놔두지 않았어요. 그 사람이
저한테 넋이 나갔어요.

Huld
I think so, too.

저도 그렇게 생각해요.

rf» be wild about...: ...열광적인

---

326 talk rubbish 헛소리를 하다

---

con» K

(to Flogger) Can we perhaps discuss this? Is there any
chance of ...?

(태형리에게) 이 문제에 대해 의논해볼까요? 혹시 ... 방법이 ...?

Flogger
(to K) There in no chance. (to Franz and Willem) Get
your shirts off! Strip! (to K) They're talking rubbish.

(K에게) 다른 방법은 없소. (프란츠와 빌렘에게) 셔츠를 벗어! 벗으라고! (K에
게) 헛소리를 하고 있는 거요.

rf» flogger: 벌로써 매질하는 관리 rubbish: 쓰레기, 잡동사니
ex» a pile of rubbish: 쓰레기[잡동사니] 더미, 하찮은 것[생각], 어리석은

con»   **Huld**

I shan't let you in another time as late as this.
다음번에 이렇게 늦게 들여보내 주지 않겠네.

K

That suits me.
나한테는 늦은 시간이 좋습니다.

rf»   suit=be suitable for=be suited to: ...에 적합하다[적당하다]

---

328   **in the course of time**   시간이 흐르며(as time goes by)

con»   **K**

I trust you do. I've been thinking about this for a long
time. My decision is final. You'll get a chill.
그렇습니다. 오랫동안 이 문제에 대해 생각해왔습니다. 저의 결심은 확고합니
다. 기분 나쁘시겠지만.

Huld

Your uncle is a friend of mine. I have also become of
you in the course of time. I admit it very openly. I don'
t need to be ashamed of it.
자네 삼촌이 내 친구야. 시간이 지나며 자네에게도 호감을 갖게 됐고. 솔직히
고백하네. 그걸 부끄러워 할 필요가 없지.

rf»   get a chill: 기분 나빠하다

---

329   **He's wild about me.**   그는 저를 미친 듯이 좋아하고 있어요.

sit»   'wild' 하면 원래 '야성의' 또는 '자연 상태에서 자란다'라는 뜻이다. 문명사회에
서 사는 사람들의 기준으로 볼 때 지나치게 야성적인 사람의 모습은 어떤 일에
열광하고, 흥분하고, 미친 듯하게 되는데 'wild'에는 바로 그런 뜻이 있다.

con»   **Allie**

What do you think of Brad Pitt?
Brad Pitt 어떻게 생각해?

Huld.:

All the girls in my class are wild about him.
우리 반 여자들을 모두 그 사람한테 완전히 빠져있어.

330 get one's eyes on... ...에 관심을 두다, 눈여겨보다

sit» 마음에 드는 이성이 있으면 그 사람의 일거수일투족에 관심을 갖고 계속 지켜 보게 된다. 그리고 따로 떨어져 있을 때는 그 사람의 모습을 상상하게 된다. 이 렇게 사람이나 물건을 눈여겨보고, 인상에 남겨 두는 것을 말하는 표현이다.

syn» cast an eye over

con» **King**

married yet, Mr. Pitt?

여태껏 결혼 안 했소, Pitt 경?

Pitt

No, Sir.

안 했습니다, 폐하.

King

Got your eyes on anybody then?

그럼 눈여겨봐 둘 사람 있소?

Pitt

No, Sir.

없습니다, 폐하.

exts» House of Lord: 상원 in the year of our Lord: 기원전 possessions: 영지 balance the books: 회계 장부[예산 균형]를 맞게 하다 levee: 국왕의 접견 Prince of Wales: 웨일즈 공(영국의 황태자) insolence: 무례함 give it some stick: 매질하다 put one's heart into...: ...몰두하다

con»   **King**

Well, I'm here. Play, Play.(the Orchestra start to play) Aha, remember this one, hmm? (The king swings his right arm in time to the music. He hums loudly then stands up.) Louder, sirs, louder. Lay it on. lads. (he beats time to the music) One-two-three-four. One-two-three-four. Come on, boys, let's hear you. Give it some stick. Yes, put your heart into it, sir. Alright, move over. My turn. Where are we? (Player points to music) Oh yes, I see. Ah this is child's play, man

자, 내가 왔다. 연주해. 제길. 연주하라구. (관현악이 연주를 시작한다) 아하, 이거는 들은 기억이 나는군, 흠? (왕은 오른 손으로 박자를 맞춘다. 그는 크게 콧노래를 부르더니 일어선다) 더 크게. 경들, 더 크게. 세게 쳐 봐. 이 친구들아. (그는 박자를 맞춘다) 하나-둘-셋-넷. 하나-둘-셋-넷. 자. 자. 이것들 봐. 좀 듣자구. 더 세게 쳐봐. 그래, 열광적으로 치라고, 경. 좋아 저리 가. 내 순번이야. 어디까지 연주했지? (연주자가 악보를 가리킨다) 아 그래, 알았어. 아 이건 애들 장난이라구.

Orchestra

Yes, Sir.

알았습니다, 전하.

exts»   whip: 갑자기 움직이다. His Majesty: 폐하 demented: 정신 착란의 Royal Highness: 전하(왕족에 대한 명칭) almshouse: 구빈원 round the clock: 하루 종일 languor: 무기력한 on the mend: 나아지고 있는 annuity: 연금

con»   **Thurlow**

(to Pitt) You have been reading too many novels.

(Pitt에게) 당신은 책을 너무 많이 읽어왔군요.

Pitt

He has to recover soon or we are done for.

폐하께서 어서 회복되지 않으면 우리는 끝장입니다.

333   tide is with...   ...에게 형세가 유리하다

con»   Maria

(to Wales) This is your father's matter, Sir.
(Wales에게) 아버님의 문젭니다, 전하.

Warren

(to Wales) Lie on your oars, Sir, <u>the tide is with you</u>.
(Wales에게) 노를 놓고 쉬십시오, 전하, 형세가 전하께 유리합니다.

rf»   tide는 '형세'라는 뜻 외에 '조수'라는 뜻으로 밀물(flood tide)과 썰물(ebb tide)라는
뜻이다. 옛날에는 조수에 의해 시간을 판별했다. 또한 '시류'하는 뜻도 있다

ex»   go with the tide: 시류에 편승하다

---

334   be pending   현안 문제다

con»   Warren

(to Wales) Your Royal Highness has but to wait.
(Wales에게) 전하는 단지 기다리시기만 하면 됩니다.

Wales

Wait ... (laughs) Wait ... Lord Chancellor, my life has
been waiting. I endeavor to cultivate languor. But it is
difficult to be languid <u>when the throne of England is
pending</u>.
기다리라구 ... (웃는다) 기다리라구 ... 대법관님, 내 인생은 기다림의 연속이
었소. 나는 <u>무기력함을 체질화하려고</u> 애쓰고 있소. 하지만 영국의 왕위가 달
린 문제라 가만히[무기력하게] 앉아 있을 수가 없소.

rf»   pending: 〈형용사〉 미정[미결]의, 심리 중인, 계류 중인, 드리워진, 절박한,

ex»   pending questions: 현안의 제문제 〈전치사〉 ...중, ...할 때까지는 pending the
negotiations: 교섭 중

335   **kick over the traces**   하고 싶은 방식으로 행동하다

con»   **Queen**

Other women, Sir.
다른 여자들 말입니다.

King

Kicked over the traces, you mean. No Life is without
its regrets. Yet none is without consolations..
방종하게 노는 것 말이군. 후회 없는 삶은 없소. 하지만 어떤 인생에도 위안거
리는 있소.

gr»   yet이란 단어가 '문장과 문장', '구와 구' 사이에서 '그러나(but)'의 뜻으로 쓰일 때가
있다.

---

336   **If they can send him packing...**   그들이 그를 쫓아낼 수 있다면...

sit»   드라마 같은 데서 부부가 이혼할 때 어느 한쪽이 커다란 여행 가방에 자기 물
건을 챙겨 넣는 장면을 볼 수 있다. 'pack'이란 '짐을 싼다'라는 말이다. 그러니
까, 'send someone packing'은 '짐을 싸게 해서 떠나보내는 것'을 말한다.
유의표현으로서 'pack off someone'이라는 표현도 있다.

con»   **Mariah**

So how's your new boy friend?
너의 새 남자 친구는 어때.

Susan

He was a real creep. I sent him packing.
정말 싫었어. 떠나보냈어.

Mariah

That didn't last, did it?
오래가지 못했구나.

337　lower oneself to...　자존심을 버리고 ...하다

con»　Susannah

Can he speak English?
그가 영어 할 줄 아나요?

Alfred

Stab, speak English? Hah! <u>He wouldn't lower himself to speak English</u>. Would you stab? (Stab says something in Cree.)
Stab, 영어해요? 허! 자존심이 있어서 영어를 하려고 하지는 않을 겁니다. 그렇지요 Stab? (Stab이 인디언 Cree족의 말로 뭐라고 말한다.)

exts»　hung over: 숙취 canteen: 수통 in the middle of nowhere: 아무도 모르는 곳으로부터 with respect: 제발, 죄송스럽지만(please). wanted poster: 현상범포스터

338　We'll make it(=the money) back.

우리는 잃은 돈을 만회할 거야.

Sit»　'make back(=earn back)'은 '잃은 돈을 다시 벌어들인다'라는 뜻이다.

con»　Stan

Did you hear about Gabe <u>losing his shirt</u> in the Casino?
Gabe가 카지노로부터 돈을 몽땅 날렸다는 얘기 들었어요?

Bob

Yeah, <u>he was losing and tried to make it back by doubling his bets</u>. Then he really lost.
응, 돈을 읽기 시작하니까 베팅을 두 배로 해 가지고 그걸 만회하려고 했지. 그러다가 정말 돈을 다 날린 거야.

rf»　lose one's shirt: 돈을 탕진하다
exts»　fella=fellow. turning point: 중요한 사건 congressman: 〈미국〉(하원)의원 senator: 상원 위원 drop out the bottom: 곤두박질치다(nosedive)

339 We're stuck out here. 우린 여기 꼼짝 못하고 있어요.

sit» 'stuck'은 'stick(붙이다)'의 과거분사며, 'be stuck' 하면 '(한 자리에) 들어붙어 있다, 꼼짝 못하고 있다'라는 뜻이다.

syn» be shipwrecked=be marooned=be isolated=be unable to get away.

con» **John**

If we don't get out of here, we're going to be stuck in this town for the rest of our lives.
우리가 이곳을 벗어나지 못하면 평생 이 마을에 눌러앉아 있게 될 거야.

Bill

I think you're right, but it could be worse. I mean, living here isn't that bad.
네 말이 맞다고 생각하지만 사정이 더 나빠질 수도 있지. 그러니까, 이곳도 그리 살기 안 좋은 곳은 아니라구.

exts» bootlegger: 밀주업자 moonshine: 밀주하다 moonlighting: 야간에 하는 부업 good money: 많은 돈

---

340 **cheering up** 흥을 돋구는 일

con» **Claire**

Do you have children?
애들은 있어요?

Gene
No, ma'am. I, uh, I can use some cheering up from time to time myself, ma'am. Being a cop isn't easy. You have a nice day now.
아뇨, 부인. 저는, 어, 저도 가끔 신나는 일이 있었으면 합니다, 부인. 경찰관은 힘든 직업이거든요. 그럼 좋은 하루 되십시오.

exts» lofty: 거만한(stuck up). be off to work=go to work. We'll see=maybe. housecoat: 여성의 실내복 dilute: 희석시키다 to code: 규정에 따른

---

341 **on one's last leg** 수명이 다 된

sit» '가구 같은 것의 다리가 떨어지기 일보 직전에 있듯이 수명이 다 된 상태'를 말한다. 또는 사람이 마지막 다리를 딛고 일어나지 못하는 것을 상기하면 이해가 가능하다. 사람이든 물건이든 더는 제 역할을 하지 못하게 된 것을 두고 이런 표현을 쓴다.

syn» at the end of one's hope=not long for this world=about to give out.

con» **Tess**

Came with the house.
집 지을 때부터 있었어요.

Jerry
Yeah, well, I hate to be the one to tell you this, but I think it's on its last leg.
예, 음, 이런 말씀드리기 죄송하지만, 이제 다 된 것 같습니다.

Tess
Oh, no. don't tell me.
아, 그럴리가.

exts» be hot for...: ...성적으로 흥분하다 the long and (the) short: 요점 for a change: 지금까지와는 달리, 기분을 좋게 하기 위해 one time too many: 지긋지긋하게도 brush: 살짝 스치다 close: 아슬아슬한 sweetie: 귀여운 아이[애인]

342   **play around**   다른 여자와 놀아나다(flirt with)

con»   **Marian**

Why?
왜?

Sherri

Cause I don't want to hear Gene's bullshit. He's
playing around. I can smell it on him.
Gene의 잔소리를 듣고 싶지 않아. 바람피우고 돌아다녀. 낌새가 보여.

exts»   as it ever is: 힝싱 그렇지민 sweat it out: 끝날 때끼지 어려운 상황을 거치다 dump:
일방적으로 관계를 끊다

---

343   **lovey-dovey**   진한 신체적 애정 표현(bill and coo)

con»   **Sherri**

I just gotta sweat it out. She'll dump him and then he'
ll come running home to mommy, all lovey-dovey. It's
always the same story.
참아야지. 그 여자가 그를 버리면 집으로 달려와 애들이 엄마한테 하는 식으
로 붙들고 늘어지면서 양해를 바랄 테지[신체적으로 애정을 표현할 테지]. 항
상 그런 식이잖아.

Marian

He's such as asshole.
나쁜 사람이군.

rf»   sweat it out: 참을 때까지 참다 all lovey-dovey에서의 all은 '완전히(completely)'의
뜻이다. dump: 버리다, 퇴짜 놓다(jilt=blow ... away)

exts»   blender: 믹서기, 혼합기 cook out: 야외에서 요리하다 outdoor man: (사냥꾼,
낚시꾼처럼) 야외생활을 즐기는 사람

344 break the ice　　어색함을 타개하다

con»　**Ralph**

Isn't it wonderful, Marian, how we can skate around an issue? Always playing our little game.
Marian, 우리가 문제를 진짜 멋있게 회피하고 있는 것 같지 않아? 늘 우리만의 게임을 하지.

Marian

That's a good idea. A game. It might help break the ice. Jeopardy, maybe.
그거 좋은 생각이에요. 게임. 그렇게 하면 어색함을 줄이고 서로 친해질 수 있을 거예요. Jeopardy같은 걸 할 수 있고 말이에요.

exts»　smeared: 얼룩진 neck: 껴안고 애무하다(fondle=cuddle=caress)

---

345 skate around　　회피하다(avoid)

con»　**Ralph**

Isn't it wonderful, Marian, how we can skate around an issue? Always playing our little game.
Marian, 우리가 문제를 참 멋지게 회 피하고 있는 것 같아요? 늘 우리만의 게임을 하지.

Marian

That's good idea. A game. It might help break the ice. Jeopardy, maybe.
그거 좋은 생각이에요. 게임. 그렇게 하면 어색함을 줄이고 같이 친해질 수가 있을 거예요. 제퍼디같은 걸 할 수 있고 말이에요.

rf»　break the ice: 어색한 분위기를 깨서 밝게 해주다 Jeopardy: 미국의 인기 TV 쇼

346   on one's mind   마음에 걸리는

ant» off one's mind: 마음이 홀가분

ex» a weight off one's mind: 마음에서 떨쳐버린 짐

con» **Ralph**

Nothing. It's an ancient story.
아무것도 아냐. 너무 오래된 이야기야.

Marian

No. Something's on your mind.
아네요. 뭔가 마음에 걸리는 게 있군요.

exts» weigh heavily on one's mind: 마음을 무겁게 하다(have a lot on one's mind). get it off one's chest-: 마음의 고민을 털어 놓다

---

347   water under the bridge   과거지사, 이미 지난 일

syn» The ship has sailed out already.: 이미 지나간 일이야.

con» **Marian**

Why? What's so important? It was three years ago.
왜 그래요? 그게 뭘 그렇게 중요해요? 3년 전의 일이에요.

Ralph

All right. It's not important. It's water under the bridge.
좋아. 그게 중요한 게 아니지. 그건 다리 밑을 흐르는 물과 같이 지나간 일일 뿐이야.

exts» come clean: 자백하다(confess=fess=spit it out=make a clean breast)

con»　**Ralph**

What do you think you are? One of your paintings?
Marian, I'm giving you a chance to come clean. Clear
the slate. Onto a higher consciousness. And then don'
t ever lie to me again.

당신은 자기를 뭐라고 생각하는 거야? 저 그림들 중에는 하나? Marian, 나는
솔직히 말할 기회를 주고 있는 거야. 과거는 없었던 일로 하자구. 그러면 정신
적으로 성숙될 거야. 그리고 다시는 내게 거짓말하지 마라.

Marian

This is not like you, Ralph

이렇게 말하는 건 당신답지 않아요, Ralph.

rf»　come clean: 실토하다, 털어놓다

---

con»　**Waitress**

So what'll you have today? The same hamburger,
french fries, apple pie a la mode, and a cup of coffee?

그래 오늘 뭘 드실 건가요? 또 햄버거에, 프렌치 프라이, 애플 파이 알라모드,
커피 한 잔 드시겠어요?

Customer

No, I think I'm in a rut. For a change, I'll have a
hamburger, french fries, apple pie a la mode, and a
cup of tea.

아뇨. 이젠 물린 것 같아요. 오늘은 좀 메뉴를 바꾸어 햄버거, 프렌치 프라이,
애플 파이 알라모드, 그리고 tea 한 잔을 시키죠.

350　**pander to...**　　...에 영합하다

con»　**David**

I'm an artist and I won't change a word of my play to pander to some commercial Broadway audience!

저는 예술갑니다. 예술을 모르 는 상업적인 브로드웨이 관객들에게 영합하기 위해 내 각본의 글자 한 자도 바꿀 생각이 없습니다.

Julian

I'm not arguing with you. Do you see me arguing? I think your play is great as it is. It's real, it makes a point, it's confrontational.

당신과 논쟁하려 하는 것이 아닙니다. 제가 논쟁하려 하는 걸로 보입니까? 전 당신 희곡이 지금 그대로 훌륭하다고 봅니다. 사실적이고, 메시지도 명확하고, 도전적입니다.

exts»　heavy: 분위기가 무거운 sidewalk cafe: 노천 카페 distract: 재미를 주다, 기분을 새롭게 하다, 산만하게 하다

351　**as it is**　　지금 상태로

con»　**Julian**

I'm not arguing with you. Do you see me arguing? I think your play is great as it is. It's real, it makes a point, it's confrontational.

당신과 논쟁하려는 게 아닙니다. 제가 논쟁하려는 걸로 보입니까? 전 당신이 희곡이 지금 그대로 훌륭하다고 봅니다. 사실적이고, 메시지도 명확하고, 도전적입니다.

David

Then why won't you produce it?

그럼 왜 무대에 올리지 않습니까?

exts»　tapped out: 돈이 없는 big-time: 유명하고 실력있는, 일류의, 거물의 ↔ small time: 시시한, 보잘 것 없는 scare up: (자금 등 구할 수 있는 것을) 그러모으다 track record: 육상 트랙 경기의 실적 track and field: 육상 경기 mangle: 망쳐놓다 doll: 매력적인 젊은 여자 speakeasy: 주류 밀매점, 무허가 술집

352   a load off one's mind

안심[마음으로 떨어져 나간 짐](a load off one's shoulder), 구제

con»   **Rocco**

Done.
해치웠습니다.

Mac

Now that's a load off my mind. How many?
이제 한 짐 덜었군. 몇 명이지?

cf»   have a lot on (one's) mind=weigh on one's mind: 마음이 복잡하다, 마음에 부담이 많다

ext»   midtown: 중심가 uptown: 주택지대 down town: 상업지대 incoherent: 앞뒤가 맞지 않는 slash: 칼 따위로 획 긋다 show business: 연예계 tribute: 찬사를 받을 만한 일 penthouse: 아파트의 최상층 you-name-it: (동류의 것 몇 가지를 열거한 다음에) 누구든지 간에, 뭐든지 간에

---

353   while you are at it   말이 나온 김에, 기왕에 하는 김에

con»   **Helen**

Oh, and while you are at it, if ... If you could just have a look at that scene in Act Two. If she succeeds in seducing the Lieutenant, instead of being rejected second time, then it could add some variation to the character.
아, 말이 나온 김에 드리는 말씀이지만, 혹시 ... 혹시 2막의 그 장면을 손보실 생각이 없으신지요. 그 여자가 다시 버림받지 않고 중위를 유혹하는데 성공한다는 식으로 하면 성격에 어떤 변화를 줄 수 있을 거예요.

David

Oh, yes, That's wonderful idea.
아, 예, 그거 좋은 생각입니다.

gr»   add A to B: A를 B에 더하다

exts»   cast: 출연진 staff: 부원[기술진] rewrites: 수정원고 wile: 계략 lines: 대사들

con» **Julian**

A major new voice in the theater.
연극계의 재주꾼이지.

Helen

Yes, the word genius gets thrown around so frequently in this business, but, darling, if the shoe fits ...
예, 이 분야에선 천재라는 말이 너무 자주 남발되지만, 자기, 찬사를 받을 자격이 있다면야 ...

rf» voice: 재능이 특출난 극작가

exts» balls: 정열, 열정 fat chance: 많은 기회, 〈반어적〉 희박한 기회 Hooray: 만세(hurrah)

---

355 **Hip-hip...** 만세...(응원 시 선창하는 소리)

con» **Julian**

Now if we could do something about Act Three, we've got a big, fat hit on our hands. Three cheers for the writer. Hip-hip ...
이제 3막을 좀 손보면 대성공은 따놓은 당상이라구. 극작가를 위해 세 번 축배. 만세-만세 ...

Helen

Hooray.
브라보.

rf» do something about...: ...에 손을 보다 hooray=hurrah.

ex» Hip, hip, Hooray[hurrah]: 〈응원하는 소리〉 힙, 힙, 후레이(한 사람이 hip, hip 하고 선창을 하면 나머지 사람들이 hooray를 외친다.)

exts» lift up: 향상시키다 find oneself: 자기의 능력을 발견하다 tepid: 재미없는 reek with...: ...으로 가득하다 lucid: 명료한 contrived: 인위적인, 부자연스러운, 무리를 한 well-organized: 스토리가 탄탄한 pungent: 신랄한 teeming: 감정이 들끓는

con» **David**

I just ...
저는 단지 ...

Helen

I know you do. But you're going to take this town by storm!
알아요. 하지만 당신은 이 도시[보스턴]를 떠들썩하게 할 거예요!

rf»   take ... by surprise: ...을 기습하다, ...불시에 공격하다, ...놀라게 하다

---

357   get a load of...   …보다(look at), 평가하다(evaluate)

---

con»   **Roberta**

 Get a load of your mom. (Everyone looks.)
네 엄마 좀 봐. (모든 사람이 본다.)

Chrissy

(shocked) How short are those shorts?
(놀라며) 왜 반바지가 저렇게 짧니?

exts»   vicious circle: 악순환 ↔ virtuous circle: 선순환 relate to: 이해하고 받아들이다,
이야기하다 page turner: 모험, 공상 과학 따위의 숨막히고 재미있는 소설
monogamous: 일부일처주의의 monogamy: 일부일처제 polygamy: 일부다처제
polyandry: 일처다부제 bigamy: 이중 결혼 put-it-together-your self: 스스로
조립하는(DIY=Do-It-Yourself). slumber party=come-of-age party=pajama
party: 10대 소녀들이 동성 친구 집에서 밤을 새우며 하는 파티 shorts: 반바지
spooiky: 무시무시한, 말 따위가 겁나는 I'm telling you.=Believe me. be
grounded: 외출이 금지된 on the verge of...: ...하기 바로 전에 있는

---

358   walk the fine line between A and B

A와 B 어느 쪽에도 치우치지 않다

---

con»   **Roberta**

 That's crap.
엉터리야.

Teeny

(reading) Samantha, you look before you leap and
walk the line between romanticism and sex appeal.
Don't be afraid to take the plunge. You might surprise
yourself.
(읽으며) Samantha, 넌 과감하지 못하고 낭만주의와 섹스 어필의 경계선 상
사이에 망설이고 있는 중이래. 두려워 말고 과감하게 뛰어들라구. 너 자신도
깜짝 놀랄지도 몰라.

Samantha

I'll keep that in mind.
그 말 명심할게.

exts» take the plunge: 결단을 내리다 inhibition: 억압(심리) prune: (말린) 자두, 얼간이 cherry: 앵두, 버찌 apricot: 살구 plum: 서양자두 pace oneself: 급하거나 지체하지 않다 gain ground: 전진하다, 상황이 나아지다 settle the score: 복수하다 get out of the hand: 감당할 수 없게 되다 be around: 부근에 있다

---

359   hit the sauce   술을 마시다

sit» 습관적으로 오랜 기간을 술을 마시는 것을 이렇게 말한다. 'cocktail'같은 술의 경우 여러 가지 알콜 음료를 섞어 만들기 때문에 'sauce'라고 불리기도 한다. 'hit'는 'put into action'의 뜻이다.

syn» hit the bottle.

con» **Reverend Taylor**

What sort of trouble?
무슨 문제인데요?

Tenny

Well, my mother's been hitting the sauce lately. Especially on the weekends, cause that's when my dad goes to visit that younger woman he sees over in Grovertown. Mom's usually really hungover on Sunday mornings. Last week she was puking her guts out and I just couldn't leave her like that. And to top of it all off, the girl he's giving it to on Grovertown thinks she's pregnant and it looks like we're going to be taking her in for a while.

요즘 엄마가 술을 마셔요. 특히 주말에요. 아빠가 주말이면 그루버타운에 사는 젊은 여자를 만나러 가기 때문이에요. 주일 아침에 늘 만취에 있어요. 지난주엔 많이 토했어요. 그런 엄마를 놔두곤 가진 못하잖아요. 게다가 그루버타운에 사는 심하게 야단맞은 그 여자가 임신한 것 같은 데, 아마 잠시 동안이라도 우리 집으로 데려와 돌봐야 할 것 같아요.

rf» puke one's guts: 토하다(vomit=throw up). to top of it all off=on top of it all=besides=plus: 게다가 give it to...: ...호되게 야단치다(call ... on the carpet)

---

360   fess up   실토하다(come clean)

syn» confess=make a clean breast=spit out(구어적 표현).

con» **Chrissy**

Come on. Fess up.
그러지 말고 빨리 털어놔.

Samntha

I said nothing!
아무 일도 아니랬잖아!

rf»   fess=confess: 자백하다

exts»   What do you say?: 어떻게 생각해(what do you think)?

---

361   Where is the fire?   웬 난리야?, 어디 불났어?

---

con»   **Roberta**

Hey, Kenny, where is the fire?
야, Kenny, 왜 이리 호들갑이야?

Chrissy

Softball game at Kindall's field.
Kendal 운동장속에 소프트볼 게임이 있어.

exts»   get the best of...: ...이기다

---

362   take the plunge   결단을 내리다

---

sit»   한참 동안 어떤 결정을 못내리고 주저하고 있다가 마침내 결단을 내리는 것을
뜻하는 표현.

con»   **Rita**

What are you so excited about?
뭐 때문에 그렇게 흥분하고 있어?

Becky

I thought he's never ask! We went out for a romantic dinner last night and had a long talk. Bob finally took the plunge and asked me to marry him!
난 그이가 청혼같은 건 못할 줄 알았는데. 어젯밤 분위기 있는 곳에서 저녁을
먹으며 긴 얘기를 나눴어. Bob이 마침내 결단을 내려서 나보고 결혼해 달래.

363 put .. over the top for... ...에게 ...위한 목표를 초과 달성하게 하다

sit» 정상보다 높은 곳에 있다는 말이니까 '목표를 초과달성하다'라는 뜻이다.

syn» be over and above

con» **Mike**

I am hoping to by early January. That year-end bonus
the boss is promising, and a little from our savings
should just about put Nancy and him over the top for
the key deposit.

1월초까지 할 순 있겠지. 사장이 준다고 약속한 연말 보너스하고 저축한 돈을
좀 보태면 Nancy와 그에게 계약금을 위한 목표를 초과달성하게 할 것 같아.

Hank

Great.

잘 됐군.

rf» deposit: 계약금

cf» security money: 보증금

---

364 eat.. up ...매우 흥분하다

---

con» **Angela**

This is very dynamic game, Mr. Depina.
아주 신나는 게임인데요, Depina 씨.

Depina

You can be honest, Angela. <u>This game is as violent as gets</u>. But believe me, <u>the kids will eat this up</u>. But first you gotta tell me what keeps crashing the thing.
진실을 말해보세요. Angela. 이 게임은 가장 난폭한 게임이요. 그렇지만 두고봐요, 아이들은 이 게임에 푹 빠져들다니. 하지만 먼저 무엇 때문에 계속 이 프로그램이 깨지는지 말해줘요.

rf» eat ... up: ...에 빠져들다

gr» 'This game is as violent as gets.'의 원래 문장은 'This game is as violent as (it) gets (violent).: 이 게임은 그것이 난폭해질 만큼 그렇게[그 정도] 난폭하다[가장 난폭하다]'이다. (원급을 써서 최상급을 표현한 구문이다. 또한 주어와 형용사가 앞에서 드러났기 때문에 생략한 것이다.)

exts» pop oneself into...: 갑자기... 에 들어가다 took a wrong turn=made a mistake

---

365 What do you make of this? 이것에 대해 어떻게 생각해요?

---

con» **Dale**

So, what do you make of all this?
자, 이것에 대해 어떻게 생각해요?

Angela

Simple. It's a programming glitch. Just a futzed key stroke that sent you to the wrong internet address, that's all.
간단해요. 프로그램 이상이에요. 그냥 키를 잘못 눌러 잘못된 인터넷 주소로 간 거예요.

rf» programming glitch: 프로그래밍 결함 futzed keystroke: 키를 잘못 누름

exts» get a hold of...: ...을 손에 넣다 honcho=superodinate=higher-up=superior: 상사 ↔ subordinate=under-ring=inferior(부하). teeming: 사람 등이 우글대는 vouch: 입증하다(guarantee). play doctor: 의사놀이하다 sanitarium: 요양소 let go of...=let ... go: ...놓아주다

con» **Angela**

'Cause I know about Bergstrom's suicide and I know all about the Praetorians, too. So, I'm sure they'd love to hear about that.

난 버그스트롬의 자살에 관하여 알고 있어요. 그리고 프레토리안에 관해서도 모두 알고 있어요. 그러니까 그들이 그 사건을 듣고 싶어 하리라는 걸 확신하는 거예요.

Jack

Everybody has their button. And Bergstom's just happened to be homophopia. You just have to know people well enough to know which button to push.

누구에게나 약점은 있지. 그리고 Burgstrom은 우연히도 호모 혐오자였어. 사람들을 충분히 파악해서 어떤 약점을 건드리면 되는지 단지 알기만 하면 되죠.

syn» soft spot=weakness=weak point: 약점
exts» homophobia: 동성애 혐오
rf» ...phobia: 공포, ...혐오
ex» xenopobia: 타인종혐오

---

con» **Publicdefender**

Look... I want to help you. I've been appointed to help you but everything you're saying is just so far-fetched...

이봐요... 난 당신을 돕고 싶어요. 난 당신을 돕도록 선임되었지만, 당신이 하는 얘기는 모두 너무나 억지일 뿐이에요.

Angela

But just think about it. Our whole world ... is sitting there on a computer.

하지만 잘 생각해보세요. 이 세상 전부가 ... 컴퓨터에 입력되어 있어요.

cf» far-out=progressive: 진취적인
ex» far-out idea: 진취적인 생각

368　hit the bricks　　　동분서주하다

con»　**Phillips**

Now, Angela, two seconds after Alan told me your story, half the agents in the Computer Crimes Division hit the bricks, chasin' this down.

자, Angela, Allen이 내게 당신 얘기를 해준 직후부터 컴퓨터 범죄과 요원들 중 절반이 이 사건을 따라 가느라 동분서주하고 있소.

Angela

Yeah, me too.

나도 마찬가지예요.

369　Ring any bell?　　　친근하게 들리지 않아?, 기억이 나니?

sit»　'기억나니?'라는 뜻으로, 어떤 일에 대해 이렇게 물으면, 그것을 '잘 알고 있는 가?'라고 묻는 것이다.

cf»　ring a bell: 귀에 익숙하다[낯익다], 생각나게 하다, ring the bell: 바라는 것을 주다, 종을 울리다

con»　**Herb**

Don't get hysterical. You know I always have a poker game after pay day.

흥분하지마. 난 월급날 다음이면 언제나 포커 친다는 거 알잖아.

Minnie

It's the sixteenth. The sixteenth of December! Doesn't that date ring a bell?

그 날은 16일예요. 12월 16일이라구요! 그 날에 대해 기억나는 거 없어요?

exts»　orchestrate: 획책하다 beauty: 이점, 좋은 점 beautiful=great.

370 You speak so lightly of it.

아무렇지도 않다는 듯 가볍게 말하는구나.

con» **Orrlando**

My Lady, I am being constantly reminded.

부인, 나는 끊임없이 생각하고 있어요.

Euphrosyne

You speak so slightly of it. You have betrayed me.

당신은 너무 그 점에 대해 가볍게 말하시는군요. 당신은 나를 배반해 왔소.

exts» it is no wonder (that)...: ...은 당연하다 rash: 분별없는

371 hold punctuality in high regard

시간 지키는 것을 중시하다

ant» hold punctuality in low regard: 시간 지키는 것을 경시하다

con» **ArchdukeHarry**

Perhaps they don't hold punctuality in high regard.
As the representative of Her Majesty Queen Anne, I
am pleased and honoured to bestow the most noble
Order of the Bath upon this loyal servant ...

아마도 그들은 시간을 지키는 것을 중시하지 않습니까? Ann여왕의 대리인으
로서, 나는 이처럼 고귀한 신하에게 왕관 바쓰 훈위를 주게 되어 기쁘고 무한
한 영광으로 생각합니다 ...

Orlando

Yes. The same opinion goes to me.

저도 동감입니다.

rf» hold ... in high regard: ...하는 것을 중요시 여기다

exts» rash: 무분별한 conspiracy: 공모 make a habit of ...: ...하는 버릇이 있다 May I
present[introduce] myself?: 저를 소개해도 될까요? the peerage=the noble:
귀족(집합) bestow upon...: ...에 수여하다[award]. apart from...=aside from...:
...은 별개로 하고 as the case may be.: 경우에 따라서는

con» **ArchdukeHarry**

But I ... I am England. And you are mine.
그러나 나는... 나는 영국이다. 그리고 당신은 나의 것이요.

Orlando

I see. On what grounds?
이해합니다. 무슨 근거로요?

exts» It's marvel.: 그건 놀라운데.

---

373 **I am offering you my hand.**   나는 당신과 결혼하겠어요.

syn» I am leading you to the altar.=I am going to tie the knot with you.

con» **Archducke**

I confess, Orlando, to me. you were and always will
be, whether male or female, the pink, the pearl and
the perfection of your sex. I am offering you my
hand.
나는 고백합니다, Orlando, 당신은 남성이건 여성이건, 멋쟁이, 진주였고 당신
성을 완전히 갖춘자였고 또 그러할 것입니다. 나는 당신과 결혼하고 싶습니다.

Orlando

But...
그러나 ...

rf» ask for one's hand to ...: ...에게 결혼에 대해 허락을 구하다
exts» defy description: 이루 말할 수 없다. When like meets like.: (처지나 생각이)
비슷한 사람끼리 만난 경우지요. Like attracts[draws] like: 〈속담〉 유유상종

374   tell what was who   사실을 말하다, 털어놓고 얘기하다

sit»   'what was who'라는 일종의 말장난으로 본래의 형태는 'what was what,' 'to tell what was what'은 '사실을 말하다, 털어놓고 말하다' 등의 뜻인데 사실을 명확히 말함으로써 오해의 공간이 없도록 한다는 의미까지 내포한다.

con»   **Remie**

So I went into my boss and told him what was what.
그래 사장한테 가 사실을 말했지.

Davy

Yeah. And then what happened?
정말. 그래 어떻게 됐어요?

exts»   confound: 어리둥절케 하다 tempest sleeps: 소동이 잠잠해지다 providing=(1)if only: 단지 ...하기만 하면 (2)provided that...: 만약 ...라면, let go of...: ...놓아 주다

---

375   through thick and thin
시종여일하게, 어떤 경우에도, 어려움을 무릅쓰고

sit»   위의 표현은 '어떠한 상황이 닥치더라도 어떤 행위를 지속하거나 결정을 바꾸지 않겠다'라는 의미를 갖는 숙어다.

syn»   unconditionally=come heck or high water =regardless of condition=consistently

con»   **Albert**

Mable, our daughter is in trouble again. What should we do Mable
Mable(여보), 딸이 또 말썽을 일으켰어, 어떻게 하면 돼요?

Mable

Al, we have to stand by her through thick and thin. She's our daughter and if we don't nobody else will.
Al, 어떤 상황이 닥치더라도 그 애 곁에 있어야죠. 우리 딸인데 우리가 돌보지 않으면 누가 돌보겠어요?

---

376   pee in one's pants   매우 크게 웃다

sit»   우리말 표현에도 '크게 웃으면 오줌을 지린다.'라고 한다. 이것을 생각하면 이해
가 가능하다.

syn»   crack up=make a big laughter

con»   **Stan**

So work slowly, it'll be nighttime. Buddy, you do the
bakery bit. They'll pee in their pants.
그럼 천천히 공연해. 금세 밤이 될 테니. Buddy, 빵집 이야기를 하면. 저 사
람들 웃다가 바지에 오줌 쌀거야.

Buddy

They're doing that anyway. What the shit do they
need me for?
어쨌거나 저 사람들은 (늙어가지구) 오줌을 싸고 있다구. 도대체 저들에게 내
가 왜 필요하지?

gr»   the shit: 감정이 상승했을 때 문장 속에 삽입하여 쓰는 비속어
cf»   burst out[into] laughing[laughter]: 갑자기 폭소를 자아내다

---

377   get nasty   짓궂게 굴다

con»   **Stan**

Now listen to me, Buddy. Don't get nasty out there,
alright? Not this time ... these are nice old people.
애기 들어봐. Buddy. 나가 짓궂게 굴지 말어. 알겠어요? 이번에는 그러지 말
라구 ... 저 노인네들 착 한 사람들이야.

Buddy

Stan, I'm shocked! Do you think that I would honestly
go out there ... and insult these people?
형(Stan), 나 충격 받았어! 내가 정말 저기 나가 저 노인네들을 모욕할 거라구
생각해?

378   cut to the punch line   요점을 말하다, 말로 한 방 날리다

syn»   make a long story short.

con»   **Buddy**

Boy, listen to this set-up. Come on, Stan, <u>cut to the punch line.</u>
아 이구, 무슨 수작을 부리는 거야. 이봐, 형, <u>빨리 말해</u>.

Stan

I'm giving up.
그만둘 거야.

rf»   set-up: 사기, 속임수, 짜고 하는 일 punch line: (농담·연설·광고·우스갯소리 등의) 급소가 되는 문구

---

379   fill in for...   ...을 대신하다(replace=supplant)

con»   **Annie**

Phil asked me to apologize for him. He had to fly suddenly to coast and he asked me to fill in for him.
Phil이 선생님께 사과 드리라고 하더군요. 갑자기 일이 생겨 해안지방으로 갔어요. 저보고 대신 나가라고 하더군요.

Buddy

When's he getting back?
언제 돌아오죠?

---

380   master of the craft   대가, 명인

sit»   특정 분야에 뛰어난 능력이 있거나 남다른 재능을 소유한 사람을 일컬음.
syn»   expert=talent=wizard=genius.

con»   **Delbert**

Did you hear Gene Flaum is coming to work for us in our software development division.
소식 들었어요? Gene Flaum이 우 리 소프트웨어 개발부에 와 일한대.

Chauncey

He's a master of the craft. He'll do very well for you.
그는 그 부분에 대가야. 그쪽 일을 거뜬히 해낼거야.

---

381 **take on** 받아들이다(=accept), ...띠다

---

con» **John**

What do you mean 'go and see him'?
찾아간다는 게 무슨 말이야?

Stu

See if he'll take me on. Some kind of grant.
나를 받아들일 건지 알아보려구. 일종의 후원금 말이야.

exts» twist one's arm: ...에게 강요하다 backing: 반주, 후원 feller=fellow=fella

---

382 **He's in the Fifth Dimension.**

그는 그가 하는 일에 집중을 하지 않고 있어.

---

syn» slack one's effort=gaze at one's navel

con» **Paul**

We can't go on like this. The joke's over. Half the time
he doesn't turn up, and when he does he's in the Fifth
Dimension. Well I'm not having it. It's a waste of time.
이 상태로는 계속 할 수 없어. 농담은 이제 끝이야. 그는 연습 시간의 반 정도
는 나타나지도 않고, 나타나더라도 딴 생각만 하잖아. 더 이상 참을 수가 없
어. 시간 낭비일 뿐이야.

John

I've told you before, Paul. I won't tell you again. If you
kick Stu out of this band I'll go with him.
전에 말했지, Paul. 다시 말하지 않겠어. 우리 밴드로부터 Stu를 쫓아내면 나
도 그와 함께 가겠어.

exts» pressing=urgent: 다급한, 긴급한 flat: 반음 낮은 ↔ sharp: 반음 높은

383   kiss it goodbye   ...버리다, ...단념하다

con»   **John**

Not without me.
나 없이는 안 돼

Paul

And you're not gonna kiss it goodbye.
그리고 너는 떠나지도 않을 거야.

exts»   sweep ... off one's feet: 갑자기 ...와 사랑에 빠지게 하다

ex»   She swept you off your feet.: 너는 그녀에게 홀딱 넘어갔지. collapse: 맥없이
쓰러지다

384   come too big for one's own good
자신에게 해로울 만큼 성공하다

sit»   중용(middle path-)이란 무엇이든 과도한 것을 피하고 어느 한쪽으로만 치
우치지 말라고 일컫는 말이다.

syn»   too rich[pretty, smart] for one's good.

con»   **Marth**

If you ask me, Tom has come too big for his own
good, and one of these days he's going to learn that
he can not treat people this method.
내 생각에는, Tom이 너무 자신의 성공에 도취된 것 같은데 머지않아 사람들
을 그런 식으로 다루면 안 된다는 것을 깨닫게 될 거야.

Clara

You may be right, but until that happens, he'll walk
around like he owns the place.
네 말이 맞지 몰라. 그러나 그 같은 일이 일어나기 전까지는 그는 이곳이 자기
것인 양 활보하고 다닐 거야.

385   I'm not having it.   나는 인정할 수 없다.

syn»   That's not for me.=That's not acceptable.=Exclude me out.=I want nothing to do with it.

con»   **Sam**

I understand some of the other students are going to lodge[file] a complaint against[with] Professor Jones because he needs them to go to class. Are you going along?

Jones교수님이 수업을 받으라고 하니까 일부 학생들이 항의할 예정이래. 너도 동참할 거니?

Fed

Not me. I'm not having it. I think Professor Jones is right. Students should go to class.

아니. 받아들일 수 없는 일이야. Jones 교수님이 옳아. 학생들이 수업받는 것은 당연한거야.

rf»   file a complaint[civil affair] with: ~에 불만[민원]을 제기하다
cf»   make complaints against: ~에 대해 불평하다, 트집을 잡다

---

386   The river runs its own course. 해야 할 일을 하다.

con»   **Inspector**

 No. We know other things, too. Kafka! I don't usually involve myself with you people in the Old Quarter, but the river runs its own course.

아뇨. 다른 것도 또한 알고 있소. 카프카. 아, 카프카! 나는 당신과 같은 Old Quarter에서 생활하는 당신과 같은 사람들과는 통상적으로 관계를 갖지 않아요. 그러나 해야 할 일을 해야 하는 법이요.

Kafka

I'll bear that in mind

명심하겠소.

rf»   bear ... in mind=keep ... in mind: ...을 명심하다

exts»   inhale: 숨을 들이쉬다(breathe in) ↔ exhale: 숨을 내쉬다(breathe out). summation: 최종 진술 with sarcasm: 빈정거리며 unassailable: 난공불락의(uncrushable). penal colony: 유형지[귀양지] inscribe: 새기다 disappear into thin air.: 자취없이 사라지다. for the record: 공식적으로(officially)

---

387   go round in circles   제자리를 맴돌다

con»   **Bizzlebeck**

 There are less conspicuous ways to enter the Castle. Are you sure you wouldn't prefer going through official channel?

눈에 덜 띄게 성으로 들어가는 방법이 있어요. 정말 공식 경로를 통하지 않고 들어가 보고 싶지 않나요?

Kafka

Official channels... I get nowhere with official channels. They go round and round in circles.

공식 경로 ... 공식 경로를 통해서는 아무 일도 안돼요. 제자리를 맴돌 뿐이죠.

rf»   get nowhere: 아무 곳도 도달하지 못하다, 성공하지 못하다

388　take ... into one's confidence　...에게 ...의 비밀을 털어놓다

syn»　spill the beans to=confess

con»　**Bizzlebek**

Mmm, I'm flattered, of course, to be taken into your confidence ... even without knowing all the details.

음. 당신의 비밀을 알게 되어 물론 기쁩니다 ... 자세한 것은 몰라도.

Kafka

Have you ever been inside the Castle?

성 안에 들어가 보셨나요?

rf»　I'm flattered.: 과찬이십니다, 영광이다

exts»　blockade: 봉쇄하다 plague: 전염병, 페스트 verdict: 의견, 평결 despondent: 낙담한 account for: ...설명하다, ...처리하다

389 on a hold 감금된

con» **Attorney**

 Why should Mr. Jones be on a hold?
왜 Jones씨가 감금되어야 합니까?

Libbie

He is suffering from bipolar manic-depressive disorder. He is currently in the manic cycle.
그는 양극성의 조울증에 시달리고 있습니다. 지금 조기 우울증 상태입니다.

exts» pitch: 경사도, 물매 equilibrium: 평형감각 thrust: 추진력 drag: (저)항력 male Caucasian: 백인 남자 hallucination: 환각 paranoid: 편집증 schizophrenia: 정신분열증 orientation: 자기 자신 및 자기의 위치에 대한 인식 diabetes: 당뇨병 obesity: 비만증세 competency: 법적행위 능력, 자기행동을 주관하는 능력 get the blues.: 우울해지다. happy-go-lucky: 태평스러운 go to the issues: 문제를 바로 보다 scam=trick. tract houses: 한 곳에 세워진 같은 형태의 소주택 groovy.: 훌륭한

390 on the merits=on one's merits
단지 그 일의 본래의 가치에 따라, ...본래의 사안에 따라

sit» 어떤 일의 잘못을 논할 때 그 사람의 행동을 평가하지 말고 그의 친구 관계라든지 성장환경 등을 이유로 불리한 결론을 내리는 것은 온당한 처사가 아니다. 'on its merit'란 원래 법률 용어로 어떤 사안을 오로지 그것 자체가 가지는 의미만 가지고 판단하는 객관적 태도를 뜻한다. 예를 들어 판사가 판결을 내릴 때 개인적 감정이나 법전의 조항에 매달리지 않는 것을 말한다.

con» **Lawyer**

 Your Honour, my client asks to be judged on his own merits, and not on the merits of his friends. He knows that some of them have had problems with the law, but they are other people, not him.
판사님, 피고는 자기 친구들에 의해서가 아니라 자신의 본래의 사안에 따라 평가받기를 원하고 있습니다. 그는 몇몇 친구들이 법을 어긴 일이 있음을 알고 있습니다. 그러나 그들은 그들이지 피고가 아닙니다.

Judge

Yes, counselor, I will judge him on his own merits, but at this point his merits do not look very promising. You'll have to find something good about him if the court is to be convinced.

압니다. 변호사님. 나도 피고 자신의 사안에게만 초점을 두려고 해요. 하지만 피고 개인에 국한된 사실들이 여전히 유리하게 보이지는 않소. 본 판사는 법원이 납득되기를 원하신다면 피고에 대한 신뢰할 만한 사실을 찾아내야 합니다.

391 what with... ...도 해야 하고, ...도 있고 해서

con» **MacNamee**

Well, I... I really ought to be getting back to ... what with work and everything. Er, you make a terrific cup of tea.

저, 난... 정말 돌아가야... 할 일도 있고 해서 말이요. 음, 당신 차 끓이는 솜씨는 정말 일품이요.

Maria

I want you to stay.

더 있다 가세요.

Leonard

I, er, I have to meet someone, thank you. It was, er, really very nice meeting you again. Look, I, really, er... I really have to go.

나는, 음, 고맙지만 만날 사람이 있소. 음, 다시 만나서 정말 반가웠소. 자, 난, 정말... 정말 가야하오.

cf» (what) with one thing and another: 이런 저런 이유로, 이것저것으로

392 tap into... ...을 도청하다(wire=bug)

con» **MacNamee**

There they are. Soviet telephone lines. It took 4 years' work and 28 million dollars to get here. Operation Gold. You're going to tap into the classified telephone between their Eastern Command and Moscow. Do you think you can handle it?

저기 있네. 소련의 전화선이야. 여기까지 사오는 데 4년간의 작업과 2,800만 불이 들었지. 작전명 Gold라네. 자네는 소련의 동베를린 지휘본부와 모스크바간의 비밀 전화 교신을 도청하게 되네. 할 수 있겠나?

Leonard

It shouldn't be a problem.

문제없습니다.

rf» classified: 기밀로 분류된

exts» aye=yes. wee=little. in code: 암호로 된 live with...: ...견디다, 극복하다
intelligence: 첩보, 정보 highly placed: 지위가 높은 Yanks=Yankees

227

393   **That figures.**   알만하다.

con»   **Leonard**

We always stayed here.
우린 항상 여기에서 지냈습니다.

Glass

Yeah. That figures.
음. 알만하군.

exts»   wired: 도청장치가 설치된 tough: 불쾌한, 어려운

394   **set it out for...**   ...에게 설명하다

con»   **Leonard**

Glass... What do you think you're doing?
Glass... 뭐하는 겁니까?

Glass

Let me set it out for you, Leonard!
내가 설명해주지, Leonard!

Leonard

Hang on, hang on.
관두세요, 관뒤.

rf»   Hang on!: 기다려!, 관뒤!
exts»   unconventional: 관례에 벗어난 top security: 일급 보안

395   **get the picture**   눈치를 채다, 정황을 파악하다

syn»   grasp a situation.

con»   **Glass**

You move in with her, we lay the taps, she disappears.
Then she calls her job and says her parents are sick,
but they're not. Do you get the picture? What are we
going to tell our superiors, Leonard?
자네는 그녀와 함께 살게 되고 우리가 도청 장치를 하자 그 녀가 사라지네. 그
리고 그녀는 직장으로 전화를 해서 부모가 아프다고 하지만 사실은 그렇지 않
네. 당신 정황을 파악했는가? 우리 상관들에게 뭐라고 할까, Leonard?

           영화 속 찐 원어민 영어 따라잡기 1

Leonard

Have you, er ...

혹시 저...

rf» superior: 상관 ↔ inferior: 부하

exts» from the security angle: 보안이란 측면으로부터 clear: 의심스러운 곳이 없는

---

396 have had enough 더 이상 참을 수가 없다

syn» be out of patience=call a stop to...=have taken enough=put an end to.

con» **Leonard**

He said, he said. You're a liar. I've had enough. (He takes jacket from back of chair.)

그가 하는 말이, 그가 하는 말이. 거짓말만 늘어놓는데. 이제 더 이상 참을 수가 없어. (그는 의자 뒤에 있던 옷을 집어 든다.)

Glass

What are you doing, Leonard?

왜 그래요, Leonard?

Leonard

I'm taking you at your word, like always do. You say he's your husband... well he's waiting for you in there. Get on with it.

언제나 그렇지만 난 당신의 말을 곧이 믿소. 당신은 그 사람이 남편이라고 말하고 있으니... 자, 그가 저 안에서 기다리고 있소. 하던 일을 마저 하시오.

rf» take A at A's word: A의 말을 완전히 믿다 get on with it: 하던 일을 계속하다

exts» joker: 바보 You know what?: 그러니 말이야, 있잖아?

---

397 be in on... ...에 참가하다, ...의 비밀을 알다

con» **Glass**

We've got our own amps. Circuits, for goodness sake. We only let you guys in on this for some silly trade-off.

우리에겐 앰프가 있네. 회로판 하구는 맙소사. 우리가 자네들을 이 일에 참여시키고 있는 건 바보 같은 협정 때문이지.

Leonard

We're in on this because we have a right!

우리가 이 작전에 참 가한 건 그럴 권리가 있기 때문입니다!

rf» trade-off: 흥정, 협정

exts» beat: 지친(worn out=exhausted). My treat.: 내가 사지. top brass: 고위층 Big deal.: (냉소적인 뜻으로) 대단해. blah-blah: 어쩌고 저쩌고 be straight with...: ...진실되게 말하다 sell: 설득시키다

ex» You sold me.: 널 믿겠다. stinks: 불쾌하다 self defense: 정당방어 accessory: 공모자, 방조자

---

398   carry the can   뒷일을 수습하다

---

con» Glass

He's good for fifteen years, Maria. Is that it? I... stay here... Carry the can while you two just float away...

그는 15년은 살아야 할거요, Maria. 이런 얘기요? 내가... 여기 있으면서... 뒷 감당을 하고, 당신들은 유유히 사라진다...

Mariaa

Bob ...

Bob...

exts» spike: (계획 따위를) 망쳐놓다(mess up=goof up), 저지시키다

---

399   Assume they buy that.   그들이 그걸 믿어 준다고 쳐.

---

sit» buy에는 수긍하다, 믿다 등의 뜻이 있다.

syn» accept=believe=consider something reasoning=buy into=swallow (a story)

con» Cheryl

Johnny and I had <u>such a great time</u> last night. He said I'm the most wonderful girl he's ever known.

어젯밤 Johnny하고 정말 즐거웠어. 자기가 사귀어왔던 여자 중에서 내가 제일 멋있대.

Edith

Cheryl, you idiot. <u>How could you buy that line?</u> He says the same thing to all the girls he dates.

Cheryl, 너 바보로구나. 어떻게 그런 말을 신뢰할 수 있니? 걔 데이트하는 여자한테는 전부 똑같은 얘기를 한다구.

gr» such + a + 형용사(A) + 명사(B)=so + 형용사(A) + a + 명사(A): 대단히 A한 B

ex» such a great time=so great a time: 대단히 멋진[훌륭한] 시간

400   get off with a warning   경고만 받고 처벌을 면하다

con»   **Nick**

 I got off with a warning. Next time I'm going to get suspended. You wanted to see me?

이번에는 경고만 받았군. 다음번에는 정학을 당할 거야. 부르셨어요?

Christina

Yeah. Take a seat. We're going to have an official soccer team.

그래. 앉아. 이젠 공식적으로 학교에 축구팀이 생기게 됐어.

rf»   suspend: 정학시키다

exts»   inter-schools: 학교 대항전 legend: 칭송할 만한 사람 be in need of...: ...을 필요로
하다

401   distraction   정신이 흐트러짐, 기분전환

con»   **George**

Do you think that this boy, that he needs another distraction? His marks are bad enough as it is.

선생님 이 아이가 또 다른 일에 신경을 써도 된다고 생각하시나요? 학교 점수
가 가뜩이나 나쁜데.

Christina

Oh, he'd need your permission to play. That goes without saying.

아버님이 당연히 허락하셔야죠.

rf»   That goes without saying.: 그것은 말할 것도 없다., 당연하다.

exts»   That's it.: 바로 그거야. 그렇지. entrust: 맡기다 heaps and heaps of: 대단히 많은
up to...: ...에 달려있는, 최고 ...까지 ↔ down to(최하 ...까지) stay away from...: ...를
멀리하다 go through with...: ...을 끝까지 해내다 crazy about...: ...에 홀딱 빠진 the
States: 미국

402 **Are you in or out?** 어떻게 할래?

sit» 어떤 제안을 받은 당사자가 그것을 수락할 것인지 어떤지를 빨리 결정하지 못하고 미적거릴 때, "야, 어떻게 할래?", "빨리 결정하자구?" 하며 다그칠 때 쓰는 표현이다.

syn» Are you with us?=Are you up for it?

con»

Nick

How did you talk those jerks into this?
이것 하라고 얼간이들을 어떻게 설득했지?

Christina

Are you in or out?
어떻게 할래[출전 할래 말래]?

Nick

I don't know. Are we going to play in the inter-schools, or what?
모르겠어요. 학교대항 시합에도 출전을 하나요?

gr» talk A into B: A를 설득하여 B하게 하다=persuade A to 동.원(B)

403　wear .. down

..(힘이나 결정, 마음 등)을 누그러뜨리다, ...의 마음을돌리게 하다

con»　**Charlie**

 The best. (Maggie walks away from them. Charlie speaks to Stanley.) That was the most sickening display I've ever seen.

최고지. (Maggie가 다른 곳으로 간다. Charlie가 Stanley에게 말한다.) 저렇게 역겨운 꼴은 처음이군.

Stanley

I disagree. I'm wearing her down.

그렇지 않아. 내가 그녀 (Maggie)의 마음을 누그러뜨리고 있는 중이야.

404　change of pace　뭔가 다른 것, 기분 전환(distraction)

con»　**Charlie**

 Buddy, you need a little change of pace. Tonight, I'll take you on a love safari. Deep into the darkest heart of the urban jungle.

이봐, 자네 기분 전환 좀 해야겠어. 오늘밤 자네에게 사랑의 사파리 여행을 시켜주지. 도시 정글의 가장 어둡고 깊숙한 곳으로 말이야.

Stanley

Tell me more, bwana.

좀 더 자세히 말해보시죠, 주인님.

rf»　bwana: (동아프리카) 주인님(boss)

exts»　hottest: 아주 근사한 joint=night club. creme de la creme=the cream of the cream: 사교계의 꽃, 일류 인사 Hold the phone.=Wait a minute.=Don't hang up the phone.: 전화를 끊지 않고 기다리다 lay out: 도시, 정원, 건물 등의 정렬 pull off: 잘 해내다 name tag: 신분증(identification)]

405 narrow down 범위를 좁혀 구체적으로 얘기하다(be more specific)

sit» 개략적인 묘사에서부터 시작해서 점점 세부적인 사항을 묘사하는 것을 말한 다. 즉, 일반론으로부터 점점 각론으로 들어간다는 뜻.

syn» separate the wheat(밀) from the chaff(겨)=winnow=sift=be specific=clarify.

con» **Stanley**

You really narrowed it down.
아주 구체적이로군.

Charlie

Too bad she's already taken. Hello, there. May I be of assistance?
안됐지만 그 여자한테는 벌써 임자가 있지. 안녕하세요, 도와 드릴 일이라도 있습니까?

syn» She is spoken for.: 그녀는 임자가 있어.
ant» She is available.: 그녀는 임자가 없어.
exts» She is not desperate.: 그녀는 결혼[사귐]에 대해 절박하지 않아. monogamy: 일부일처제 piggy bank: 돼지 저금통 fabulous: 대단히 좋은 sit back and enjoy the ride.: 그냥 보고 즐기다

406 What a rush! 기분 끝내주는데!

sit» 기쁨과 환희에 넘칠 때 내는 감탄사.
syn» what a gas!=fantastic!=I'm stoked!

con» **Ellen**

I just skied down that double black diamond slope. What a rush! It was fantastic.
방금 저 검은 다이아몬드 두 개짜리 경사면을 스키로 활강했어. 정말 끝내주 더군! 환상적이었어.

Martina

What did I tell you? There's nothing like it.
내가 뭐랬어? 그만 한 게 또 없지.

exts» pick up line: 꼬시는 말
rf» pick-me-up: 나를 즐겁게[기운나게] 해주는 것 vamp: 즉석으로부터 대사를 만들어 연기하다(improvise). rush: 〈속어〉 갑작스러운 흥분된 감정

407 go the distance 끝까지 해내다, 〈야구〉 완투하다

con» **Joe**

 Wouldn't you go the distance?
끝까지 버틸까?

Tom

Completely different fighters. Nancy doesn't have
the big-time punch. She throws cutting left jabs and
combination.
경기하는 방식이 완전히 틀려. Nancy에게는 한 방이란 게 없어. 그녀는 왼쪽
잽과 좌우 양 주먹을 날카롭게 날리지.

rf» big-time: 최고 수준, 일류

exts» detail: 임무 replacement: 교체 요원 feisty: 싸우기 좋아하는 patronizing: 은인의
체하는, 생색내는 rerun: 재방송

408 has-beens 한물간 사람들

syn» one-time[sometime=ex=past=former] people

con» **Tess**

 Do you suppose the taxpayer had any idea how much
money is spent to guard political has-beens and their
wives?
한물간 정치인들과 그들의 부인들을 경호하기 위해 얼마나 많은 돈이 드는지
납세자들이 알기나 한다고 생각해요?

Doug

No, I don't.
아뇨, 그렇지 않다고 생각합니다.

Tess

My god. It's an outrage. The manpower. It just makes
me sick. Just like Washington to waste money.
맙소사, 그건 말이 안돼요. 그 엄청난 인원들. 질려버려요. 정부는 그렇게 돈
을 낭비한다구요.

409   feather in one's cap   명예가 되는 것, 자랑거리

sit»   옛날에 사냥을 잘하고 오면 사냥감의 깃털(feather)을 모자에 꽂는 관습이
있었다. 인디언들의 풍습을 떠올리면 이해가 가능하다.

con»   **Librarian**

I think it's real feather in our cap to have the President come to the dedication.
대통령을 우리 도서관 개관식에 모시게 된 것을 정말 영광으로 생각합니다.

Tess

Do you? (The librarian says, 'Yes, ma'am') I think it's a tempest in a teapot but if the President insists on coming ...
그래요? (도서관장이 '예, 부인'이라고 말한다.) 나는 그것을 괜한 법석이라고
생각하지만 대통령이 군이 오시겠다고 하시면 ...

gr»   If 주어 + insist on ...ing: 주어가 군이 ...하겠다고 (고집)하면

---

410   You're out of your depth.   주제넘게 구는군., 기량 밖에 있어.

sit»   헤엄을 못 치는 사람은 얕은 물에서 노는 게 상책, 물의 깊이를 알지 못하고
덤비면 안 될 것이다.

syn»   You're out of your league.=You are playing with the big boys.=You are short in
the tooth.=You are inexperienced.

con»   **Tamer**

Sally, I don't think you ought to be going out with Johnny. He's a lot older than you and he's involved in things that you don't want to know about.
Sally, 난 네가 Johnny와 사귀지 않는 게 좋다 고 생각해. 그 사람은 너보다
나이도 훨씬 많고 자세히 알고 싶지도 않은 일에 종사하구 있다구.

Sally

I think you may be right, I'm out of my depth. I have to tell I can't go out with him any more.
네 말이 맞는 것 같아, 내 주제를 넘는 일이지. 그 사람한테 더 이상 사귀지 않
겠다고 말해야겠어.

411   I do my job by the book.   저는 규정대로 합니다.

sit»   'by the book'이란 말은 특정한 지위에 있는 사람이 여러 가지 면에서 그때 그때 지켜야 할 규정에 따른다는 말이다.

syn»   obey the rules=follow regulations=act according to Hoyle.

cf»   like a book: 정확하게, 자세하게

con»   **Smith**

If you're going to arrest someone, you'd better do it by the book or they will be back on the park in ten minutes.

어떤 사람을 체포하려고 할 때는 규정대로 해야지 그렇지 않으면 10분 내로 범죄자들이 공원에 다시 나타날 거야.

NewOfficer

In the Academy they told us to do every thing by the book.

경찰대학에서 모든 것을 규정대로 하라고 했습니다.

exts»   out of depth: 기량이 딸리는 cupcake: 아주 쉬운 일 go the distance: 끝까지 해내다 sneak up on...: ...에게 몰래 다가가다 dedication: 개관식 tempest in a teapot: 작은 일에 하는 야단법석 refreshments: 다과 be on one's toes: 정신을 바짝 차리고 있다, 대비하고 있다.

412 **break down** (육체적, 정신적) 쇠약 증세

con» **Matthew**

I do have a story.
저에겐 사연이 있어요.

Jerry

I imagine so.
그런 것 같더라구.

Matthew

I had four breakdown, one after the other. (Jerry says, 'Oh, yeah') I was hospitalized ... between the ages of 17 and 20. I was hospitalized from ...
연달아 정신발작을 네 번이나 일으켰어요. (Jerry는 "아, 그래?" 하고 말한다.) 병원에 있었어요... 17살 20살 사이의 일이었어요. 나는 ... 입원했었다구요.

exts» difficulties: 〈주로 복수〉 재정적 힘듦 be hard of...: ...하는 데 어려움을 겪는다 hold on to...: ...을 붙잡고 놓지 않다 vial: 유리병, 약병 synagogue: 유대교 회당 That's just propaganda.: 선전만 그럴듯하다. come up short: 필요한 물건이 없어지다 jiggle: 몸을 흔들다

413   **Nothing up my sleeve.** 숨긴 것 없어.

sit»   이 표현은 마술사가 무대 위에서 마술을 보여줄 때 하는 말에서 유래한 것이다. 흔히 마술사들이 없는 물건을 만들어내는 마술을 하기 전에 '자, 잘 보세요. 제 소매엔 아무것도 없습니다.'라고 하는 데에서 유래한 것이다.

syn»   What you see is what there is.=I'm hiding nothing.=I'm an open book.=No surprise.=I have no hidden agenda.

con»   **Ben**

Ginger called and said she wanted to meet me at ten o' clock in front of fountain.

Ginger가 10시에 분수대 앞에서 만나고 싶다고 전화 했어.

Al

That's strange. What do you think she has up her sleeve?

그거 이상한데, 무슨 꿍꿍이속이 있어서 그러는 것 같니?

exts»   bull-dagger: 남성 분담의 여성 동성연애자 knife artist: 칼잡이 drift off: 졸다(doze). adultery: 간음 pagan: 유태교가 말하는 신교 nose-dive: 곤두박질하다 end up on...: ...의 신세가 되다 clear sailing: 일의 순조로운 진행 bad-ass: 〈속어〉 곧잘 분란을 일으키는 (사람) flush: 변기의 물을 내리다 give it time: 유예하다 Honest to God.: 정말로.

414 **back off**　　철수하다

con»　**Bishop**

 We start with a very light surveillance. Any sign of baby-sitters, we back off. He's giving a lecture tomorrow at UC. I'll go and check him out.

우리는 매우 경미한 정찰에서 시작했소. 보모에 대한 어떤 기미와 함께 우리는 철수하겠소. 그는 내일 UC에서 강의를 할 예정이요. 가봐 그를 알아봐야 겠어요.

Crease

You are taking me or Whistler to the lecture?

당신은 나나 Whistler를 강의에 데려가려 하는 건가요?

exts»　ex-law enforcement: 이전 법 집행 frame: 날조하여 ...에게 죄를 씌우다 factoring: 인수분해 cryptography: 암호 표기법 grant: 보조금 void: 기각하다 glower: 얼굴을 찡그리다, 주시하다 Federal Reserve: 연방 준비은행 encrypt: 암호화하다

415 **screw around with...**
(설비의 사용법도 모르며) 아무렇게나 만지다

syn»　mess around with

con»　**Crease**

 Hey, don't screw around with that thing!

이봐, 그것을 아무렇게나 만지지 말라!

Whitler

What else?

그 밖의 무엇을?

Karl

National power grid?

국가 고압 송전 배치도?

exts»　black out: 정전되다 code-breaker: 암호 해독자 hand-off: 인수인계 get off: 자리를 뜨다 rabies: 광견병 money laundering: 돈세탁

416 get around to... ...할 시간을 갖다

syn» find the time for...

con» **Cosmo**

God, it's good to see you. We were going to change the world, Marty, remember.? Did you ever get around to actually doing it? I think I can.

맙소사, 당신을 만나게 되어 고맙소. 우리들은 세상을 바꾸려고 하고 있었소, Marty 기억하오? 당신은 실제로 그것을 할 시간을 갖게 되었소? 나는 할 수 있다고 생각하오.

Bishop

Really?

정말이야?

exts» chattel: 노예(slave). gob: 많음, 풍부 posit: 〈논리〉가정하다 shaky: 불안정한 choke hold: 목조르기 relay station: (무선) 중계국 polygraph: 거짓말 탐지기(lie detector). ops=operations: 작전 go place: 성공하다 prank: 장난 brass ring: 큰 벌이, 승리의 순간, 대성공의 기회

417 Don't take this personally. 기분 나쁘게 받아들이지 마세요.

syn» You're not going to like this, but ...=I'm sorry to say, ...=The truth hurts, but ...=I don't want to hurt your feelings, but...

con» **Bill**

Look, Tom. This is none of your business.

이봐, Tom. 이건 네가 신경쓸 일이 아니야.

Tom

There you go, taking it personally.

또, 고깝게 받아들이네.

418 Don't kid yourself. 웃기는 소리하고 있네., 꿈 깨.

syn» Don't fool yourself.=Open your eyes.=Call a spade a spade.=Wake up to the truth.

con» **Berta**

I think my boyfriend is going to give me a string of pearls for my birthday. I'm so excited!

그이가 내 생일에 진주 목걸이를 선물 할 것 같아. 너무 기분 좋은 거 있지!

Tina

Don't kid yourself. Your boyfriend can hardly afford
to take you to a movie on Saturday. He's not going to
buy you anything that expensive.

꿈 깨. 네 남자 친구는 일요일에 널 극장에 데리고 가는 형편이 안 되잖니. 그
렇게 비싼 건 아무 것도 못 사줄 거야.

gr» can 부정어 afford to+동.원: ...할[구입할] 여유가 없다

---

419 We can still cut a deal. 여전히 우린 흥정을 할 수 있어.

syn» come to an agreement: 합의를 보다

con» Charles

I think the Chinese are about to cut a deal with the
Russians over their border dispute.

중국과 러시아와 국경분쟁에 관해서 협정을 체결할 것 같아.

Richard

I hope they do, because it's not good to have them
arguing over it.

그러길 바래. 두 나라가 국경문제로 분쟁하게 되는 것은 좋지 않기 때문이야.

gr» be about to+동.원: 막 ...하려 하다(be just going to+동.원=be on the point of ...ing)

---

420 This is the brass ring. 땡 잡았어.

sit» 옛날 미국에선 'merry-go round(목마)'를 탈 때, 돌아가는 말을 타고 중앙
무대에 걸려 있는 놋쇠 걸이(brass ring)를 잡으면 무료로 타게 해주었다는
곳으로부터 유래된 표현.

syn» This is the big one.=This is really something.=This is a success.

con» John

Tim, old buddy, you caught the brass ring this time.
Congratulations. Imagine, an A on the Physics final.

Tim, 친구야 이번에 땡 잡았어. 축하해. 물리 기말시험에 A라니.

Tim

When you study, you get good grades. When you
don't, you get bad grades. It's that simple.

공부하면 점수 잘 받고, 공부 안하면 점수 못 받는 거지. 간단한 진리야.

---

421   I'm afraid of my own shadow   난 너무 겁이 많아요.

sit»   '자기 그림자에 놀라다'라는 표현은 어두운 밤길을 혼자 걷다가 뒤에 있는 자기의 그림자를 보고도 화들짝 놀란 경험을 해본 사람들은 쉽게 그 의미를 알 수가 있을 것이다. 사소한 것에 대해 과도하게 두려워한다는 것이다.

syn»   be a worm=be a wimp=be a big baby.

con»   **Jim**

John, are you going to climb up that cliff with us tomorrow morning? It should be fun.

John, 내일 아침 우리들과 함께 저 절벽에 등반할 거니? 재미있을 거야.

John

Are you kidding? I'm afraid of my own shadow. I'm certainly not going to climb up any cliff.

농담 마! 난 겁이 많아. 어떤 절벽이고 간에 절대로 올라가지 않을 거야.

exts»   drop off: 내려놓다 smooch: 키스하다, 애무하다 turtledove: 금슬이 좋은 산비둘기. bundle: 따뜻하게 몸을 감싸다 nippy: 혹독한, 살을 에는 듯한 concierge: (투숙소) 안내인

---

422   You won the battle, but you lost the war.

전투에선 이겼지만, 전쟁에선 졌다.

sit»   전략(strategy)적인 측면에서 전술(tactics)을 수립해야지 국부적인 면에 얽매어 일을 처리해 나가면 일 전체를 망치는 경우가 많다. 예를 들어 사소한 논쟁에서 이기면 그 순간은 기분이야 좋겠지만 그 일로 인해 그 사람으로부터 나중에 화를 입을 수도 있는 것이다.

syn»   One swallow does not make a summer., Pyrrhic victory., Don't see the forest for the trees.

con»   **Jack**

Was it a red Buick? If so, it may have been the man who owns the company. You'll be lucky that you have a job at the end the day.

그 붉은색 뷰익이었니? 그렇다면 그 사람이 이 회사 사장일 거야. 오늘 끝나고도 일자리를 유지한다면 그건 요행이겠지.

Jeff

Maybe I won the battle, but I think I lost the war.

아마 전투에서 이기고 전쟁에서 졌나보군.

exts» screw on...: ...붙어 있다 poop: 배설물, 똥 bug: 괴롭히다, 벌레 mugger: 노상강도 mess with...: ...간섭하고자 하다

---

423 Looking for a needle in a haystack

찾을 가망성이 없는 것을 찾다

---

slt» 이 표현은 찾기가 불가능한 것을 찾는다는 의미다. 눈에 잘 띄지 않는 바늘은 방바닥에 떨어뜨려도 찾기가 어려운데 하물며 큰 건초더미(haystack) 속에서 찾는다는 것은 거의 가망성이 없는 것이다.

syn» hard to find=be invisible=a flea on an elephant ass

con» **Gina**

I need to find Martha and she's gone to the football game over at the stadium. Will you come help me find her?

Martha를 찾아야 하는데, 축구 경기 보러 운동장에 갔데. 와서 Martha 찾는 거 좀 도와줄래?

Phyllis

There are 50,000 people in that stadium. Looking for someone there is like looking for a needle in a haystack. You'll never find her.

너 운동장에 오만 명이 있어. 거기서 누굴 찾는다는 것은 덤불 속에서 바늘 찾기지. 그녀를 절대 못 찾을 거야.

exts» parasite: 기생충, 기생식물같은 인간 varnish: 니스 cranky: 정신이 이상한 take back: 취소하다

424   Put yourself in his shoes.   그 사람의 입장에서 생각해봐.

sit» 사람과 사람 간에 오해는 대부분 자기 입장에서만 생각하기 때문에 일어난다. 한번쯤 상대방의 입장에 서서 생각해보면 오해도 풀리고 일을 완만하게 해결 할 수 있는 법이다. 이 표현은 이와 같이 '자신이 상대방의 입장에 서서 상대방 과 같이 생각해보고 상대방이 경험하는 듯이 일을 경험해보라'라는 의미다.

syn» be in someone's place=put oneself in someone's skin=walk in someone's shoes.

con»   **Jim**

My brother really treated me rotten! I need a computer and he wouldn't lend me his, not even for one day. Wait until he needs something from me.

형은 날 정말 형편없이 대한단 말이야! 컴퓨터가 필요하다고 했더니, 딱 하루 도 안 빌려 주겠데. 나한테 필요한 게 있을 때 두고 보겠어.

Jack

Don't be so rough on him. Put yourself in his shoes. He bought his computer last week. He thinks now it means everything to him.

형한테 그렇게 불쾌하게 생각하지마. 형 입장에 있어 한번 생각해봐. 그는 지 난주에 컴퓨터를 샀거든. 그는 지금 그것이 그에게는 모든 것이라고 생각하고 있어.

425 I feel it in my bones. 한기가 뼛속까지 파고든다.

rf» freezing cold=nippy cold: 한기가 대단한

con» **Bill**

Have you been outside? It's <u>freezing</u> out there.
밖에 나가봤니? 정말 춥더라.

Jim

Yeah, I feel it in my bones. It's going to be a cold, cold night.
한기가 뼛속까지 파고들더라. 아주 추운 밤이 될 거야.

exts» back off: 물러나다 get jammed up: 난처한 상황에 빠지다 slight: 무시하다[경시하다(neglect=disregard)] grievance: 불평의 씨, 고충

---

426 I'm not in bed with him. 그와는 특별한 사이가 아니야.

sit» ...와 같이 침대를 사용하지 않는다는 것을 보면 익히 할 수 있다. 이 표현은 자신이 언급한 사람과 특별히 절친한 사이는 아니라고 타인에게 말할 때 사용하는 구문이다. 다시 말해, 안면은 있으나 서로 호의를 보이는 사이는 아니라는 것을 의미한다.

syn» I don't do him any favors.=We're not married(or I'm not married to the guy).=He's nothing to me.=He's no one to me.

con» **John**

Ray, they tell me you visited the offices of our competition last week and met with their president. What's up?
Ray, 지난주에 자네 가 우리의 경쟁 회사 사무실에 그 회사 사장과 만났다는 얘기 들었어. 무슨 일이야?

Ray

I'm not in bed with the guy. Our children go to the same school and he wanted to talk about a project to expand the classrooms. That's all.
그 사람과 절친한 사이가 아니야. 우리 애들이 같은 학교 다니는데 교실 증축하는 입안에 대해서 얘기 나누고자 한 거야. 그게 전부야.

con»　**Harmon**

(to Hoffa) It is true. We're going to run it. I thank you for your reaction.

(Hoffa에게) 맞아. 우리는 그것을 훑어보려고 해요. 당신의 반응에 대해 고맙게 생각해요.

Hoffa

(to himself) Ants at a picnic but it doesn't matter.

(자신에게) 불청 기자이지만 별건 아니지.

exts»　non-communist affidavits: 공산당원이 아니라는 공술서. aspersion: 중상, 비방 war chest: 활동 자금, 군자금 co-option: 범죄 단체에 의한 부패 3-ring circus: 떠들썩하고 야단스러운 볼거리 prick on...: 부당하게 ...괴롭히다 fair shake: 공평한 기회나 대우 dish out: 분배하다 room-bug: (방에) 도청 설비를 하다 fancy words: 지어낸 말 pardon: 사면 Vamp with it: 잠깐동안 즉흥 연주하라. swing: 행동의 자유 parole: 가석방 probation: 집행유예 I can't get close to it.: 당신의 처지를 지지할 수 없다. We talking words.: 상호 협박하는 거야.

---

428   **take a very nice picture**   사진발이 잘 받는다

syn»   A picture comes out well=be photogenic

con»   **Patrick**

 Photographic I.D.
사진이 있는 신분증 주세요.

Alsatia

I take a very nice picture.
사진발이 잘 받는다.

exts»   scuttlebut: 〈구어〉 헛소문(rumor), 분수식의 물먹는 장치 give it away: 포기하다
step into one's shoes: 타인의 임무나 할 일을 떠맡다 paramedics: 응급 환자
구조요원 pacemaker: 심장 박동기, 선도자 flake: 괴짜 appendities.: 충수염
gelatine: 아교 get stuck in: 들러붙다 nose: 술-향기 I can't get enough.: 〈음식〉
덜 따라 주세요.]

---

429   **be noodling with...**   ...고려하다(consider=think of)

con»   **General**

 (to Leslie) I'm noodling with the idea of putting in
some war toys.
(Leslie에게) 나는 약간의 전쟁 장난감을 만들 것을 고려하고 있는 중이야.

Leslie

(to General) We've never made war toys.
(General에게) 우리는 결 코 전쟁 장난감을 만든 적이 없어요.

exts»   bedbug: 빈대 Night night〈구어체〉: Good night. diddly=nothing. head start:
선수치기, 최초의 우위 blow up: 파괴하다 armada: 함대 hold up: (인장이나
강도로부터) 견디다 bonehead: 멍청이 ↔ egghead: 인텔리 against the grain:
기질에 반하여 tad: 소량(small amount), 어린 아이 hand-picked: 손으로 바로
고른 spook: 위협하다 Fire away〈구어〉: Go ahead. sneak preview: 시사회
run along: 떠나다(leave). bulging eyes: 퉁방울 눈 laser lock-on: 레이저에 의한
자동추적

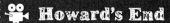

430 get the sack 해고하다

syn» fire=dismiss=give a pink slip

con» Aunt Juley

Forgive my asking, are you the younger Mr. Wilcox, or the elder.

내가 묻는 것을 양해해 주세요만, 당신은 젊은 Wilcox인가요, 아니면 나이든 Wilcox인가요?

Charlies

The younger. (Charlies takes parcel from Bernard.) This station's abominably organized. If I had my way the whole lot of them should get the sack. (to Bernard) Thank you, Bernard. (Charlies hands tip to Bernard.)

젊은 쪽이예요. (Charlies가 Bernard로부터 소포를 가져간다.) 이 부서는 구성이 잘 되어 있어요. 만약에 내가 내 마음대로 한다면, 그들 전체는 해고당할 거요. (Bernard에게) 고맙소, Bernard. (Charlies Bernard에게 손끝을 준다.)

exts» ripping: 〈속어〉 훌륭한, 멋있는 have one's way: 마음껏 하다 to the backbone: 순수한 foolery: 어리석은 행위 lose no time on...: 잠시도 지체하지 않다 box: 뺨을 때리다 beat about: 요점을 말하지 않다, 변죽을 울리다 in nine cases out of ten=ten to one: 십중팔구 see through: 진면목을 알아보다 hang over: 어떤 상태가 뒤에까지 남아 있다 pull down: 넘어뜨리다 paddock: 작은 방목장 befriend...: ...와 친구를 사귀다 turn out: 내쫓다(expel). lose one's place=be between jobs

431 theatrical nonsense 과장된 호들갑

sit» 타인의 시선을 끌기 위해 하는 바보 같은 행동.

con» Helen

There was a restaurant compartment in there.

안에 식당이 있지.

Margaret

Don't be absurd. I won't have such theatrical nonsense. How dare you?

바르게 굴어. 나는 남의 이목을 끄는 호들갑을 원치 않아. 어찌 감히?

432　be behind　　　　　지나간 일이다

syn»　The ship has sailed out already.=Water under the bridge

con»　**Margaret.:**

Let us speak no more about it, dear. It is all behind us.
그 점에 대해선 더 이상 말하지 말라. 이미 지나간 일이야.

Henry

Really? You can really bring yourself to forgive me?
(They join hands.) You've learned that I'm far from
a saint. In fact the reverse. No, no, no, no, no,... the
reverse. Where are those people now?

정말이야? 당신은 정말로 나에게 미안하다고 하기 위해 올 수 있겠어요? (그들
은 손을 잡는다.) 당신은 내가 전혀 성인이 아니라는 것을 알게 되었지. 실제로
는 그 반대야. 아냐, 아냐, 아냐, 아냐, 아냐,... 그 반대야. 사람들은 어디 있지?

exts»　rag-tag: 어중이 떠중이, 부랑아(ragtag and bobtail)

433　get mixed up　　　　말려들다, 관련되다

syn»　get involved in.

con»　**Leonard**

You'd better let us be, Miss Schlegel. You don't want to
get mixed up in this.
우리들을 내버려 두세요, Schlegel양. 당신은 이것에 연루되기를 원하지 않죠.

Helen

Mixed up in what? What is it? (Helen reached out, grab
Leonard's hand.) You must trust me that far at least.
무엇에 연루된다구요? 그것이 무엇이요? (Helen이 손을 뻗는다, 그리고
Leonard의 손을 잡는다.) 당신은 적어도 그 정도 많이 나를 믿고 있군요.

exts»　fend for oneself: 혼자 힘으로 꾸려나가다 be false to...: ...대해 불성실하다 be
(like) oneself: 본래의 자기이다, 자연스럽게 행동하다, 몸의 상태가 좋다

434 look away   눈길을 돌리다

con»   **Dianna**

 Uhm ... I should go.
음 ... 이젠 가야만 하겠어요.

Garge

And I was shy then. So when she would look at me,
I'd look away. Then afterwards, when I would look
away, she would look away. Then I got to where I was
gonna get off and...

그리고 그 당시 나는 부끄러웠다. 그리고 그녀가 나를 보았을 때, 나는 눈길을
돌렸다. 그 후, 내가 눈길을 돌렸을 때, 그녀도 눈길을 돌렸다. 그리 고 나는
내린 곳에 도달했다. 그리고 ...

exts» glee club: 남성 합창단 elope: 눈이 맞아 줄행랑을 치다 steal: 횡재(bargain). make
a name for oneself: 유명해지다 go crazy for...: 마구 ...을 하고 싶어하다 tighten
one's belt: 배고픔을 참다, 허리띠를 조르다 cloze a sale: 거래를 성사하다 call in:
지불을 독촉하다 demand note: 요구불 약속 어음 attach: 압류하다(put a lien on).
wait table: 웨이터 일을 하다 swallow one's pride: 자존심을 버리다 day tripper:
당일치기 여행자 stick around: 부근을 어슬렁거리다 chip: 득점을 계산하는 칩
bank: 물주 draw: 패를 뽑다 host a gathering: 모임을 주최하다 suite: 방이 여러
개 딸린 호텔 방 reflex answer: 바로 나오는 대답 prove one's point: 자신의 주장을
입증하다 get on to...: ...을 착수하다 in the flesh: 실제로 보면 pull away: 떠나다
want a word with...: ...와 얘기 나누고 싶다 loaded: 돈이 듬뿍 많은 for the cause:
목적[대의 명분]을 위하여 put ... in a better light: 잘 보이는 곳에 넣다 kissy-kissy:
귀엽고 깜찍하게 키스하는 make one's way through...: ...속을 헤치고 나아가다

435　at cost　　　　　　　　원가로

---

con» **Alan**

 How'd you like some bananas at cost?
바나나를 원가에 들여놓는 게 어때?

McCullough

Deal.
좋아.

exts» warehouse: 창고 under one's arms: 겨드랑이에 끼고 bum: 건달, 불한당 I'm busting my arms.=I'm trying hard. (pig)sty: 돼지우리

436　lighten up　　　　　　친절하다(be sweet=be kind)

---

con» **Alan**

 You want the weather? Anywhere but the first three rows.
일기예보까지 해줄까? 앞에서부터 세 번째 줄까지 빼고서 아무데나 앉으라구.

Fredy

You should really lighten up on the guy. That's the bride's brother.
상냥하게 대해 줄 수도 있잖아. 저이가 바로 신부 오빠라구.

exts» fabulous: 멋진, 유명한 moron: 백치 beach comer: 해변가를 어슬렁거리는 사람 horn in: 간섭하다 stay out of my way: 내 앞에 꺼져.

cf» row: 가로 줄(rank). file: 세로 줄

syn»   I'm deluding myself.

con»   **Alan**

And I want to go see him play a tooth in the school play. That's ... that's not much. But, I am ... I'm kidding myself.

그리고 난 그가 가짜 이빨을 끼고 놀고 있는 것을 보고 싶어. 그것은 ... 대단한 것 아냐. 그러나, 나는 ... 나는 착각하고 있다고.

Fredy

Yeah, You can say that again.

맞아, 당신 말이 맞아.

exts»   pee down: 오줌누다 ranger: 방랑자, 감시인 rack: 진열대 anorexic: 식욕부진의 shorts: 남자용 반바지 veer: 진로를 바꾸다 Cut her some slack=Forgive her. hot dog vendor: 핫도그 장사 rub elbows with...=associate...: ... 어울리다 big boy: 거물 I'm for it.=I'm in favor of it. dude: 멋쟁이(dandy). one on one: 일대일로 get around=circumvent=avoid

---

438 bust in on... ...갑자기 나타나다(pop up)

---

con» **Zach**

Hi-yer, Cassie.
안녕, Cassie.

Cassie

Sorry to bust in on you like this.
이렇게 불쑥 찾아와 미안해요.

Zach

No, it's good to see you. We're running late, I'm going to have to call you.
아냐, 보게 되어 반갑군. 시간이 없군 그래. 당신과는 전화로 얘기해야 할 것 같아.

exts» from the top: 처음부터(from the beginning=from the start). down beat: 강박자 ↔ up beat. trunks: 스포츠 팬츠 또는 헐렁한 반바지 sharp: 동작이 뚜렷한 snap: 재빨리 동작을 취하다 come down hard on...: ...을 심하게 야단치다 eliminate down: 〈경기〉 ...을 예선으로부터 탈락시키다

---

439 be in 유행이다

syn» be in fashion=be popular=be in the vogue=rage.
cf» go in fad=be all the rage: 일시적으로 유행하다

con» **Paul**

Paul San Marico, that's my strange name. My real name is Ephrain Ramerez. I was born in Spanish Harlem and I'm twenty years old.
폴 산 마리코, 이것이 이상한 나의 이름이야. 실제 이름은 에프라인 라미레즈 이고 스페인에서 태어났고 현재 스무살이야.

Morales

My name is Diana Morales. I didn't change it cause I figured ethnic was in. Born four-ten-sixty-two on a Hollywood bed in the Bronx.

나의 이름은 Diana Morales이다. 나는 그것을 바꾸지 않았어요. 소수 민족이 잘나가고 있기 때문이죠. Bronx시 Hollywood 구역의 4-10-6-2번지에 태어났죠.

exts» shake up=change one's mind: 마음을 바꾸다 get ... straight: ...을 분명히 하다 heavenly: 완전무결한 polio: 소아마비 limp: 발을 절다 frumpy: 칠칠치 못한 come-as-you-are: 평범한, 수수한 personal flair: 개인적인 재능 pull oneself together: 자기통제를 잘하다 prop room: 소도구 방

440　put .. on the spot　　...를 곤경한 처지에 빠뜨리다

---

con»　**Cassie**

Larry, I know I'm putting you on the spot, but, I need a job. I really do need ...

Larry, 당신을 곤경한 처지에 빠뜨리고 있다는 것을 알고 있네. 하지만, 안 일 자리가 필요해. 정말로 필요하다구 ...

Larry

Hey, hey ... I'll talk to Zach, but you've got to stay put, will you, for Christsakes? No more interruption, okay? You promise? Say 'I promise'.

이봐, 이봐, ... Zack에게 말해겠네, 하지만 당신은 잠자코 있어야만 해, 제발 알겠지? 제발. 더 이상 방해하지 말란 말야 알겠소? 약속하겠소? '약속한다'고 말해봐.

exts» make out: (1)이해하다 (2)성교하다 make a big deal out of it: ...을 과대확장[침소봉대]하다 broke: 파산한 I'll get it: 내가 문 열게, 이해할 것이다 get out: 사회에 나가다(go to society). knock up: 임신시키다 screw: 바보 tits=breast: 유방 brat: 새끼, 녀석, 선머슴, 개구쟁이 hand-out: 거지에게 주는 동량, 유인물 sublet: 빌린 것을 빌려주다, 세에서 세를 놓다 slinky: 신체의 선을 아름답게 들어내는

con»   **Zach**

Go on, Paul.
자 말해 보라구, Paul.

Paul

Then the show was going to Chicago ... They got there too early. I freaked out, I didn't know what to do.
그 다음에 그 쇼는 Chicago로 진출할 예정이었지 ... 그들은 너무 일찍이 거기에 도달했다. 나는 색다른 짓을 하게 되었고, 무엇을 해야할지 알지 못했다.

Zach

Come on.
자.

exts»   revue: 시사 풍자의 익살극[노래·춤·시국 풍자 따위를 호화찬란하게 뒤섞은 것]으로 영어로 review라고도 씀.

---

sit»   'suspense'는 풀어 말하자면, '어떤 이야기나 사건의 진행을 알고 싶어 안달하는 상태'를 말한다. 따라서 대화 중에 상대방의 얘기를 독촉할 때 또는 예의상 관심을 나타낼 때 이 표현을 쓸 수 있다. 그러나 때로 '그 얘기에 더 이상 관심이 없다'라는 정반대의 뜻으로 쓰일 때도 있으므로 주의할 것. 문맥에 파악할 수 있을 뿐이다.

syn»   We're watching with baited breath.

con»   **Shirley**

Do you want to hear about my date last night?
지난 밤 나의 데이트에 관해 듣고 싶니?

Gayle

Don't keep me in suspense. I want to hear all about it.
마음 졸이게 하지 마. 나는 그것에 관해 듣고 싶어.

443 tread a thin line between ... ...사이에서 중간 입장을 취하다

con» **Senator**

So tell me, Paul, what do you think we should do?

그래, Paul, 우리가 어떻게 해야 할 것 같소? (Paul straighten his tie.)
(Paul이 넥타이를 똑바로 여민다.

Paul

Well, it's a complicated issue, sir. You have to tread
a thin line between the farmers and the financial
community. I know you don't want to alienate either,
so I think I've come up with a solution.

어, 이건 복잡한 문제입니다, 선생님. 농민과 재계 사이에서 중간적 입장을 취
하셔야 합니다. 당신이 어느 쪽과도 사이가 틀어지길 원하지 않는다는 것을
압니다, 그래서 전 한 가지 해결책을 만들어 냈습니다.

exts» straighten out: 교화하다, 잘못을 바로잡다 get wind of...: ...낌새를
알아차리다(wise up). cranky: 성질이 고약한 dope to the gills: 완전히 마취시키다

---

444 up and comer 기대주, 유망주

con» **Senator**

Miss Hammers tells me you're one of the up and
comers on my staff. How long have we been
together?

Hammers양에 의하면 당신이 내 부하 중 장래가 촉망되는 사람들 중의
한 명이라고 하던데. 일 한지 얼마나 됐는가?

Paul

Uh, just this term, sir.

어, 이번 학기부터입니다.

exts» part one's hair: 가르마 타다 throw up: 토하다(puke=vomit)

257

445 toady up to...   ...에게 아첨하다

syn»   shine up to...=suck up to...=apple polish=brown nose

con»   **Paul**

Hey, it's not a prison! It's a school.
야, 감옥이 아냐! 학교라구.

Robin

Yeah, school my ... Why are you doing this, anyway.?
For the bucks, or is it because you want to toady up to
the old man?
그래, 학교야 ... 어쨌든 뭐 때문에 이런 짓을 하지? 돈이야, 아니면 늙은이한
테 잘 보이려구?

exts»   bug out: 도망치다 Piss off!: 집어 치워! blow it: 망쳐버리다 You bet your ass.:
그렇다마다.

446 have a way with words

달변가다(have a silver tongue=be a good talker)

con»   **Robin**

True. Daddy used to call it atrocious.
맞아. 아빠는 그것을 야만적이라고 부르곤 했지.

Paul

Well, your daddy has a way with words.
그래, 당신의 아빠는 달변가다.

exts»   slurp: 후루루 소리내며 먹다 give him a slip.: 그를 따돌리다. on your starboard
side: 당신의 우측방향에 book: 고발하다 shrivel up like a prune: 서양 자두처럼
쭈글거리다 That's cooll.: 쌤통이다. flip: 불같이 화를 내다 kiss up to...: ...에게
알랑거리다 give away: 공짜로 주다 buzzard: 천치, 얼간이 on the dash: 게시판
위에 ripped: (마약, 술에) 몹시 취한 ask for the world: 굉장한 것을 요구하다
button it up=zip it up: 입 다물다 pass out cold: 정신을 완전히 잃다 be in on it:
그것을 잘 알고 있다

gr»   used to+동.원: ...하곤 했다

con»   **Robin**

And that goes for you, too, guy!
그리고 그건 당신에게도 적용이 돼!

Paul

What!
무엇이라고!

rf»   go for...: 을 얻으려고 애쓰다, ...도 마찬가지 말을 할 수 있다[적용되다]
cf»   The same goes to the team.: 똑같은 것이 팀에게도 적용된다.

---

448   **get on the horn**   전화 걸다

---

con» **Lynch**

 ...Get on the horn with your institutions and report on their appetite. These utilities are our top priority today. Okay, let's go to work

당신의 기관들에게 전화를 걸어 그리고 그들이 원하는 것을 보고해. 이 공익 사업주들이 오늘 최우선이야. 좋아요, 일하러 가자구.

Bud

And they're up and running.

또 증권이 개장되었군.

rf» up and running: 당장 실행 가능한, 현재 진행 중인

exts» woman slyer=womanizer=philanderer: 여자 꽁무니꾼 gold standard: 금본위제 come around: 회복하다 Look sharp.: 조심해. in the market for...: ...을 사려고, ...을 구하려

---

449   **be tapped out**   파산하다

---

syn» become bankrupt=go into bankruptcy=go under=go broke

con» **Bud**

 I'm tapped out, Marvin. American Express got a hit man lookin' for me.

난 파산했어, Marvin. 아메리칸 익스프레스 카드회사는 날 찾는 청부살해업 자를 고용했을 정도니.

Marvin

Well, it could've been worse, right? It could've been my money.

음, 그건 약과일 수도 있어, 안 그래? 그게 내 돈이었을 수도 있어.

exts» cheesecake: (관능적인) 여자(사진), at birth: 선천적으로 off its rocker: 미친 preferred stock: 〈주식〉 우선주 raise the sperm count: 기회를 늘리다 turkey: 멍청이, 칠면조 dilute: 맥 빠지게 하다 comer: 장래성이 있는 회사 Blow them away.: 그것을 없애버려. tender offer: 입찰 신청 edge out: 이기다 see right through...: ...의 논지를 정확히 이해하다 cruise chicks: 여자들을 찾아 돌아다니다

belly up: 도산한 bag the elephant: 거물을 손님으로 끌어들이다 blow whistle on...: ...당국에 고발하다 sugar pie=honey=darling: 애인 Push yourself=Make an effort: 노력하다 get on the board: 〈경제〉 이사가 되다 Fucking A〈속어〉: 맞았어, 그래 그래, 잘 한다 payback time: 복수할 시간 work like an elephant: 굉장히, 열심히 일하다(work like a beaver(해리))

---

450   You got me.   당신에게 손들었어요.

con»   **Bud**

All right, Mr. Gekko. You got me.
좋아요, Gekko씨. 내가 졌어요.

Maitred

I'm sorry, sir, but do you have reservation.
죄송합니다, 손님, 하지만 예약하셨나요?

exts» heavy-set: 체격이 좋은 across the board: 전반적으로 bear market: 주가 하락이 예상되는 시장(곰은 고개를 위로 못쳐든다는 속설에서 비롯되었음) ↔ bull market: 주가 상승이 예상되는 시장 bimbette: 백치미 여인

---

451   bet the ranch   가능한 많이 구입하다

con»   **Femalebroker:**

(into telephone) This is really special. Anacott. Paint the tape.
(전화에 대고) 이건 정말 특별하오. Anacott. 테이프를 더빙하시오.

Trader[1]

(into telephone) Bet the ranch.
(전화에 대고) 가능한 많이 사세요.

Trader[2]

(into telephone) Buy a hundred thousand shares.
(전화에 대고) 10만 개의 주식을 사세요.

---

452   go on the head of a pin　　소량에 불과하다

---

con»　**Garton**

My dear, Frank, what you know about women could go on the head of a pin. What is this 'love' you talk about anyway? ...

이봐, Frank, 네가 여자에 대해 아는 것은 눈꼽만큼이나 될까. 대체 네가 말하는 이 '사랑'이 무엇이지? ...

Ashton

Sounds uncomfortable.

듣기 거북하군.

exts»　by Jove: 맹세코 put up: 숙박시키다 old chap: 이 사람아 a power of: 많은 dip: 살짝 담그다, 먹감기 nancy: 여자같은, 연약한 like blazes: 맹렬히 bogey: 도깨비

---

453   go up in the world　　출세하다

---

syn»　rise in the world=succeed in life

con»　**Joe**

'Miss David' is it now? You've gone up in the world, haven't you, Mag?

David양인가요? 당신은 출세하셨죠? Meg?

Megan

Mind your business. You can walk on it now, sir.

당신의 일에나 신경 쓰세요. 당신은 성공할 수 있어요.

win him over   그를 사로잡다(captivate his mind)

con» **Jim**

No, no, he's mighty stubborn Joe. But Megan'll win him over. You'll see.

안 돼요, 안 돼, 그는 대단히 고집이 세요. Joe. 그러나 Megan 이 그를 사로 잡을 것이에요. 당신은 알게 될 거요.

Ashton

Yes, well, right to the high rocks, you say?

그래요, 맞아, 높은 바위 쪽으로, 바로, 맞죠?

exts» tipsy: 취해 비틀거리는 like a top=very well. turn out: ...결과를 낳다, 내쫓다 sulk: 입을 실쭉거리다(be sullen)

---

see some sense   분별력이 있다

---

con» **Megan**

Oooooh! Let go of me!

우...! 나를 내버려둬요!

Joe

You better see some sense, girl! Megan!

당신은 좀 더 분별력이 있어야겠어, 아가씨!

Megan

Let go!

내버려 둬요!

gr» You better see some sense.의 원래 문장은 You had better see some sense.이다. You had better는 구어체에선 You'd better로 좀 더 나가 You better로 발음한다. I have got이 I've got으로 좀 더 나가 I got으로 발음하는 것과 같은 이치다.

rf» had better+동.원: ...하는 편이 낫다

exts» vouch for...: ...을 보증하다 brats: 꼬마 녀석들, 개구장이들 scuare meal: 충분한[실속있는] 식사 dotty=daft=crazy

456   stake out

미행하다(stalk=tail), (경찰의) 망보기, 잠복, 망보는 장소[사람]

con»   **Kassady**

   I don't have to tell you to watch yourself, do I, Rich?
Alvarez's people are staked out at the Cathedral
nowadays. I'll talk to him for you.

내가 당신께 조심하라고 할 필요가 없죠, Rich? Alvarez 사람들은 요즘 성
당 안에서 미행되고 있죠. 당신에 대해 그에게 말하죠.

Boyle

Thanks, John.

고마워요, John.

exts»   gig=assignment: 할당된 일 go through: 탐진하다, 다 써버리다 for old time's
shake=because we are friends: 옛정으로 expose: 폭로기사 joint=marijuana.
pig heaven: 매우 더러운 장소 balls: 고환(testicle). sneak in: 살금살금 들어가다
dick=penis. rip off 〈속어〉=robbery: 도둑질, 바가지 씌우기 elite unit: 정예부대

457 mess around 간섭하다

con» **Boyle**
  Oh Castro.
오, 카스트로.

Jack

__Not messin' around__, this is all Warsaw block stuff,
now.
간섭하지 않는다는 것, 지금 이것은 전부 바르샤바 봉쇄정책과 같은 일이에요.

exts» spook=spy.
cf» mess with...: 짜증나게 하다 mess up: 망치다, 못쓰게 하다

458 break one's ass 기를 쓰다

con» **Claude**
  (whispers to Lee) Maybe I can use him backstage.
(Lee에게 귀속 말로 속삭인다) 아마도 그를 무대 뒤에선 쓸 수 있을 거야.

Navarrdo

No, give him a couple of lines. __He'll break his ass for__
__you__. Shoplifters make great prop men.
안 돼, 대사 몇 줄 줘봐. 쟤는 너를 위해 기를 쓸걸. 절도범은 대단한 소도구
담당자 역할을 하지.

exts» watch yourself: 몸조심하다 boil down: 1)(음식을) 달이다 (decoct) 2)편집하다
pro: 1)전문적인 (사람) 2)매우 좋은 Your tab is very high.: 당신의 계산은 너무 많다.
white moonshine: 〈속어〉집에서 만든 밀주 위스키

knock oneself out   녹초가 되도록[열심히] 해보다

---

con»   **Lee**

All right. Let me take this upstairs. I'll take a look at it.

좋아. 이것 을 이층으로 가져간다. 그것을 좀 보겠다.

Navarro

Yeah, sure. Go ahead. <u>Knock yourself out.</u>

그래, 좋구 말구. 보라구. <u>열심히 해보라구.</u>

exts»   The nexus of the matter being.: 정말로 well-worn: 흔한, 진부한 joint=prison

---

460   **It's stolen**   그것은 남의 것을 베낀 것이지.

---

con»   **Lillian**

Why?

왜요?

Lee

Because it's stolen.

그것을 베낀 것이기 때문이지.

Lillian

It is?

그것이 그래?

Lee

Well, some of it. You know, from Genet. Jean Genet?

글쎄, 일부. 알다시피, Genet의 것으로부터. Jean Genet 말이야?

exts»   in rapport with...: ...와 일치하여, ...와 마음을 합쳐. child molester: 유아강간범

con»   **Lee**

Okay, we had some behavioral factors rise up tonight.
But I've talked to <u>those involved</u>. I think we're
<u>sqaured away</u> to where it won't happen again.

좋아요, 우린 오늘 밤 행동 요소들이 증가하도록 했지. 그러나 난 관련된 사람
들에게 말해왔지. 난 우린 다시는 그런 일이 발생하지 않을 장소로 잘 정비해
놓여졌다고 생각해.

Bagdad

I just want to apologize to everybody for my, ah, my
unprofessional behavior.

난 나의 비전문가적인 행동에 대해 모든 사람에게 사과하고 싶어.

gr»   those (who are) involved: 관련된 사람들 (those가 종종 사람(people)을
의미하기도 한다)

exts»   privates=genitals:생식기. palm off: 〈속어〉 떠맡기다, 속이다 prick: 〈속어〉
비열한 놈, 성기 noose=hang: 교수형 body search: 몸수색 osmosis: 삼투압

---

462 **ring a bell**   생각나게 하다, 귀에 익숙하다

---

con»   **Holly**

Harry, it's Christmas Eve. Families... stockings ...
chestnuts ... Rudolph and Frosty. <u>Any of these things
ring a bell</u>?

Harry, 크리스마스이브예요. 가족들 ... 선물 넣는 양말들 ... 군밤 ... 루돌프
사슴 과 눈사람. 이런 것들 중 어떤 것이 생각나지 않나요?

Ellis

Actually, I was thinking more of mulled wine, a nice
aged Brie ... and a roaring fireplace. You know what I'
m saying?

실제로 난 따끈하게 데워진 달콤한 포도주, 잘 익은 브리치즈 ... 그리고 활활
타는 벽난로가 더 생각나는데요. 내가 무슨 말을 하는 지 압니까?

exts»   one and all: 너나 할 것 없이 모두 hip: 최신 유행의 hot to trot: 〈속어〉 섹스를
원하는 You are very fast.=You're a very quick thinker: 당신은 생각이 빠르다.
scumbag: 인간쓰레기 take a leak: 오줌 누다 throw: (1)주다 (2)아주 중요한 협상을
매듭짓다 She is tough as nails.=She is very aggressive and strong.: 그녀는
매우 공격적이고 강하다.

---

463 **get one's eye on ...**   ...에게 성적으로 관심이 있다

---

con»   **McClane**

Yeah, I know the type. <u>I think he's got his eye on you.</u>
예, 나는 그 유형을 알고 있습니다. 그는 당신께 성적으로 관심이 있는 것 같
아요.

Holly

That's okay, I have my eye on his private bathroom.
Where are you staying? Things happened so fast I
didn't get a chance to ask you on the phone.

됐습니다, 나는 그의 개인 화장실[목욕실]에 관심이 있죠. 어디에 머물 것입니
까? 일들이 너무나 빨리 일어나기 때문에 나는 전화로 당신께 물을 기회가 없
었어요.

464 crank call   장난 전화

con» **Powell**

(into police radio microphone) No signs of
disturbance, dispatch.
(경찰 무전기에 대고) 소요의 어떤 징후도 없습니다. 파견대입니다.

FemalePoliceDispatcher

(over police radio) Eight-o-thirty, Roger. Possible crank
call. Check the area again and confirm.
(경찰 무전기로) 8030, Roger. 장난 전화가 있을 수 있습니다. 다시 한번 그
지역을 검사하고 확인하시오.

exts» bugs=minor problems, Freeze=Stop where you are.=Don't move. party
crasher: 원하지 않는 파티에 오는 사람 life of a party: 파티에서 흥을 돋구는 사람
party animal: 파티를 좋아하는 사람 party pooper: 파티에서 흥을 깨는 사람

465 fly in the ointment

다른 사람의 좋은 시기[계획]를 방해하는 자, 옥에 티

con» **Hans**

(into CB radio) Who are you, then?
(CB 무전기에 대고) 그러면 당신 은 누구요?

McClane

(over CB radio) I'm just a fly in the ointment, Hans.
A pain in the ass. (He looks at the bar of plastic
explosive) Whoa.
(CB 무전기로) 훼방꾼이지, Hans. 괴롭히는 자라고나 할까. (그는 플라스틱
폭발물로 된 막대기를 본다.) 잠시 가만히 있어

rf» whoa: 워 (말을 멈추게 할 때 내는 소리)
exts» a monkey in the wrench: 갑작스레 방해를 일으키는 원인[사람] pain in the ass:
귀찮거나 성가신 존재[사람]

466   be partial to...   ...을 더 좋아하다

con» **McClane**

 (over CB radio) I was always kinda partial to Roy Rogers, actually. I really liked those sequined shirts.
(CB 무전기로) 나는 늘 다소 Roy Rogers를 좋아했다, 실제로. 나는 정말로 그처럼 (여성용 의복 등의 장식에 쓰는) 작은 원형 금속 조각을 가진 셔츠를 좋아했다.

Hans

(into CB radio) Do you really think you have a chance against us, Mr. Cowboy?
(CB radio에 대고) 당신은 정말로 우리에게 대항할 기회를 가졌다고 생각합니까? Cowboy 양반?

exts»   get the jump on...: ...보다 먼저 취재하다

---

467   keep your pants on   참다, 기다리다

con»   **Harvey**

 (over monitor) Sam, I don't have the new pages. Where is the Gladden report?
(모니터로) Sam, 새로운 페이지를 가지고 있지 않소. Gladden 보고서가 어디 있소?

Sam

Harvey, keep your pants on, will you?
Harvey, 참고 기다리게.

exts»   on the air: 방송 중에 go on the air: 방송에 나가다[타다]

---

468 **Enough of that racket.** 소란 피우는 걸 더 이상 못참겠다.

---

con» **Mirza**

(to Malik) You're going deaf. I said scram!
(말리크에게) 너 귀먹겠다. 내가 꺼지라고 말했잖아!

Speakeronradio

... The beginning of a great campaign for high productivity ...
... 고생산성을 위한 위대한 운동의 시초는 ...

Grandpa

(to Malik) <u>Enough of that racket!</u> Hey, get down from there! Go on!
(말리크에게) <u>그만 소란 피우거라!</u> 야, 거기 내려와라! 빨리!

---

rf» racket: (1)탁구채 (2)굉음(을 내는 무기)

exts» mess about: 빈둥거리며 지내다(waste time, loaf). fatty: 뚱뚱보 too far=excessive, extreme, radical: 지나친 some: 〈구어〉 good, remarkable. put a muzzle on her mouth: 의견이나 표현을 말하는 것을 그녀가 자제하다 get by: 존재하다, 그럭저럭 살아가다 We are done for.: 우린 끝장이야.

469   frighten the pants off of...   ...을 매우 무섭게하다

sit» '무섭게 하여 속옷을 벗겨지게 하다'는 '잠깐 속옷에 실례(?)를 해서 다른 속옷 으로 교체해야 된다'라는 의미로 받아들여야 하는지도

con»   **Mesa**

 Hello, Zijo ... How are you? You've frightened the pants off of me.

이봐요. Zijo ... 안녕하세요? <u>당신은 나를 너무 무섭게 했소.</u>

Zijo

Well, put your pants back on. Sit ... sit.

글쎄요, 진정하시오. 앉 ... 으시오.

exts» break one's fall=land on[fall] softly. bearing=sustaining: 자세 walk toe in: 안짱다리로 걷다 guts: 배짱, 용기 five nil=five to zero. spotless: 결백한 tighten one's belt: 어려움을 참고 견디다 screw up: 망치게 하다 get it through.: 무사히 통과하다 old timer: 노련가, 고참 up to...: ...에 달려있는, 최고...까지 close ranks: 줄을 합치다 rubbish: 쓸데없고 시시한 존재, 무의미한 말[것] hanky: 손수건 half wit: 멍텅구리

470   come of age

성숙하다, 성년에 이르다

con»   **PuYi**

 ... When the two Emperors stood together and saluted the two national flags, <u>they recognized that Manchukuo had come of age.</u> Manchukuo is not a colony, Manchukuo is Manchuria. The relationship between our two countries is like the relationship between its two emperors

... 그 두 나라의 황제들이 함께 일어나 그 두 나라의 국기에 인사를 할 때, 그들은 만주족국가[청나라]가 성숙했다는 것을 인식했습니다. 만주족국가는 식민지가 아니고 만주족국가는 청나라입니다. 우리의 두 나라 사이의 관계는 그것의 두 황제사이의 관계와 같습니다.

Governor

Yes, Sir.

예. 그렇습니다.

exts»   palaquin: 1인승 가마(sedan). High Consort: 황후(empress=Her majesty) ↔ 황제(emperer=His majesty)

rf»   consort=spouse. wet nurse: 유모 chop off=cut away: 잘라내다 arranged marriage: 중매 결혼 for nothing=without reason. false teeth: 틀니 hack to piece: 난도질하여 산산조각 내다 make out=(1)pretend (2)understand. bandit: 악한, 깡패 come-of-age party: 성년 파티

471   in accordance with ...   ...에 따라, ...와 일치하여, ...와 더불어

con»   **Governor**

 ... In accordance with Clause One of the Special Pardon Order ... he is therefore to be released. You see? I will end up living in prison longer than you.

... 특별 사면령에 관한 한 조항 1에 따라 ... 그는 그러므로 석방될 것입니다. 당신은 아시는지? 나는 당신보다 더 오랫동안 감옥에 사는 결과를 갖게 될 것입니다.

PuYi

It is impossible, I guess.

불가능하다고 생각해요.

exts»   in their grasp=under their control: 그들의 통제하에 있는 drug addict: 마약 상용자 fuck off=get away: 비켜

472   take down
콧대를 꺾다, 기를 꺾다

con» **Gateguard**

They take him down.
그들은 그의 기를 꺾었지.

AfricanGuide

Yeah. Went down. like a school boy.
예, 힘 안들이고 꺾었지.

rf» like a school boy: 힘 안들이고, 쉽사리,

exts» at attention: 주목자세로 epaulet: 간부의 견장 impetus: 관성, 추진힘, 여세 booster=supporter: 후원자 be friend=make friends. lighten up: 마음을 즐겁게 하다. figure=think. take down: 콧대를 꺾다 You're some piece of work.: 신통한 녀석이군. out of mind=crazy. delicacies=dainty: 맛있는 것, 진귀한 것 take watch: 보초서다 poop out: 지치다, 포기하다 be for...: ...을 좋아하다 gunship: 무장헬리콥터 skewer: 꼬챙이 vital organs: 급소

473   make it
성공하다, 제시간에 대다

con» **Krasnow**

Sir, that territory is virtually impossible to cross. Our equipments couldn't possibly make it.
대장님, 그 영토는 실제는 건너가기가 불가능합니다. 우리의 장비 가지고는 성공할 수 없을 것입니다.

Zayas

Don't say impossible to me, Sergeant. Don't say impossible! Say, 'Yes, Sir'!
나에게 불가능하다고 말하지 말라, 중사. 불가능하다고 말하지 말라고! '그렇습니다, 대장님'이라고 말하란 말이야!

exts» caterpillar: 애벌레 pupa[chrysalis]: 번데기 stir up: 준비하다 hocus-pocus: 마술(할 때 하는 말) wash out=forget: 까맣게 잊다

---

474 **get the upper hand** 우세하다, 유리한 입장을 가지다

---

con» **RebelL**

 (into telephone) What? I can't believe it ... government troops getting the upper hands ...? The Regent has been set free ...? The coup has failed?

(전화에 대고) 무엇이라구? 나는 그것을 믿을 수가 없어 ... 정부군은 우세를 띠고 있다구 ...? 통치자는 석방되었구요 ... ? 구데타는 실패했구?

Fidel

We found a spy, sir.

스파이를 잡았는데요.

exts» au pair girl: 숙식을 거저 제공받고 가사를 돕는 외국어를 배울 목적으로 일하는 여자 bust: 1)..을 체포하다 2)급습하다 pervert: 변태성욕자 child molester: 어린 아이들에게 음란한 행위를 하는 사람 fiend: ...광, 중독자 My compliments.: 대단하시군요(때로 반어적으로). too much for...: ...에 힘에 겨운 incest: 근친상간 gorgeous: 멋진, 훌륭한 hold up: 탈것에 대한 강도(robbery). ruffian: 불한당 striptease: 스트립쇼 watch tower: 감시탑, 파수보는 탑 binoculars: 쌍안경

---

475 **off one's rocker** 미쳐

---

con» **Melody**

 You're off your locker, Natalie.

당신 미쳤어, Natalie.

Natalie

Oh, come on. Let's try it.

오, 자, 시도해보자.

exts» uptight: 긴장한, 딱딱한 be all ears: 경청하고 있다 shell out: 마구 돈을 주다, 기부하다 on top of...: ...에 더하여 inverted: 성도착의 rap over: 잡담을 늘어놓다 peep show: 음란한 쇼 fart: 시원찮은 놈 phenomenal=extraordinary: 비범한, 경이적인

con»   **Natalie**

No, eroticism is perverse.
아니야. 성애는 성도착증이야.

Natalie

That's the difference?
그 상이점이 무엇인가?

Melody

Love comes from the soul ... strange ... Bernard seems light-years away now. It must have been sex, not love ... and on top of it all, he was married.
사랑은 영혼으로부터 온다. ... 이상하다 ... 지금 Bernard는 여러 광년 떨어져 있는 것 같아. 그것은 섹스였음에 틀림이 없다, 사랑이 아니라 ... 그리고 게다가, 그는 결혼 한 상태였어.

exts»   rip off: 〈속어〉 훔치다, 빼앗다 brush off: 매정한 거절 hangover: 숙취 seduce: 유혹하다 ultimatum: 최후의 통첩 elope: 눈 맞아 도망치다

---

con»   **Melody**

Just two of us here in the sun.
우리 둘만 있어요.

David

Come back down to earth, baby.
여보, 현실로 돌아오세요.

rf»   down to earth: 실제적인, 현실적인(practical)

478   be part of...   ...에 가담하다

syn»   take part in=participate in=join

con»   **Franz**

When I was a student in Paris, I liked the demonstration, the marches, the crowds, the shouting. I liked to be part of it.

파리에 내가 학생이었을 때, 나는 시위와 행진, 군중과 고함소리 등을 좋아했지. 나는 그런 것에 가담하기를 좋아했었지.

Sabina

Hmm

흐음.

exts»   insomnia: 불면증 kitsch: 대중의 입맛을 충족시키려는 저질 작품 scoundrel =villain=rogue: 불한당 pluck out: 뽑아내다 deserve to...=be worthy of...: ...할 만하다 rehabilitation: 사면 복권 reinstatement: 복직 sneak: 살금살금 들어오다 plaything: 노리개 play around: 장난삼아 즐기다 point fingers.: 남의 탓을 하다

479   keep in step   보조를 맞춰가다(keep pace with)

con»   **Franz**

Really?

정말야?

Sabina

Yes. But I was forced to march. Everybody was. The May Day Parade, all the girls dressed the same, everybody smiling, everybody throwing flowers ... Mmm, I could never keep in step. The girls behind me would purposely step on my heels.

그래요. 그러나 나는 행진하지 않을 수가 없어요. 모든 사람이 다 그러하였죠. 노동절 행진에 모든 소녀들은 똑같은 옷을 입고, 모두 미소 지며, 꽃다발을 던지며 ... 으음, 나는 보조를 맞출 수가 없었지요. 내 뒤에 있던 소녀들은 의도적으로 나의 뒤꿈치를 밟았지요.

exts» watch out: 〈구어〉 조심하다 superb: 훌륭한, 웅대한, 우수한 shot: 사진 cactus: 선인장 so-so: 그저 그런 if it's no imposition: 그것이 별 부담이 안 된다면 get bearings: 자리 잡다

---

480   top-notch   일류의, 최고의

---

con»   **SwissPhotographer**

You have a terrific sense of the female body ... these provocative poses ... you'd be a top-notch fashion photographer. You ought to get yourself a model to work with, make a portfolio for the agencies... but for now I can introduce you to the editor of our garden section.

여성으로써 당신은 몸에 대한 특별한 감각을 지니고 있어요 ... 이들 도발적인 자세들 ... 당신은 최고의 패션 사진사에요. 당신은 스스로 함께 일할 모델을 데려와야 해요, 대행소를 위한 사진첩을 만들어야하고요 ... 그러나 지금 나는 당신을 우리의 원예부에 일하는 편집자에게 소개할 수 있습니다.

Editor

Yeah, sure

그럼요, 그렇고말고요.

exts» come by=drop by=stop by: 들르다(call at). stooped: 구부정한 declaration: 성명서, 진술서(statement)

---

481   get bearings   자리 잡다

---

con»   **Sabina**

What did she say?

그녀가 뭐라고 말하던 가요?

Franz

... If it's no imposition until I get my bearings. If it's alright, I'll, uh, I'll come back tomorrow. And, uh... Oh, good...

내가 자리를 잡을 때까지 어떤 부담이 없을 거라면. 만약이 그것이 괜찮다면, 나는, 어, 나는 내일 돌아올 것입니다. 그리고, 어, 좋습니다.

---

482   feel up to...   ...할 만하다고 생각하다, ...하는 게 마음에 내키다

con»   **OldMan**

Sorry, Shame. Come to our place for dinner tonight if you feel up to it.
유감이요. 부끄러운 일이고. 마음이 있다면 오늘 밤 저녁을 위해 우리 집에 들르시오.

Tereza

Tomas, what are you thinking?.
Thomas, 무엇을 생각하세요?

483　in the interest of ...　　　...을 위해(for the purpose of...)

---

con» **McGriff**

Where is she now?
그녀 어디 있는가?

Dix

Talking to the Mice. Oh, yeah, Colonel Kitts says we' re to coordinate our investigation with theirs, by the wayy. In the interest of better ally relations.
Mice와 대담하고 있다[심문받고 있다]. 오, 그래, Kitts 대령은 그들의 방법으로 우리의 조사를 그들과 함께 조정하겠다고 말한다. 더욱 진전된 동맹국 간의 관계를 위해.

exts»　hookker: 매춘부 detachment: 파견대, 분대 cesspool: 오물 dude=fellow. deserter: 탈주병 stockade: 감옥 huddle over: 웅크리고 있다(crouch=coil oneself). insignia: 계급장, 훈장 glum: 시무룩한

484　I'm off the case.　　　나는 사건으로부터 빠지겠네.

---

con» **Flowers**

Everything's going along fine until I get it narrowed down to like five suspects. Then my life starts getting bizarre!
다섯 명 의 혐의자를 좋아할 정도까지 좁혀질 때까지 모든 일이 좋아질 거야. 그러면 나의 인생도 이상해지기 시작할 테지.

McGriff

These five suspects, were they officers?
이 다섯 명의 혐의자들, 그들은 장교들인가?

Flowers

I'm off the case.
나는 그 사건으로부터 빠지겠네.

exts»　puke: 토한 것(vomit). freebie: 공짜 물건 fib: 사소한 거짓말 slant-eyed pussy: 동양 여인 jizz: 〈속어〉 혈기, 용기 shelter my ass=protect me. billet: 숙소 mess

281

with...: ...를 참견하다 amnesia: 기억상실증 wind up...: 결국 ...이 되다 fidget: 안절부절 못하다 dope: 마약(drugs). square: 고리타분한 사람, 물정에 어두운 사람 spook: 겁나는 disorientation: 방향감각을 잃음 I.V. bottle=Intravenous Bottle: 링거 병 self-possession: 냉정, 침착 paranoid: 편집증 환자 prick: 비열한 사람 hooch: 오두막집 twisted=perverted=deranged: 왜곡된

---

485   be on one's ass   ...를 주시하다

---

con»   **Dix**

Sounds just about twisted enough to be right, doesn' t it? He'll be in town next Thursday morning, by the way. Brass got him talking at the five o'clock follies.

잘되기에는 너무 왜곡된 것 같은데, 그러지? 그건 그렇고, 그는 다음 목요일 아침에 시내에 있을 거야. **Brass**가 그가 다섯 시에 있는 바보짓[기자회견]에 대해서 말하게 하겠지.

Albaby

We're gonna be on your ass like stink on shit.

우린 똥 위에 있는 악취처럼 당신을 계속 주시할 거야.

exts»   grill his ass: 그를 문초하다(interrogate him). game plan=plan of activities: 활동 계획 deposition: 증언(testimony). rotate: 순환 근무하다 wrap up: 매듭지다 Joe, John: 〈구어〉 fellow, man.

ant»   Jane: 여자

ex»   a G.I. Jane: 〈미〉여사 군인 deal with...: (1)처리하다(handle) (2)대치하다(copo with). give a shit=be concerned: 관심있다

486 **be entitled to...**   ...받을 만한 자격이 있다(be eligible for)

con» **Charlie**

What about my fuckin' half? Where is my fuckin half?
내가 (돈의) 반쪽 몫을 갖는 것에 대해 어떻게 생각해? 나의 반쪽 몫의 돈은
어디 있는가?

Susanna

You kid ...!
당신 농담이시겠지 ...!

Charlie

I'm entitled to that money, Bull shit!
나도 그 돈을 받을 자격이 있단 말야. 제기랄!

Susanna

You kidnapped this man!
당신은 이 사람을 납치했어!

exts» to-do: 야단 법석 hon=honey. full of oneself: 자신의 필요와 목적에만 전념하는
the hardness of your heart: 너의 거칠고 야박한 마음씨 in trust: 위탁되어 trust
fund: 신탁자금 beneficiary: 수혜자 pending: 현안중인 autistic: 자폐성의 savant:
어떤 특정분야에 전문적인 지식, 기술을 가진 사람 off-day: 경기가 없는 날, 근무
없는 날

487 **get on one's nerves**   ...를 짜증나게 하다, 괴롭히다

syn» grate one's nerves

con» **Doctor**

Well, I'm not a psychiatrist, but I do know that his
braim doesn't work like other people. And what he
isn't intended to be annoying. If he's getting on your
nerves, you just take a break. Spend some time away
from him.
글쎄, 나는 정신과 의사가 아니야. 하지만 그는 다른 사람처럼 생각하지 못해.
그리고 그가 하는 행동이 괴로움을 주기 위해 의도된 것은 결코 아니야. 만일
에 그가 당신을 괴롭히고 있다고 하면, 당신은 휴식을 취해야 돼. 그와 좀 떨

어지는 시간 좀 가져라.

Charlie

Sure, I'll just send him back.

정말이지, 나는 그를 (요양원으로) 다시 보내겠어.

exts» 요양원(sanatorium). stuck it to me: 나를 불공평하게 대했다

---

488 **be good with numbers** 숫자 계산 능력이 뛰어나다

---

con» **Doctor**

Are you good with numbers?
당신 숫자 계산 힘이 뛰어난가요?

Raymond

Yeah.
그래요.

exts» weird: 이상한 go for it: 결과 성의를 다하여 노력하다 sucks=be terrible. high-roller: 낭비가, 방탕가 toss away: 헛되이 날려 보내다

---

489 **carried away** 매우 흥분한

---

con» **Charlie**

Hey, I'm sorry ... about that. I'm sorry, you know, I got a little carried away. But, uh ... I got a little hot. Okay, Ray?
이봐 형, 나는 그 일에 있어 유감으로 생각해. 죄송해, 형이 알다시피, 나는 매우 흥분되고 있어. 그러나, 어 ... 나는 다소 열중하고 있었어. 좋아, Ray형.

Raymond

Yeah.
그래.

rf» carried away=overexcited. get hot: 흥분하다, 열중하다

490   I'm just along for the ride.   난 따라만 갔을 뿐이죠.

con»   **Charlie**

I just want you to know I'm sorry. I'm apologizing.
I got a little carried away. The money... I got a little
greedy. Wanna say something?

내가 미안해 하는 것을 형이 알아줬으면 해. 지금 사과하는 거야. 아까는 돈
때문에 좀 흥분했었나봐. 돈 ... 내가 좀 욕심을 부렸어. 하고 싶은 말 있어?

Raymond

I have to be at the bar at 10 with Iris.

아이리스랑 10시에 바에서 데이트 해야 해.

Charlie

I got to thank you, man. You did it. You did it. I was just
there. You saved my ass. I'm just along for the ride.

정말 고마워, 형. 형이 해낸 거야. 형이 한 거라고. 난 그냥 그 자리에 있었던
거지. 형이 날 구했어. 난 따라만 갔을 뿐이야.

rf»   be along for the ride: 일단 참가하다, 소극적으로[친구 따라서] 가담하다 greedy:
욕심 많은, 탐욕스러운 save one's ass: ...의 목숨을 구하다, 몸을 지키다

---

491   I'm all for that.   전적으로 찬성이에요(I strongly agree to that.).

con»   **Mr.Marston**

I think the purpose of this meeting is to determine
what is the best for Raymond whether or not he's
capable of functioning in the community and what,
in fact, he wants, if that's possible to determine.

이 만남의 목적은 레이먼드를 위해 가장 좋은 결정을 하기 위함입니다. 그가
사회에 적응해서 잘 지낼 수 있는지 없는지, 그가 정말로 원하는 게 무엇인지,
결정할 수 있다면 말이죠.

Charlie

I'm all for that.

전 전적으로 찬성입니다.

Dr.Marston

Raymond's unable to make decisions.

레이먼드는 결정을 하지 못합니다.

Charlie

You're wrong. He's capable of more than you know.
아니오. 그는 당신이 아는 것 이상으로 능력이 있어요.

rf»   all for는 '...에 대찬성인'의 뜻으로 "난 찬성이야."라고 말하려면 'I'm all for that.'이라고
하면 된다.

gr»   capable of+(동)명사...: ... 을 할 수 있는(be able to+동.원): ... 할 능력이 있는

---

492   You're talking over my head.   무슨 말인지 하나도 모르겠어요.

con»   **Charlie**

Well, he's retarded.
그럼, 그는 정신지체군요.

Dr. Bruner

Autistic. Actually, high-functioning.
자폐증이네. 그중에서도 고기능 자폐증일세.

Charlie

What does that mean?
무슨 말인가요?

Dr. Bruner

**It means that there's disability that impairs sensory
input and how it's processed.**
감각 입력 및 처리 능력이 떨어지는 장애지.

Charlie

English here. You're talking over my head.
영어로 알아듣게 말씀해 주세요. 무슨 말인지 통 모르겠어요.

exts»   You're talking over my head.: 무슨 말인지 못 알아들어. talk over[above] one's
head: ...에게 알기 어렵게 이야기하다, 남에게 이야기가 너무 어렵다. retarded: 지능
발달이 늦은 autistic: 자폐증의 high-functioning autism: 고기능 자폐증: 일반 자폐
환자보다 높은 지능을 가지며, 특정 분야에서 재능을 보이는 경우도 있다. disability:
정신적 결함, 심신장애 impair: 손상시키다, 약화시키다 sensory: 감각[중추]의

con»   **Dr.Bruner:**

He's always been a voluntary patient here. But that's beside the point. This is where he can get the best care. We're talking about his well-being.

레이먼드는 항상 여기에 있고 싶어했다네. 그게 요지가 아니라, 여긴 그가 가장 잘 보살핌을 받을 수 있는 곳이라고, 그의 안전을 얘기하는 걸세.

Charlie

Yeah, let's just cut through the bullshit, Okay? I'm entitled to my father's estate. If you won't cut a deal with me, I'll fly him back to Los Angeles, I stick him in an institution out there and we can have a custody battle over him. You want to battle me in the courts? Think about that. Or we can cut a deal now.

그렇죠, 다른 얘기 마세요. 나도 아버지가 남긴 재산에 대한 권리가 있어요. 제 요구를 안 들어 주시면 형을 로스앤젤레스로 데려가서 다른 요양원에 집어 넣고 형에 대한 후견권 소송을 하겠어요. 법정 싸움까지 가시겠어요? 잘 생각 해보세요. 아니면 지금 합의하자구요.

rf»   cut a deal에는 '계약[협정]을 맺다', '거래하다'라는 뜻 외에도 with와 함께 쓰여 '...와 합의하다'라는 뜻이 있다.

exts»   voluntary: 자발적인, 자유의지에 의한 well-being: 복지, 안녕, 행복 cut through the bullshit: 말을 돌리지 않다 be entitled to...: ...에 대한 권리[자격]가 부여되다 estate: 재산, 유산 custody: 보호, 감독, 후견

---

494   knock it off   그만두다(cut it out=stop it)

---

con»   **Steve**

 Greaser! Greaser! ... come on Greaser, cut me in the headd.

더러운 멕시칸 놈 ... 덤벼라 이놈아, 자 내 목을 절단내보라구!

Brewer

Knock it off, hey!

그만들 해, 어봐!

Steve

Cut me in the headd, Mexican!

내 목을 절단해 보라구, 멕시칸 놈아!

ext»   jolly: 유쾌한 dram: 주류의 한 모금 chicken shit: 소심한 겁쟁이 flotsam and jetsam: 잡동사니 bunkhouse: (노숙자 노무자들의) 합숙소

---

495   hard case   상습범[자], 불량배

---

con»   **Brewer**

 Welcome back, Doc. He'll show you the ropes, inside.

잘 돌아왔네, Doc. 그가 자네에게 안에서 요령을 가르쳐 줄 거야.

Charlie

(to Doc) Did you bring another hard case in?

(Doc에게) 자넨 불량배를 또 하나 데려왔나?

Steve

Hope it ain't another Mexican.

그가 멕시코놈이 아니면 좋겠어.

con» **Charlie**

(laughs) Hey did you know pigs are smart as dogs. ...
We work for Mister Tunstall as regulators. We regulate
any stealing of his property. ... Mister Tunstall has a
soft spot for runaways-derelicts-vagrant types ... But
you can't be any geek off the streaet... you gotta be
handy with the steel. Earn your keep, if you know
what I mean.

(웃는다) 여봐, 돼지도 개만큼은 영리하다는 거 자네 알고 있었니? 우리는 자
경단으로 Tunstall씨를 위해 일하지. 우리는 그의 재산을 도난당하지 않게
돌본다구. ... Tunstall씨는 도망자, 낙오자, 부랑아들을 좋아하시지 ... 그렇
지만 거리의 멍청이들은 안 받아준다구. ... 총 솜씨도 있어야하고, 밥값을 해
야지, 자 내 말뜻을 알아듣는다면 말이야.

Tunstall

I've got it.

알아 듣겠네.

rf»　soft spot=(1)preference (2)weakness. geek: 괴짜 earn one's keep: 밥값을 하다
exts»　pistoler: 총잡이 knifesmith: 칼잡이 pugilist: 주먹 쓰는 사람(boxer). scud-
　　　bottom=S.O.B.(son of a bitch). footpad: 노상강도 get a way with...: ...를 잘
　　　다루다 do the dirty crockery: 설거지 하다(wash the dishes=do the dishing)

---

con» **Tunstall**

Congratulations, Charleyie ... You and Steven will be
doing the dirty crockery alone this evening.

축하하네, Charleyie ... 자네와 Steven은 오늘 저녁 같이 단둘이 설겆이하
게 되어서.

Charleylie

Sorry, John. it struck me funny.

죄송합니다만, John, 그렇지만 제게는 그 말이 우습게 들렸어요.

exts» hacking=joking, rumor has it (that)...: 소문에 의하면 ...하다 man of enterprise: 진취적인 사람 peg=identify, outfit: (1)회사 (2)옷 ring: 도당, 일당 clear the way: 길을 내주다 chap=boy, man, fellow의 대용어 get ... in=be associated with...: ...알게 되다

---

498   **beat.. to it**   ...보다 선수를 치다, ...을 앞지르다

---

con»   **Tunstall**

We have to expose this ring, Alex. Can you get me in to see the Governor?

우린 이 패거리를 노출시켜야만 해, **Alex**. 당신은 주지사와 만나기 위해 나와 친분을 가질 수가 있겠어?

Alex

Murphy beat us to it. And he bought the Governor a nice fat campaign contribution.

Murphy가 우리 먼저 선수를 쳤지. 그리고 그는 주지사에게 멋진 선거운동 기부금을 기탁했지.

exts» lighten: (고통, 부담)을 덜어주다 tenacity=perseverance=obsession: 집착 guardian=protector: 후견인 get along: 떠나다, 나가다 slug: 굼뜬 사람 slime: 인간 쓰레기들 henchman: 갱의 신임받는 부하 bring in: 연행하다 posse: 보안관 민병대 clean hose: 적들을 모조리 해치우다 under arrest: 구류중인 ambush: 매복하다, 복병

---

499   **sniff out...**   ...낌새를 채다(get[catch] wind of)

---

con»   **McCloskey**

Hey, it's alright. We're all upset about John.

이봐, 괜찮아. 우린 전부 **John**에 관해 화나 있다구.

Billy

I'm sorry I didn't sniff you out sooner, you fucking traitor!

좀 더 일찍 낌새를 알지 못하다니 유감이군, 반역자 같으니라구.

exts» single-handedly: 단독으로 bounty-hunter: 상금(prize money)을 노리는 범인, 사냥꾼 gravy: 육즙에 가루, 조미료 따위를 넣은 소스 well-heeled: 유복한, 돈이 많은 put out: 내걸다 Let's dance.=Let's start. Screw that!=Forget that!

con» **Chavez**

We're not going after Brady. No Murphy men. No more I told you would find the way and the way is West!

우리는 Brady의 꽁무니를 쫓아다니지 않는다구. 어떤 Murphy의 부하도 말이야. 더 이상 그가 가야할 길이 서쪽이 아니라는 것을 당신께 말했지.

Billy

West, huh.

서쪽이라고 말했나.

exts» How do you figure?: 그게 어떤 말이지? figure: 생각하다 rancid: 부패하여 악취가 나는 benefactor: 은인 Top of the morning to you.: (아침 인사) 만나서 반갑군. revoke: ...을 취소하다, 철회하다 go on a rampage: 미쳐 날뛰다 fugitive: 도망병 mighty: 대단히 hanging: 교수형 come off: 잘되다, 성공하다, 끝내다

501 Right on. 옳소.

con» **Cobb**

 No way, Mr. Beck. <u>No bleeping way</u>. We've just <u>pulled</u> <u>a full shift</u>. You can't call <u>shack duty</u> on top of a full shift. That's a union violation. It's in the contract.
천만에요, Beck씨. 말도 안 되는 소리요. 우리는 이제 막 정상 근무를 마쳤어요. 거기다 대고 또 가위로 기지 근무를 요구할 순 없어요. 그건 노농조합 규정에 위반되는 것이 요. 계약양식에도 있다구요.

Jone

Ooo, <u>right on</u>, Cobb. <u>Let's hear it for</u> the shop steward.
우, 찬성이오, Cobb. 우리, 회사 대표에게 성원을 보냅시다.

rf» No bleeping way.=No way.: 천만의 말씀 pull a full shift: 정상 근무를 완수하다
exts» let's hear it for...: ...에 성원을 보내다 pussy: 여성 strung out: 마약중독의, 쇠약해진 bub: 이 사람, 젊은이, 자네들 정도의 뜻 pipe down: 입을 다물다 hoopla: 대소동(commotion)

502 cross off...   ...지우다(write off)

con»   **Butler**
 This guy here is gone.
이 사람은 갔다.
Rachel
Then cross him off.
그러면 그를 삭제하라.

exts»   pilferage: 좀도둑, 장물 impound: 빼앗다, 몰수하다(confisticate). clerical error: 오기(잘못 필기함) typo=typographical error: 인쇄상 오류 sounded the horn on...: ...을 잘못 건드린 것 같다 There goes our bonus.: 보너스 받기는 다 틀렸군. It's your call.=It's your decision.=It's your barbecue.: 너의 소관 이야. evacuation: 퇴거, 철수, 후송 genetic alteration: 유전적 변이 scaly: 비늘 모양의 off the coast of...: ...의 앞바다에 ↔ the open sea far from land: 원양 fall apart: 무너지다.

503 on a whim   (일시적인) 기분 때문에

con»   **Donovan**
 Mrs. Phelps, you just can't up and move a team on a whim, Phelps.
Phelps부인, 하지만 일시적인 기분 때문에 구단을 옮길 수는 없어요.
Rachel
It's hardly a whim.
기분 때문만이 아니에요.

exts»   I'll keep you posted[informed, wised, tipped off].: 앞으로 있을 상황을 계속 통보하겠다. slit: 베어[째서] 가르다(carve)

293

504   shape (A) up   (A)를 더 나은 선수로 만들다

con»   **Donovan**

Yeah. He just can't field it.
예. 그는 외야에 뜰 수가 없다.

Brown

We'll shape him up.
우리는 그를 더 잘 만들어 낼 것이다.

Donovan

I don't recognize this guy.
나는 이 자를 알 수가 없다.

exts»   franchise: 구단소유권 finish last: 꼴찌로 끝나다 defect from...: ...로부터 해외도
피하다

rf»   shape-up: (건강이나 미용을 위한) 운동, 노무자 선발

ex»   Shape up or ship out: 착실하지 않은 놈은 나가라, 열심히 하지 않으려거든 나가라

505   not much of...   대단한 ...은 아닌

cf»   somthing of (a) A: (능력 등에서) 대단한 A.

ex»   Mary is something of an artist.: Mary는 대단한 예술가다.

con»   **Brown**

All right, Vaughn. They tell us you're a pitcher. You'
re sure not much of a dresser. (Vaughn has cut the
sleeves off his uniform and he does not wear a hat.)
좋아, Vaughn. 그들은 네가 투수라 고 하던데. 당신은 대단한 옷을 잘 입
는 사람이 아니야. (Vaughn이 그의 유니폼으로부터 소매를 잘라낸다, 그리
고 모자를 벗는다.)

Donovan

We wear caps and sleeves at this level, sonn.
Understand? All right. Let's see what you can do.
우린 이 수준까지 모자를 쓰고, 소매를 입지, sonn. 이해하니? 네가 할 수 있
는 것을 보자.

506. have fun with... ...에게 장난치다(play around)

con» **Vaughn**

What?
무엇이라?

Brown

I think someone's been having some fun with you.
누군가가 너에게 어떤 장난을 쳐오고 있는 것 같은데.

Vaughn

(sighs) Shit.
(한숨을 쉰다) 제기랄.

exts» pan over: 카메라를 돌리며 촬영하다 tamper with...: ...을 주무르다, 함부로 변경하다 bummer: 게으름쟁이, 부랑자 jumpy: 신경질적인, 잘 흥분하는 genetic aberration: 유전적 이상 rook: 풋나기(novice). settle for...: ...으로 만족하다 ligament: 인대 snot: 콧물 booger: 코딱지 ear wax: 귀지

507 shoot oneself 자멸하다

con» **Brown**

The local press seems to think we'd save everyone a lot of time and trouble if we just went out and shot ourselves. Me, I'm for wasting sportswriter's time. So I'd like to hang around and see if we can give 'em all a nice big shitburger to eat. (laughs)
지방 신문은 우리가 나가 자멸한다면 모든 사람에게 많은 시간과 고통을 덜어 준다고 생각하는 것처럼 보인다. 난, 나는 스포츠 작가의 시간을 빼먹으려고 존재하는 것 같다. 그러므로 나는 돌아다니며 우리가 끝내게 경기를 잘하여 그자들에게 본 때를 보여줄 수가 있는지 알고 싶다. (웃는다)

Players

(laugh)
(웃는다)

rf» give ... a nice big shitburger to eat: ...에게 본 때를 보여주다

con»   **Hayes**

Well, that's easy. Just tail her home from the library.
글쎄요, 그것은 쉽다. 도서관으로부터 집까지 그녀를 미행하라.

Taylor

What, you mean sit in a carr and wait for her to come out? That's kind of juvenile, don't you think?
무엇이라, 네 말은 차 안에 앉아 그녀가 나오는 것을 기다리란 뜻인가? 이건 다소 청소년 범죄유형이다, 그렇게 생각하지 않니?

exts»   gill: 아가미 dormancy: 휴면상태 take a watch: 불침번을 하다 take a bath: 금전적으로 손해를 보다, 목욕하다 the board of director: 이사회 block it off: 막다 back up: (비상시의) 대안, 예비책(alternative=plan B)

---

509   beat around the bush   요점을 피하다

sit»   숲에서 사냥하거나 무언가를 수색할 때 어디 있는지 몰라서 '주변[관목숲 언저리]만 때린다[수색한다].'이므로 이해가 가능하다.

con»   **Vaughn**

Pepper says you wanted to see me.
Pepper는 네가 나를 보기를 원한다고 하던데.

Brown

Yeah, Rick. Come on in. Have a seat. Rick, I'm not going to beat around the bush here. You've got a great arm.
그래, Rick. 들어와. 앉아. Rick, 요점을 회피하지 않을 테야. 당신은 무쇠팔을 가지고 있다구.

exts»   savior: 구세주, 구원자

510　Cut the crybaby shit[thing, stuff].

그런 어린애 투정 같은 소린 집어치워.

con»　**Taylor**

This is the California Penal League, Vaughn. We're professionals here. We don't tank plays for personal reasons, so cut the crybaby shit. Now you've pitched a heckuva game. You want to finish it, don't you?

이것은 California Penal 리그야, Vaughn. 우린 프로들이라구. 우린 개인적인 이유들 때문에 경기를 하지 않는다구. 그러므로 어린애 같은 투정 집어치워. 지금 너는 멋진 한 게임을 던졌다구. 너는 그 게임을 끝까지 던지기를 원하는 거지?

Vaughn

Yeah.

그래.

exts»　heckuva: 〈속어〉 훌륭한, 굉장한(heck of a)

511　climb out of the cellar　최하위로부터 벗어나 승승장구하다

con»　**Doyle**

... Hey, in case you haven't noticed, and judging by the attendance, you haven't, the Indians have managed to win a few here and there and are threatening to climb out of the cellar.

... 이봐, 당신이 목격하지 못했다면, 그리고 당신이 목격하지 못해왔던, 참석에 의해 판단해볼 때, 인디언팀은 여기저기로부터 이기는 데 성공해왔고, 밑바닥으로부터 승승장구하기 위해 위협을 하고 있어.

Vaughn

I don't believe it.

못믿겠는데.

exts»　sore: 화나는, 감정이 상한 coddle: 부드럽게 다루다, 잘 돌봐주다 turn on...: (이성적으로)...에게 흥미를 갖게 하다, 흥분시키다 portfolio: 유가 증권 hold on to...: ...을 고수하다

 **Working Girl**

---

512   **The straight shot is ...**   (말하기 거북스럽지만) 솔직히 말하자면 ...

con» **Turkel**

 Before I run Tess, I have some, uh, good news and some bad news. The straight shot, Tessy, is ... they turned you down for the Entre Program again.
저, 가기 전에 말이지, Tess. 좋은 소식과 나쁜 소식을 알려 줄게 있어. 저 ... 실은, Tessy, 주식 중개인 연수 교육 프로그램에 또 탈락했어.

Tess

Why?
왜?

exts» pimp: 매춘부, 뚜쟁이 업 cool off=calm down: 진정하다

---

513   **set up**   사전에 미리 짜고 하는 일, 연출

con» **Lutz**

 Bob's looking for a new assistant, and wants to meet you for a drink.
Bob이 새로 조수를 구하고 있는 데, 우선 당신을 만나 술이나 한잔 하자는군.

Tess

This isn't another set-up?
이거 또 무슨 딴 속셈 있는 거 아녜요?

Lutz

(sighs) Do I look like a pimp? Bob says he's looking for hungry bum, I think to myself, Tess. The rest is up to you.
(한숨 쉰다) 내가 뭐 뚜쟁이처럼 보이는 거야? Bob이 의욕적인 사람을 구한다고 말할 때 난 Tess가 적격이라고 생각했을 뿐이야. 나머지는 다 당신에게 달려있어.

con» **Katherine**

(into telephone) The stock is at thirty-eight, the
tender's at fifty-six. Come in. Yeah, what do we do
about that? Well, I just checked my three. What are
yours? (Tess enters and sets a cup of coffee in front of
Katherine.) Uh-huh, yeah, I have that one. Well, I think
he's in an underwater position. ... All right, so that's
our first and second call, and then we'll see where we
are. Great. I'll count the minutes. Bye.
(전화에 대고) 주가가 38, 입찰은 56이에요. 들어와요. 네, 어떻게 할까요? 아,
내가 가진 세 종목은 점검해 봤어요. 당신의 것은 무엇이죠? (Tess가 들어와
Katherine 앞에 커피 한잔을 놓는다) 네, 네. 그건 나도 있어요. 글쎄, 그 사
람은 재정 형편이 안 좋은 것 같아요. ... 좋아요. 그게 우리들의 첫 번째-두
번째 입찰이군요. 그런 다음 결과를 보죠. 그래요. 저는 일 분이라도 빨리 보
고 싶은 마음이에요. 안녕.

Lutz

Me, too.
나도 그렇죠.

rf» tender: 입찰

ex» make a tender for...: ...입찰하다 count the minutes: 보고 싶은 마음에 어찌할 줄
모르다

exts» put up A for auction: A를 경매에 부치다 ground rules=basic rules: 기본 원리,
행동 원리 impeccable=flawless: 나무랄 데 없는 get one's wet feet: ...에 참가하다
out in left field: 어색한 plug: 꾸준히 그리고 신중하게 일하다 put through: 전화를
연결하다 opening: 기회

---

con» **Jack**

But how you look ...
그러나 당신이 어떻게 보이냐는 ...

Tess

I have a head for business ... and a body for sin. Is
there anything wrong with that?
나는 사업에는 일가견이 있어요 ... 그리고 몸은 죄를 지었죠. 그것이 잘못이
된 것인가요?

Jack

No ... no.

아니요. ... 아니요.

exts» head start: 한발 앞선 출발 so-and-so: 아무개 such-and-such: 이러 이러한
일 for once: 한 번만은 open bar: 결혼식 따위의 무료 음료를 제공하는 바 buzz:
술(booze)먹었을 때의 쾌감

516　live and learn　사람은 실생활에서 겪는 시행착오를 통해 배우다

con» **Tess**

Oh. Well, they don't exactly have bouncers, you
know? They're a little more subtle than that, Cyn. Oh,
and last night!

오. 글쎄, 그들은 정확히 말하자면 경비원을 가지고 있지 않죠? 그들은 그보다
좀 더 미묘한 일이야, Cyn. 오, 그리고 지난 밤!

Cyn

Yeah. I should've checked the milligrams. <u>Live and
learn.</u> Well, you know, maybe he'll feel sorry for you,
and <u>make it up to you</u> doing your deal or whatever it
is.

그래요. 나는 그 작은 부분까지 검사를 했어야 했는데. <u>사람은 실생활에서 겪
는 시행착오를 통해 배운다.</u> 글쎄, 당신이 알다시피, 아마도 그는 당신에게 미
안함을 느낄 거예요, 그러므로 당신의 거래 또는 무엇이든지 간에 해주며 <u>당
신을 위해 보상해 줄거요.</u>

exts» small potatoes: 그다지 중요하지 않은 것 bouncer: 극장 댄스홀의 경비원
shot=(1)opportunity (2)try(시도). You decent?=Are you fully dressed?: 들어가도
될까요? riot: 우스꽝스런 사람 hang out[about, around]: 빈둥거리다 squabbling:
하찮은 일로 다툼, 입씨름 flight: 한 층계참까지의 계단 We're history.: 우리는
끝장이다. crash: 초대권 없이 입장하다 come clean: 자백하다 prospectus: (새
사업, 회사의) 취지서 sport: 어려운 상황에서도 굴하지 않는 사람 ball park: 어림셈
can=fire=dismiss: 해고하다

---

517   I'm in fast company.

난 기민하고 생각이 빠른 친구와 함께 일하고 있군.

---

con»   **Julius**

How can bullshit walk? That' slang, huh?

어떻게 소통이 걸을 수가 있어? 그거 속어지, 어?

Vince

I'm in fast company. Look. See that man? Pay him money and they let me out.

나는 참 기만하고 생각이 빠른 친구와 함께 일하고 있군. 보게나. 저 사람 보이니? 그에게 돈을 주고 나 좀 빠져나가게 해줘.

exts»   be obsessed with...: ...에 사로잡히다 clientele: 단골손님 weasel: 족제비(처럼 교활한 사람) racoon: 너구리, badger: 오소리 creep: 싫은 사람, 불쾌한 사람 loan shark: 사채업자 recession: 일시적인 경기 후퇴 no hard feeling: 나쁜 감정이 없는 bowels: 내장[intestines]

---

518   blow one's wad on...   ...에 대해 돈을 다 써버리다

---

con»   **Vince**

Twinny, I hope you didn't blow your wad on the tickets. I'll need money to get my carr released.

이봐 쌍둥이, 그 표를 구입하느라 돈을 다 써버리지 않기를 바래. 나의 차가 출시되기 위해 돈이 필요하거든.

Julius

I have more money.

많은 돈이 있다구.

exts»   a wad of money: 돈뭉치 concussion: 뇌진탕 harass: 집요하게 괴롭히다 Money is power.=Wealth is power. Candid Camera: 몰래 찍은 TV 프로그램, 카메라 탐방 Ease up on ...talk.: ...한 말을 작작하라.

519   toss one's cookies   토하다(puke=vomit)

syn»   vomit=throw up

con»   **Vince**

 Ease up on the love talk or I'll be tossing my cookies in a minute.

애정 이야기는 그만하게 그렇지 않으면 곧 토할 것 같아.

Julius

'Tossing your cookies?' Oh, that's more slang.

'쿠키를 던지다구?' 오, 그것은 더욱 속어 같은 표현이군.

520   (Let's) get lost together.

헤어지자(Let's split=Let's separate=Let's say good bye).

con»   **Julius**

 We're twins! Now we can go to museums together ... talk philosophy together ... read books and play chess together...

우린 쌍둥이야. 지금 우린 함께 극장에 가고... 철학에 관해 함께 이야기를 나누고... 함께 책을 읽고... 장기를 둘 수가 있지...

Vince

Get lost together.

헤어지자.

exts»   Hang on to your seat.: 조심해., 단단히 잡아. dope=idiot. nautical mile: 해리 Way to go.=Well done. touchy: 까다로운 period: 끝, 이상(강조의 뜻) have got the hots for...: ...매우 원하다 cranky: 매우 까다로운, 화를 잘 내는 loaded=extremely wealthy

con» **Linda**

Are you sure he's all right?

그가 괜찮은 것이 확실해?

Vince

He's okay. He's helping me out. <u>He's from out of town and latched on to me.</u> Great seeing you. Catch you later.

그는 괜찮아. 그는 나를 돕고 있어. <u>그는 촌 출신이고 나에게 찰싹 달라붙어 있지.</u> 당신을 만나 반가웠어. 나중에 보자구.

rf» latch: 걸쇠 Catch you later.: =See you later.

exts» big shot=big cheese=big wig: 거물 crock: 허풍(hot air), 거짓말 slut: 단정치 못한 여자 cash flow: 현금 유통, 자금 유통 peckerwood: 백인 촌사람, 딱따구리 That's that.: 이젠 그 일은 끝난 거야.

522 as .. as the next person   어느 누구에도 못지않게 ...한

con» **Sally**

 I have just as much of a dark side as the next person.
나는 누구 못지않게 많은 어두운 면을 가지고 있어.

Harry

Oh, really?
오, 정말이야?

exts» matter-of-fact: 사실 그대로 Not once.: 한 번도 없다. lamppost: 가로등 write off...: ...을 고려하지 않다 jerk: 멍청이, 얼간이 Where was I.?.=What was I talking about?: 어디까지 얘기하고 있더라? by any chance: 어쩌다가, 어떤 계제에 drift apart: 소원해지다 Case closed.: 이 사건은 결판이 났다. bump into...: ...와 우연히 만나다 sign up: 참가하다 crinkle: 주름살(wrinkle)

523 He just bumped into Helen.   그는 헬렌하고 마주쳤대.

con» **Jess**

I thought you like it.
아까는 괜찮다며.

Harry

I was being nice! (Harry walks out.)
듣기 좋으라고 한 소리였어! (나가버린다.)

Sally

(To Jess and Marie) He just bumped into Helen.
(제스와 마리에게) 좀 전에 그가 헬렌하고 마주쳤거든.

rf» 누군가와 우연히 마주쳤을 때 bump into라는 표현을 쓴다. bump into 뒤에 사람이 오면 '...와 우연히 마주치다'라는 의미이며, 사물이 오면 '...에 부딪치다'라는 뜻이 된다. garage sale: 〈미국〉 일반 가정집에서 안 쓰는 물건을 차고에 늘어놓고 염가에 파는 것

ex» bump into=meet by chance=come upon=come across=encounter: 우연이 마주치다

524 **Deal.** 그러자.

con» **Sally**

I really want to thank you for taking me out tonight.
Do I have something on my face?

오늘 밤 나랑 같이 나가 줘서[데이트해줘서] 정말 고마워. 제 얼굴에 뭐 묻었어요?

Harry

Aw, don't be silly. The next New Year's Eve if neither
one of us is with anybody, you got a date.

바보 같은 소리. 내년 송년파티 때도 우리 둘 다 사귀는 사람 없으면 같이 오자.

Sally

Deal.

그래.

rf» 상대방의 제의에 동의할 때 "알았어." "그렇게 하자."라는 뜻으로 'Deal.' 혹은
'It's[That's] a deal.'이라고 말한다. 'It's no big deal.'은 '별거 아냐.', '문제없어.'라는
뜻이라는 것도 함께 알아두자.

exts» take out: ...을 데리고 나가다, ...음식을 싸가다 date: 〈구어〉 데이트 상대

---

525 **Want to get some air?** 바람 좀 쐴까?

con» **Sally**

See, now we can dance cheek to cheek.

우리 이제 뺨을 맞대고 춤도 추네.

Harry

Hey, everybody! Ten seconds till New Year!

자, 여러분! 새해까지 10초 남았습니다!

Sally

Want to get some air?

바람 좀 쐴까?

rf» 답답한 실내에서 벗어나 바깥바람 좀 쐬자고 제안할 때 '(Do you) Want to get some
air?'라고 할 수 있다. 회화에서 흔히 'Wanna get some air?'라고 발음한다. '바람
쐬러 나가다'라는 뜻으로 'Take the air'라는 표현도 있다.

con» **Sally**

What? Do I have something on my face?
왜요? 제 얼굴에 뭐 묻었어요?

Harry

You're very attractive person.
당신 참 매력적인 사람이에요.

Sally

Thank you.
고마워요.

rf» 누군가가 자신을 빤히 쳐다볼 때 "제 얼굴에 뭐 묻었어요?"라고 묻곤 한다.
영어에서도 'Do I have something on my face?'라고 똑같은 표현이 있다.

527   showpiece program   전시 효과를 위한 피상적인 계획

con»   **Ness**

 I and other agents of the Treasury will be <u>working on conjunction with</u> the Chicago Police and other enforcement...

저와 그 밖의 다른 재무성 요원들이 시카고 경찰 및 다른 법 집행부와 <u>협력할</u> 것입니다.

Reporter#2:

Isn't this just another show piece program?, ya know, keep the...

이것도 일종의 전시효과를 위한 계획 아닙니까? 말하자면...

exts»   show piece: 전시용 우수 견본 ride along with=work with. by example: 본보기로, 모범으로 sign on...: 입대[입사]하다 beef=complaint

ex»   What's the beef?: 불평이 뭔가? handpicked: 엄선해 고른

528   a heart of gold   상냥한 마음의 소유자

con»   **Ness**

 Well, you want to tell me?

글쎄, 당신은 할 말이 있소?

Malone

Well, maybe I'm that whore with a heart of gold, or the one good cop in a bad town? Now, is that what you want to hear?

글쎄, 난 상냥한 마음을 가진 창녀 아니면 우범지대에서 일하는 선량한 경찰일지도 모르죠. 이제, 그 점이 당신이 듣기를 원하는 것이요?

exts»   pew: 교회의 벤치형 좌석 open the ball: 행동을 개시하다 at one's disposal: 능력한도 내에서 raid: 급습, 불시단속 at a low tide: 불경기 상태인 At ease.: 편히 쉬어. Stand at ease.: 쉬어. As it were.: 바로. prodigy: 비상한 사람 wop: (경멸조) 이탈리아인 Stone=Italian American. booze: 알코올 음료, 주로 위스키 cross:

거슬리게 대하다 warrant: 수색영장 dame: :여자 holding company: 지주회사
affiliate: 계열 회사 subsidiary: 자회사 parent company: 모회사 plaything:
장난감, 완구 income tax evasion: 탈세 dismay: 당황, 혼란

---

529 **take one's course** 　자기가[본인이] 택한 곳[방법]을 가다[취하다]

con» **Ness**

What's that? What is that?
그게 뭐야? 그게 뭐냐구?

Alderman

**Mister Ness, you're an educated man. Let me pay you
the compliment of being blunt. ... Why don't you ...
just cross. the street. and let things take their course?**
Ness씨, 당신은 교양인이야. 내가 퉁명스러운 찬사의 한마디 할게. ... 당신은
... 거리를 건너 일들이 스스로 되어가게끔 내버려 두는 것이 어떤지요?

exts» shebang: (계략 따위의) 구성, 짜임새 be half the battle: 싸우지 않고 반쯤 이긴
　　　것이다 move out: 출동하다 satchel: 손가방
gr» pay=give

---

530 **change hands** 　소유주가 바뀌다.

con» **Ness**

(to Wallace) What is this?
(Wallace에게) 이게 뭐야?

Wallace

**(to George) You, you got a lot of money changing
hands in this book. ... And you got a headding here,
'Circuit Court'? What is this?**
(George에게) 당신, 당신은 이 책 속에 소유주를 바꿀 많은 돈을 가지고 있
어. ... 그리고 여기 'Circuit Court'라는 제목을 가지고 있지? 뜻이 뭐야?

George

Nothin'! And there's nothin' you can make out of it!
아무것도 아냐! 그것으로부터 이해할 것은 아무것도 없어!

exts» police precinct: 경찰 단속 관할구 joint: 일반적으로 시설, 장소 muck with...: ...을
　　　상대로 쓸데없이 만지작거리다 district attorney: 지방 검사 conspire: 공모하다

　　　　　　　　　　　　영화 속 전 원어민 영어 따라잡기 1

531 go out on a limb 불리한 입장에 놓이다

sit» '나뭇가지의 맨 윗부분까지 다다르다'라는 말은 매우 위험하고 불안한 상태다.

con» **Dist. Atty**

Yes, on what basis? <u>I'm not gonna go out on a limb.</u> I'm not gonna make a fool of ...

그래요, 어떤 이유 때문에? 나는 불리한 입장에 놓이지 않을 거야. 나는 ...을 바보 취급하지 않을 거야.

Ness

Don't tell me, sir, about <u>making a fool out of yourself.</u>

스스로를 바보 취급하는 일에 대해 말하지 마세요.

exts» drop a case: 소송을 취하하다 cut one's losses: 사업에서 손해 보기 전에 손을 떼다, 적절한 선에서 그만하다 stick around: 부근을 어슬렁거리다 stooge: (경찰의) 앞잡이 rat: 밀고하다 woofing=stalling: 본론을 꺼내지 않고 쓸데없는 말로 시간 끌기 have case: 증거를 잡다 doctor up...: ...을 조작하다 bailiff: 집달리, 집행리 hunt down: 잡을 때까지 쫓다 forswear: 거짓말하다

The Age of Innocence

---

532   set off   돋보이게 하다(flatter)

---

con»   **Mrs.Mingott:**

 (to group) Very <u>handsome</u>, very liberal. In my time, cameo set in pearls was thought to be sufficient. <u>But it's the hand that sets off the ring</u>, isn't it?
(그룹에게) 아주 멋있어. 아주 파격적이야. 내가 젊었을 땐 진주받침 카메오 정도가지고 충분하다고 여겼지. 하지만 반지를 돋보이게 하는 건 손이잖아?

Mrs.Welland:

The new setting shows the stone beautifully ... but it looks a little bare to old-fashioned eyes.
새로 한 보석받 침 때문에 보석이 아름답게 보이는구나 ... 하지만 구세대 사 람의 눈엔 좀 정교한 맛이 없어 보이는 걸.

exts»   dote on...: ...맹목적으로 좋아하다 sturdy: 자부심이 강한, 지기 싫어하는 get one's own way: 마음껏 하다 granny=grandmother의 유아어 grampy=grand father

---

533   blurt out   말을 퉁명스럽게[불쑥] 꺼내다

---

con»   **Archer**

 All I've done?
제가 한 (모든) 일이오?

Ellen

All the nice things you've done for me that I never knew. ... I never understand how dreadful people thought I was. Granny blurt it out one day. I was silly. I never thought ... New York meant freedom to me.
제가 모르게 저를 생각해 해준 그 모든 일을 말이에요. 전 사람들이 저를 얼 마나 불쾌하게 생각했는지 몰랐어요. 하루는 할머니가 그 얘길 불쑥 꺼냈어 요. 제가 멍청이 같았죠. 전 그런 생각을 하지 못했거든요. 뉴욕은 제가 자유 를 누릴 수 있는 곳이었어요.

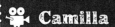

---

534 **drag** 질리는 일, 질질 끌다

con» **Freda**

I am a musician. Been in a lot of groups. Backup. But I have been working on my own stuff. I was thinking about putting together a band. Horns and strings. The whole backup singers, you know. So I could perform. do some of my stuff. Then I thought no. Performing can be a real drag. You know? Traveling is a major pain in the butt.

저도 음악을 좋아해요. 많은 그룹에서 활동했었죠. 들러리 가수 신분으로요. 그래도 제 나름대로 손을 쓰고 했어요. 밴드를 하나 결성할까 생각하고 있었죠. 관악기와 현악기를 가지고요. 들러리 가수들도 여럿 두고요. 그러면 제가 연주할 수 있거든요, 제 곡을 말이에요. 하지만 곧 관둬야겠다고 생각했어요. 연주를 한다는 게 여간 질리는 일이 아니거든요. 아시죠? 여기저기 돌아다니며 공연한다는 게 쉬운 게 아니에요.

Camilla

But there is no feeling that approaches it.
그래도 그런 기분을 어디 가서 맛보기 힘들지.

rf» What a drag!: 아 따분해!
exts» abandon oneself to...: ...에 몰입하다 come to oneself=come to one's senses ..: 제정신이 들다 standing ovation:기립박수

---

535 **hit the hay** 잠자리에 들다

con» **Vincent**

You think it is time to hit the hay?
잘 시간이지?

Freda

Mrs. Kara is in the middle of a story.
Kara부인이 한참 얘기를 하고 있는 중인데요.

Camilla

Oh, go along dear, it does not matter. I am always in the middle of a story.

아, 가서 자요, 상관없어요. 난 늘 이야기 속에 사니까.

exts» pain in the butt: 질리는 일, 성가신[고통을 주는] 일 note: 음표 tune: 곡조 score: 악보 piece: 노래 한 곡 treble clef: 높은음자리 bass clef: 낮은음자리 crimp on...: ...에 돈을 아주 적게 쓰다 verge on...: ...근접하다.

---

536 be up to...   ...하다

con» **Freda**

 O, what have you been up to tonight? Do you know what I did? I went down to that club ... that sort of, you know, that hoot club place? And, well, things did not go too well.

그래, 오늘 밤 뭐하고 계셨어요? 제가 뭐하고 온지 아세요? 그 클럽에 갔었어요. ... 그 뭐랄까 그 떠들썩한 클럽말이에요?. 그런데, 음, 별로였어요.

Camilla

Let us drink liquor. I think I have some sherry. I've been partial to sherry ever since the Duke of Nottingham use it as a tool of seduction.

술이나 한 잔 하자구. 세리주가 좀 있을 거야. 노팅엄 공작이 날 유혹하려고 [유혹의 수단으로] 셰리주를 먹인 이래 나는 이 술만 마셨지.

rf» be partial to...: ...만 좋아하다
exts» get it right.: 어떤 일을 잘 해내다 turn on..: ... 배반하다

con» **Freda**

Thanks. Nice book, right?

고맙습니다. 책 재미있어요?

Hunt

Oh, not bad. The author is not one hundred percent clear on all his facts. But then again, who is really?

아, 읽을 만해요. 작가가 사실에 대해 100 퍼센트 확실히 알고 쓰지는 않았지만요. 하지만 그렇게 따진 다면 어느 작가가 그럴 수 있겠습니까?

exts» enema: 관장액 quirk: 버릇, 기행 grassroots: 기초적인, 민초 retro: 복고풍 weed out: 필요 없는 것을 제거하다, 잡초를 제거하다 So be it.: 그럴 테지. be mad at...: ...화나다

---

con» **Camilla**

Well, he was not without a certain charm.

글쎄, 그 사람도 전혀 매력이 없지는 않은데.

Freda

Camilla, he broke into somebody's home. And, he probably needed us for a Satani ritual or something. And on top of all of that ... he pretended he was some famous high-and-mighty record producer.

카밀라 할머니, 그 사람은 주거 침입까지 했구요. 아마 우리를 어떤 사이비 종교의식 같은 곳에 이용하려구 했는지도 몰라요. 그리고 무엇보다도 ... 그는 자기가 뭐 지위가 있고 위세가 있는 녹음 프로듀서인 것처럼 행세했어요.

rf» And on top of all of that=Among other things=Above all: 무엇보다도 (우선)

exts» rogue: 사기꾼 건달, 불한당 nice touch: 기발한 수법 cloak-and-dagger: 스파이 활동 같은 out of thin air: 난데없이, 근거없이 keep tabs on...: ...을 감시하다 enough of...: ...은 이젠 그만

539　Things being as they are...　　상황이 이러하니...

rf»　위 표현은 '분사구문'으로 원래 표현은, 'As things are as they are...: 상황이 현재의 상태와 같기 때문에..' 에서 '접속사(As)를 생략'하고 '주어(things)를 생략'해야 하지만 주절의 주어(we)와 다르기 때문에 생략 못하고, are가 현재분사(being)가 된 형태라고 볼 수 있다.

con»　**Timmons**

 Things being as they are, we might as well turn around and head back.
상황이 이러하니, 우린 돌아가는 게 좋겠어.

Dunbar

This is my post.
이곳이 나의 기지요.

exts»　ether: 마취제 Let's coffee up.: 커피나 한 잔 하지. take cover: 지형, 지물을 써 숨다 major: 소령 mess (hall): 식당 lieutenant: 중위 report to ...: ...에 출두하다, 보고하다, 신고하다 seal: 도장, 인장 piss: 오줌 놓다(urinate). welt: 부풀어 오른 부위 stinking: 악취나는, 가치없는

540　man of weight　　영향력 있는 사람(influential man)

con»　**Dunbar**

 He is patient and inqusitive. He's eager to communicate. I conclude that he is a man of weight among his people.
그는 참을성이 있고 호기심이 많아. 그는 대화하기를 무척 좋아하지. 결론적으로 그는 그의 부족들 사이에 매우 영향을 가지고 있는 자이지.

KickingBird:

Buffalo.
Bufallo 말이지.

exts»　concern: 관심사 deserted: 사람이 살지 않는 garrison: 수비대, 경비대 ration: (식량 등을) 지급하다, 할당하다 ordinance: 병기(arms=weapon), 군수품 walk on eggs: 조심스럽게 행동하다 puny: 보잘것 없는, 미약한 trespass: 불법 침입하다 celebrity: 유명인사 scout: 척후병

---

541   take it very hard   매우 심각하게 받아들이다

ant»   take it easy: 편안히 생각하다, 안녕(So long)

---

con»   **Luke**

 Does Elizabeth know?
Elizabeth가 알고 있는가?

Anthony

Yeah, as a matter of fact, she helped me make up my mind. She's taking it very hard.

예, 사실상, 그녀는 내가 결정하는 것 을 도와주었소. 그녀는 그것을 매우 심 각하게 받아드리고 있지.

exts»   look-at-first-sight mistake: 무분별하게 한 번 보고 반해버리는 경솔한 사랑
love at first sight: 첫눈에 빠진 사랑 picky: 까다로운(choosy). turn down:
거절하다(refuse=reject). Hang on.: 잠깐만. see about...: ...에 대해 잘
생각해보다(ponder on...=sleep on...)

---

542   behave oneself   성실하게 행동하다(control oneself)

---

con»   **Anthony**

 No, don't scream! I'm not gonna hurt you! Come back here! Please don't run from me, will ya? Come on, You can scream all you like, young lady. I am through fooling around with you. From now we are going to play by my rules, is that clear? And that means that you're gonna stay in this room, and clean it up, and start behaving yourself, because we are really mad this time!

안 돼, 소리치지마! 너를 해치지 않을 거야! 다시 이곳으로 와! 나로부터 도망 치지 마. 자, 네가 원하면 소리 지를 수가 있어, 젊은 아씨. 더 이상 너를 놀리 지 않을 거야. 지금부터 우리 는 나의 규칙에 따라 놀 거야. 알아들어? 그것은 이 방에 있으며, 청소해야 하고, 성실하게 처신해야 한다는 뜻이야, 왜냐하면 이번에는 우린 정말로 화가 나있거든!

Marie

I understand. Anyhow I'm hungry.
이해해요. 어쨌든 난 배고파요.

rf»   fool around with...: ...를 놀리다 be clear: 알아 듣다

---

543   That's tough.   그건 힘든 일이네.

---

con»   **Marie**

I'm hungry.
배고파요.

Anthony

That's tough.
그건 안 되지(아무것도 줄 수가 없다는 뜻).

Marie

I said, "I'm hungry!"
"배고프다!"라고 말해잖아요.

Anthony

I said, "That's tough." What you gonna do about it?
"안 된다."라고 말해잖아. 어찌하려고 그래?

exts»   domestic: 하인(servant), 종 chamber maid: 몸종 maid in-the waiting: 시녀
eunuch: 내시 au pair girl: 숙식을 제공받고 가사를 돕는 외국 여자 Where was I?:
어디까지 했더라? watchword: 표어

---

544   made (A) into a laughing stock   (A)를 웃음거리로 만들다

---

con»   **Anthony**

I tried to explain ...
나는 ... 설명하려 했었다.

Nicole

You've made me into a laughing stock.
당신은 나를 웃음노리개로 만들었다.

Anthony

Look, it was a bad joke gone wrong...
자 보라구, 농담이 좀 지났쳤던 것 뿐이라구.

exts»   walk away with ...: ...을 갖고 달아나다 conglomerate: 복합기업 balance of
trade: 무역수지 handyman: 잡역부, 손재주 있는 사람 interest rate: 이자율 bond:
사채[채권]

545 **get mugged**　강도에게 습격당하다

con» **Brennan**

Well, it's a pleasure, Mister Reilly. It's about time they
brought them from the Force into here, right? I knew
your old man. It's cops like that made us 'the Finest'.
Lubin, you mazzatita, what the fuck took you so long?

글쎄, 좋구 말고, Rielly 씨. 경찰 요원들을 본부로부터 이곳으로 데려올 시간이
지? 나는 당신의 옛 친구를 알고 있었지. 이를테면 우리를 가장 훌륭한 정예부
대처럼 만든 것은 경찰들이지. Lubin, 당신 유태인, 도대체 왜 늦은 거야?

Lubin

I almost got mugged on the subway. Where were you
pricks when I needed you?

하마터면 지하철 안에 있는 강도에게 습격당할 뻔했지. 필요할 때 당신 멍청이
들을 어디 있었어?

rf»　What the fuck took you so long?=What's the fuck keeping you?: 도대체 왜
이렇게 늦은 거야? mug: 강도가 습격하다 pricks=idiot.: 바보, 멍청이

exts»　background: 경력 left wing: 좌익 hold on to=keep=maintain: 유지하다
stenographer: 속기사 after-hours joint: 통상영업이 끝나도 계속 영업을 하는
술집 jeez[geez]=geewhiz: 감탄사 tail: 미행하는 사람 senile: 노쇠한, 고령의
tight=close: 사이가 가까운 fag: 동성연애자 nut case: 매우 미친 사람 junkie: 마약
중독자 buck=dollar. complicity: 공모(conspiracy), 연루 airtight: 빈틈이 없는

317

con»   **Reilly**

Nancy, please. Going to your mother's?

Nancy, 자, 당신의 어머니 댁으로 가는 중이요?

Nancy

Of course, you got a tap on us.

물론이지, 당신 우리말에 도청하고 있었구나.

Reilly

And a tail on Robby, so I knew when you'd be going out.

Robby 에 대한 미행자가 있어, 당신이 외출하려고 할 때를 알았지.

Nancy

It figures.

그거 말 되네.

gr»   mother's (home): 엄마의 집 (영어에서는 ... 장소를 표현할 때 그 장소를 구체적으로 표현하지 않고 '명사's'만 쓰기도 한다.

ex»   I'll visit Jackie' (store 생략) and now he owns a big book store.

rf»   It figures.=It makes sense. tail: 미행(자), 미행하다 put a tail on...: ...미행시키다

---

con»   **Chapman**

Hey look, don't tell on the telephone. I'll see you tomorrow, all right?

이봐, 전화로 말하지 말라구. 내일 만나자구, 괜찮지?

Valentine

Chap ... Chappie man ... I'm ... I'm all shook up, man. This fucking guy's scaring me, man.

Chap ... Chappie... 이보게, 나는 ... 짜증 난다구: 이 버릇없는 놈이 나를 무섭게 하고 있지.

Chapman

Look, have a good day off.

이보라구, 하루 멋진 휴가를 가지라구.

rf»   take[have] a day off=take[have] a holiday: 하루 비번[휴가]을 갖다

con» **Bloomfield**

Oh, shit... Have you told Kinn?

오, 제기랄... Kinn에게 말했니?

Reilly

I can't, Bloomey, He's in it.

못했어, Bloomey, 그도 한 패거든.

Bloomfield

My goodness, Kinn?

아뿔싸, Kinn이?

---

549 This'll do trick.　　그건 효과가 있지.

---

con»　**Peg**

　... But your complexion is so fair. Now this has a touch of lavender in it. Give it a try here. Close enough. This' ll do the trick. I have another idea. We'll cover up the scars and start with a completely smooth surface.

... 그러나 당신의 용모는 매우 하얗죠. 지금 이 안에는 소량의 라벤더가 있죠. 여기를 시도해봐요. 충분히 색조가 맞네요. 효과가 있을 거예요. 또 다른 생각 이 있죠. 상처부위를 덮고 완전히 부드러운 표면을 가지고 시작하는 거예요.

Joyce

Yeah. I'll try.

한 번 해볼게요.

exts»　combat simulation: 모의 전쟁 gig: 공연, 연주, 할당된 일 Show her in.: 그녀를 들여보내. picture=imagine. fagot: 싫은 여자 hold out against=resist. happy hour: 술집의 염가 또는 무료 봉사하는 시간

---

550 They makes a thing.　　그건 어떠한 일에 있어 성공을 보장해주지.

---

con»　**Peg**

　You really can't have a picnic or a barbecue without deviled eggs. They're just best. They makes a thing. Oh, dear! That' wonderful. I didn't know you chopped it all. ... Just be yourself.

당신은 정말로 양념 찐 계란 없이는 소풍이나 바비큐파티를 가질 순 없지. 그것 들이 최고야. 그것들은 어떤 일에 있어 성공을 보장해주지. 오, 아뿔싸, 정말 멋 진 데. 나는 당신이 그것 전부를 다져놓은 줄 몰랐어. ... 자연스럽게 행동해.

Joyce

Oh, I'll.

오, 그럴게요.

rf»　deviled egg: 완숙으로 삶은 달걀을 세로로 반으로 자르고 노른자를 빼낸 후 이것과 여러 재료들을 섞어 속을 채워 완성하는 음식

exts» double portion: 2인분 precinct: 경찰지소 It suits you.: 그것 너에게 매우 잘 어울린다. jerk: 얼간이, 멍청이 It's done.: 계산됐습니다(It's all set.). push around: 못살게 굴다 usher in: 선도하다, 창시하다 stick with...: ... 일에 계속 열중하다

---

551   You take my breath away.   당신은 나를 놀라게 해.

---

con»   **Joyce**

I was hopping for something big and bouffant. Kind of like me. Don't you worry, Kisses. You'll be just fine. You'll be so pretty. Eddey, is there something you can do? <u>You take my breath away.</u> I swear. Look at this. Have you ever cut a woman's hair? Would you cut mine?

나는 무언가 크고 불룩한 것을 바라고 있어요. 다소 나 같은 것 말이에요. 걱정하지 말아요, Kisses. 당신은 괜찮을 것예요. 당신은 매우 아름다울 거요. Eddey, 당신이 할 일이 있나요? 당신은 나를 깜짝 놀라게 해요. 맹세해요. 이것을 보세요. 여자의 머릿결을 다듬은 적 있나요? 나의 것을 다듬어 주실래요?

Peg

Sure.

그러죠.

---

552   Were you set up?   속은 건가요?

---

con»   **Reporter**

(to Edward) <u>Were you set up?</u> What was going through your mind? One comment.

(Edward에게) 당신은 속은 건가요? 당신 마음에 무엇이 스쳐 지나가나요? 한 가지 말할 게 있어요.

Peg

We don't want to talk to you.

우린 당신에게 말하고 싶진 않소.

con» **Councillor**

I'm absolutely sure the vote will <u>go in favor</u>. The job recreation angle is enough to ensure it. <u>There were three or four holding out against it</u>, but we did a little deal over central heating in the tenement buildings. <u>I think it will be a blanket vote</u>. You're sure of this, John?

나는 그 투표가 유리하게 작용하게 될 것이라고 확신해. 일자리 창출 계획이 충분히 보장하거든. 그것에 저항하는 서너 명이 있었지, 하지만 우리는 세들은 건물 속에 있는 중앙난방에 대해 거의 협상하지는 못했어. 전적으로 찬성 투표가 있는 거라고 생각해. 당신도 이것을 확신하지, John?

John

Absolutely.

그럼.

rf» blanket: 담요, 포괄적인, 전반적인
ex» blanket vote: 전반적인 (찬성) 투표

---

rf» helping: (음식물의) 한 그릇
ex» second helping: 두 그릇째

con» **Tony**

Is there plenty?

충분한 양이 있니?

Kate

<u>I can give you a double portion</u>.

너에게 2인분을 줄 수가 있어.

Patric

Do it.

그러게.

Don't give me any crap. 헛소리 하지마.

Kate

I tried to get a plane.
비행기를 타려고 노력했지.

Manager

Don't give me any crap about a plane., Okay? You're late, we're busy. Get changed. This is happy hour.
비행기에 대해 헛소리하지마, 알겠어? 늦었다구, 우린 바빠. 마음 바꾸라구. 이건 서비스 시간이야.

rf» crap: 헛소리(=nonsense=rot). happy hour: 술집의 무료 또는 염가 서비스를 하는 시간

---

556 **set ... up** ...위험에 처하게 하다

con» **Finney**

You're setting me up, Brendan?
당신은 나를 위험에 처하게 하는군요, Brendan?

Brendan

No, Mr. Finney.
아니오, Finney 씨.

gr» set up은 매우 많은 뜻이 있으므로 문맥에 따라 적당히 해석해야 한다. 기본적으로 set는 '...을 두다, 놓다, 설치하다, 준비시키다' 등의 뜻이 있고, up은 '위로, 또는 앞의 동사의 의미를 강조'하는 '부사[구체적으로는 해석하지 않음]'이다. 때문에 이를 잘 조합하여 문맥에 따라 적의 해석하면 된다.

con»   **Finney**

They want me to sell the club, Brendan. I don't want to. I just don't like being pushed around. The band are playing at the Polish Club tonight. Jean's got the address. I want them there by eight o'clock.

그들은 내가 클럽을 팔기를 원해, Brendan. 나는 그러고 싶지 않아. 못살게 괴롭힘을 받는 것을 원하지 않아. 그 밴드가 오늘 밤 폴란드인 클럽에 연주하고 있다. Jean이 주소를 가지고 있지. 8시까지 거기에 그들을 만나고 싶어.

Brendan

Right, okay.

알았어, 좋아.

558   be poised to...   바야흐로 ...하려 하는

con»   **Penny**

 Forty years old businessman, Michael Bergman' s name has <u>become the name on everyone's lips</u> in Tinseltown tonight. ... Just five years ago, Michael Bergman was unknown. <u>He's now poised to become a major player in the toughest game in town.</u>

40년 묵은 사업가, Michael Bergman의 이름은 오늘밤 Tinseltown 에서 <u>모든 사람의 입에 오르내리고 있습니다.</u> ... 단지 5년 전에, Michael Bergman은 알려져 있지 않았습니다. 그는 지금 바야흐로 시내의 가장 어려움 게임에서 중요한 선수가 되려고 합니다.

Michael
I'm ... I'm one of the great believers. I think that's the secret really.

나도 그 점에 관해 가장 믿는 사람 중의 한 사람이죠. 그것은 정말로 비밀이죠.

559   I am just a new kid on the block.

나는 상황을 잘 모른다.

sit»   어떤 거주지에 오게 된 새로운 아이에 불과하니 모든 것이 생소할 것이다. 흔히 쓰는 표현에서 지리를 잘 모를 때 'I am a stranger here.=I am new to here.'이라고 하는 것을 보면 이해가 가능하다.

syn»   I'm new to the situation.

con»   **Michael**

 (on TV) We're dealing with a very powerful medium. and ... a lot of us in the business have made a lot of money and given nothing back. We've danced while Rome burns. But now it's clear. <u>I'm just a new kid on the block.</u> And I'm sure that a lot of my peers are going to ... well, <u>they'll object to my comments.</u>

(TV 상으로) 우리는 매우 강력한 매체를 다루고 있습니 다. 그리고 ... 그 사업에 종사하는 우리들 중의 많은 사람들이 돈을 벌어왔고 아무것도 보상받지 못했습니다. 우리는 로마가 불타는 것 을 보고 그저 춤춘 격이 되어왔지요. 그

러나 지금 그것은 분명합니다. 나는 그러한 상황에 생소하지요. 그리고 나의 동료들이 ... 잘 하리라고 확신합니다, ... 글쎄요, 그들은 비평에 대해 반대할 것입니다.

Sharp

I agree with you.

저도 동의합니다.

exts» opening: 결원, 일자리 He's limit.=He is very busy. set eye on=have interest in...: ...에 관심이 있다 I'm lost..=(1)I have no idea. (2)I went astray.

---

560 breathe down one's neck   ...에게 압력을 가하다

syn» put pressure on ...

con» **Michael**

 Don't you fucking understand? I've got the whole government breathing down my neck right now, I can't deal with this shit!

너 도대체 이해하겠니? 지금 당장 정부 전체가 나를 압박해오고 있고 나는 이 것[이따위]을 대처해 나가지 못하겠어.

Sharp

It's not going to be a problem.

그건 문제가 되지 않을 거야.

exts» be doomed to=be sure to. be poised to...=be at the point of...: 막 ...하려하다 fuck up: 〈비어〉 망치다(mess up=goof up). be back on track=be back to normal: 정상으로 돌아오다

---

561 hang on by one's fingernails   매우 어려운 상황에 처해 있다

sit» 손가락이 아니라 '손톱들에 의해 걸려있다.'이므로 이해가 가능하다.

syn» be very in a difficult situation

con» **Michael**

 (into phone) Listen. I'm hanging on by my fingernails here. (Michael paces as he talks on the phone) I've got a cover. Yeah. Now listen. Now the banks are going to panic because of this fucking inquiry.

(전화상으로) 잘 들어. 나는 여기에서 어려운 상황에 처해있다구. (Michael

이 그가 전화상으로 말할 때 보조를 맞춘다) <u>나는 변명이 있다구</u>. 그래. 지금 잘 들어. 이제 그 은행들은 공황에 처할 거야 그 더러운 조회 때문이지.

Stockton

There's some truth in it.

일리가 있어.

rf»   There's some truth in it.=You've got a point there.: 일리가 있어.

---

562   be back on track

정상으로 돌아오다(be back to normal=get right back on the track)

---

con»   **Michael**

Maybe not, bullshit! (Piggott and Sharp exchange glances. Michael watches.) No, maybe not. No, maybe not. No. He's out. He's out. <u>As of tomorrow</u> he's out.

아마 그러지 않을 거야, 제기랄. (Piggott와 Sharp가 눈빛을 교환한다. Michael이 지켜본다.) 아니야, 아마도 그러지 않을 거야. 아니야. 그는 퇴출 될 거야. 그는 퇴출 될 거야. 내일로써 그는 퇴출될 거야.

Stockton

Well, everything else is back on track.

글쎄, 그 밖의 어느 것도 정상으로 돌아올 거야.

Michael

I don't want to have anything more to do with them.

난 그들과 해야 할 어느 것도 갖기를 원하지 않아.

rf»   as of...: ...로써[부로]

ex»   As of today, this law will be enforced.: 오늘부로 이 법은 발효될 것이다.

563　I don't give shit.　상관없어.

syn»　I don't care.=〈비어〉 I don't give fuck.

con»　**Stockton**

I know that but ... what kind?
나는 그것을 알고 있지 그러나 ... 무슨 종류?

Michael

I don't give shit! Just fucking eat it!
상관하지 않아! 그냥 처먹어!

rf»　the fuck=the fucking: 욕을 나타내는 비어(vulgar word)로써 문장 속에 집어넣어
쓰지만 점잖은 표현에서는 쓰면 안 된다.

564 Let it lie.　　　잊어버려.

syn» Forget about it.

con» **Armyofficial#1:**

 We've been watching you and your friends. Frightening people with foolish talk about army experiments. You're in over your head. Men drown that way. The army was another life. Let it lie. I hope we've made our point.

우리는 당신과 당신의 친구들을 쭉 지켜왔다. 병영 생활 체험에 관해 어리석은 대화를 가지고 사람들을 놀라게 해왔다. 당신이 이해하기에는 힘들어. 사람들은 그런 식으로 물에 빠져 버리지. 병영 생활은 또 다른 삶이었지. 잊어버려. 우리의 요점을 정리했기를 바래.

Jacob

(shouting) Help!

(소리 지르며) 도와줘!

exts» go for=enjoy=have a preference for. ninny: 매우 어리석은 사람 what's his[her, their, its] name: 거시기 뭐더라, 아무개라는 사람, 모모

syn» what do you call it=whatchamacallit=what you may call it=what's it=thingumbob: 거시기 act up: 고통을 야기시키다 bag lady: 집 없는 여자들 shake it: 광란적으로 몸을 흔들다 hold on: 침착하게 있다 shrink: 정신과 의사 bad grass: 마리화나 Let it lie.=Forget about it.

---

565   How do you rate?   왜 당신은 특권을 누립니까?

---

con»   **James**

(James offers cigarettes to Blake) Here, take one of these. Take a couple for later.

(James가 담배를 Blake에게 건넨다) 자, 이것들 중 하나를 가져가라구. 나중을 위해 두 개 가져가라구.

Blake

Tailor-made. How do you rate?

주문된 거야. 왜 당신은 특권을 누리는 거야?

James

Casey scored 'em for me. You don't trust him?

Casey가 나를 위해 그것을 구했지. 당신은 그들 믿지 못하나?

rf»   tailor-made=custom made: 주문품의

cf»   ready made: 기성품의

exts»   cook up: 날조하다 yap: 시끄럽고 의미없는 말 narcotics: 마약 smack: 헤로인 weed: 마리화나(marijuana). stuff: 마약, 헤로인, 마리화나 parole: 가석방 probation: 집행유예 crap: 원하지 않는 일 middle man: 중재인(broker). dime rap: 10년 선고 embezzlement: 돈사기 scam: 신용사기

---

566   This place is twisted.   이곳은 피곤한 곳이야.

---

con»   **Butch**

It's okay now. It's okay.

지금 좋아요. 지금 좋아.

Blake

This place is twisted. (sighing)

이곳은 피곤한 곳이야. (한숨을 쉬며)

exts»   dough=money. cabbage: (지폐)buck. naked: 취약한, 발가벗은 rancid: 냄새가 고약한 laxative: 변비 치료용 하제, 완화제 prod: 자극제, 흥분제 live by: 규칙에 따라 행동하다 protective custody: 보호 감금, 예비구속

syn» inform...

con»

Blake

You all healed up?
당신 모두는 다 나았지?

Porter

Oh, yeah, pretty well. I brought you some fresh ones.
오, 예, 매우 잘. 당신에게 신선한 것들을 가져왔죠.

Blake

We can use them ... one of the guys that's been around here awhile and we'll fill you in. With one rule around here and it's the law.
우리는 그것들을 사용할 수 있지 ... 잠시 동안 여기에 있었던 저 녀석들 중의 하나 ... 그리고 우리가 당신께 알려줄게. 여기에 존재하는 한 가지 규칙과 더불어 그것은 법이지.

---

568 **When are you going to make the move?**

계획하고 있는 것을 언제 하겠소?

---

con»

Johnny

I've been watching you two. Yes, Miss Curtis. Nooo, Miss Curtis! (laughing) I may have motor control damage, but I'm not ... blind. When are you going to make the move?
나는 당신 둘을 지켜봤소. 그래요, Curtis 양. 아아아니오, Curtis! (웃으며) 나는 운동 신경에 무리를 가질지 모르오, 하지만 나는 맹인이 ... 아니오. 계획하고 있는 것을 언제 하겠소?

Blake

Do you have a card or not?.
당신은 카드를 가지고 있소 안 가지고 있소?

rf» make the move: 행동으로 옮기다

569 keep it down

조용히 하다(shush, sh)

con» **Blake**

You've never done it?
당신은 그것을 결코 하지 않았니?

Johnny
Keep ... it ... down.
조오.. 요 ...용.

Blake
Nothing? Nobody? What about girl friends? A nurse's aide.?
아무것도 안 했어? 아무와도 아니야? 여자 친구들은 어떻게 생각해? 간호보
조원이야?

exts» Screw it.=I don't know.=I have no idea. fly: 지퍼(zipper)

570　brighten up one's day　　기분 전환하다

syn»　refresh oneself=divert oneself

con»　Adam

 We're going to start off with a little facelift. Nothing like a new dress to brighten up your day.
치장을 하자. 기분전환에는 새 옷을 입는 게 최고야.

Bob

What seems to be the problem?
문제가 뭐죠?

571　That's the spirit.　그 정신 높이 살 만하다., 잘 생각했다., 좋은 자세다.

con»　Bernadette

 I can't just sit around here crying all the time. My mascara keeps running. I look like a racoon.
매일 훌쩍이는 일도 지겨워. 마스카라가 계속 흘러서 너구리같이 보여.

Tick

Good girl. That's the spirit.
좋아. 잘 생각했어.

rf»　spirit: 정신, 사기, 영혼, 기운

572　mouth the words to other people's songs.
다른 사람의 노래를 립싱크하다(lipsynchronize other people's songs)

con»　Bob

 Why not? I'll ask at the pub. Everybody would love it. What kind of cabaret do you do?
왜죠. 내가 술집에 말해놓겠어요. 모두 좋아할 거예요. 어떤 쇼를 하죠?

333

Adam

We dress up in women's clothes and parade around
mouthing the words to other people's songs.

여장 옷을 입고 돌아다니며 남의 노래를 립싱크하는 거예요.

---

573   **dish out the compliment**   칭찬을 늘어놓다

---

con»   **Adam**

Keep dishing out the compliments! Flattery will get
you everywhere. Where's your lovely wife?

계속 칭찬해요! 아부하면 성공할 거예요. 사랑스러운 아내는 어딨죠?

Bob

She's at home. She's not allowed in the pub any more.

집에 있어요. 더 이상 술집에 받아주지 않아요.

rf»   dish out: 접시에 나누어 담다, 나누다 Get you everywhere: '당신을 모든 곳에
도달하게 한다' 이므로 '당신을 성공시키 다'의 뜻이다.

cf»   get you nowhere: 당신을 성공시키지 못한다

---

574   **something**   대단한 사람, 대단한 것

---

con»   **Adam**

Quite a wife. Tick

대단한 여자야, Tick.

Tick

She sure is something.

매력적이고 말구.

rf»   something의 반대말은 nothing으로 '별 볼일 없는 사람[존재]'이라는 뜻이 있다.

gr»   이때의 sure는 surely(확실히)라는 부사다.

---

575 **chip in** 　　　　기부하다(donate=contribute), 돈을 각출하다

---

con» **Vito**

 If it's a matter of money, I can chip in with a few bucks.
돈 문제라면, 제가 좀 몇 달러 대줄 수가 있습니다.

Elaine

Hmm! They wanna be the last.
흠! 두분들은 마지막까지 남고 계시고 싶은 거죠.

---

576 **class act** 　　　　일류, 뛰어남

---

con» **Adam**

 Boy ... You're a class act, Jessie. I still remember those stretch limoss out to Shea when I was twelve.
아뿔싸 ... 당신은 최고예요, Jessie. 나는 여전히 내가 열둘이었을 때 그와 같은 리-무-진들을 Shea에게 건넨 것을 기억하고 있습니다.

Jessie

Oh! (chuckles) Yeah, the porter was working off a gambling debt. It's a wonderful method to travel, huh? Cheers. (Jessie and Adam gulp down their drinks)
오! (껄껄거린다) 예, 그 짐꾼이 일을 하여 도박 부채를 갚고 있었죠. 그것은 여행하기에 정말로 멋진 방법이었소. 그렇죠? 건배. (Jessie와 Adam이 그들의 술을 꿀꺽꿀꺽 마신다).

rf» 　work off: 노동을 하여 ... 없애다

con»   **Doheny**

That's me. You were too little to run in.

그게 바로 나요. 당신은 너무 어려 싸울[입씨름] 수가 없어.

Jessie

He means Vito was too little to shake down. Danny
here would pinch me, then when I made bail, he'd
come right upstairs and sell me back my own slips.

그의 말은 Vito가 너무 어려 돈을 뜯어 먹지 못한다는 말이요. 여기 있는
Danny가 나를 꼬집었고, 그리고 나는 보석금을 만들었을 때, 그는 이층으로
와 내가 가지고 있던 제비[전표]를 나에게 다시 팔았소.

---

578   **break one's ass**   엄청나게 노력하다

(have one's nose to the grind stone=bend over backwards)

---

con»   **Vito**

Now that was unfair. You know I hate the fucking
meat business. I broke my ass to give you what he
never gave me.

지금 그것은 공평하지 않소. 당신이 알다시피 나는 육류사업을 좋아하지 않
소. 나는 그가 나에게 결코 주지 않았던 것을 당신에게 주기 위해 결단적으로
노력했소.

Adam

I never asked you for anything.

나는 당신에게 어떠한 것도 요구하지 않았소.

con» **Jessie**

Now ... then, my lucky lads, let's catch up on a little family business, hmm?

이제 ... 그러면, 나의 운 좋은 사람들이여, 그 작은 우리의 가족 사업을 만회해봅시다.

Vito

Yeah. Nothing like a good robbery to bring a family close.

예. 멋진 강도짓 말고는 어떠한 것도 가족을 결집시키지 못해요.

rf» catch up with...=over take...: ...따라 잡다
cf» keep up with...: 유행에 따르다

con» **Jessie**

Gene splicing. You know they're breeding chickens that weigh more than you or me. Try to keep current, Vito, hun?

유전자 접합. 당신이 알다시피 그들은 당신이나 나보다 더 무게가 나가는 병아리들 을 새끼치고 있소. 세상 돌아가는 것을 잘 알고자 노력하시오, Vito, 알겠소?

Adam

(Chuckles) Well ... uh, nobody knows what's gonna happen yet, but ... the possibilities look limitless. The small companies which are in it first are hoping to be the IBMs and the Bell Telephones twenty years from now.

(껄껄거린다) 글쎄 ... 어, 어떤 사람도 아직 무슨 일이 일어났는가 알지 못하오, 하지만 ... 가능성들은 무한하오. 그 분야에 일류인 소규모 회사들이 지금으로부터 20년 후에 IBM이나 Bell Telephone 같은 회사가 되기를 바라고 있소.

581 see through ...　　...을 간파하다

con» **Elaine**

I know you don't wanna hear this, but Adam's leaving
school isn't the end of the world. He's still growing
up, and you know what? He'll outgrow Jessie. He'll
see through him. He's your son, Vito. You'll see.
당신이 원하지 않지만, Adam이 학교를 그만둔 것이 곧 세상의 종말을 의미
하는 것은 아니오. 그는 여전히 잘 자라고 있고, 당신도 알고 있잖소? 그는
Jessie보다 더 크게 성장할 것이오. <u>그는 그의 인품을 알아볼 것이요.</u> 그는
당신의 아들이니까, Vito. 당신은 알게 될 것이요.

Vito

(sighs) (한숨을 짓는다)

Elaine

Am I Wrong?
내가 틀렸단 말이요?

rf»　　see-through: 비쳐 보이는 옷, 비쳐 보이는, 간파하다

---

582   **spitting image**   그대로 닮은 것

syn»   spit and image

con»   **Doc**

 Pull out your pants pockets. Today's kids wear their pants inside out. (Doc hands Marty a cap)
바지 주머니를 빼놔. 여기 아이들은 바지를 뒤집어 입거든. (박사는 Marty에게 모자를 건네준다)

Doc

Put on the cap. You're the spitting image of your future son. Help me move, Jennifer!
그 모자를 써라. 이제 너는 미래의 네 아들과 완전히 닮은꼴이야. 자! Jennifer, 옮기는 걸 도와주렴.

Marty

What's the deal?
이제 어쩌시려구요?

rf»   inside out: 뒤집어
exts»   upside down: 거꾸로 on the tick: 정각에(on the dot=punctually=sharp)

---

583   **Are you in or out?**   그 일에 가담할 거야 안 할 거야?

syn»   Are you involved or not?

con»   **Doc**

 ... He'll ask you about tonight. "Are you in or out?" Tell him you are out! Whatever he says, say you're not interested. Then leave and wait here for me. Don't talk to anyone. Don't touch anything. Don't interact with anymore. And try not to look at anything.
그가 너에게 오늘밤에 대해 물을 거다. "가담할거야 안 할거야?"라고. 그러면 넌 빠지겠다고 말하라. 녀석이 무슨 말을 하든지 너는 관심이 없다고 해. 그런 다음에 거길 나와 여기로부터 날 기다리는 거야. 아무하고도 말하지 말고, 아무것도 만지지 말라. 아무하고도 상대하지 말고, 또 아무것도 보려고 해서는 안 돼.

Griff

I'll keep that mind.

명심하겠습니다.

exts»   try: 재판에 회부하다, 심리하다 short circuit: 전기 누전 gramps=grand father

cf»   granny=grand mother. crack shot: 사수의 명수 geeky: 기괴한 wimp: 겁쟁이, 못난이 punk: 풋내기, 불량자 chicken: 애송이, 겁쟁이 suspended animation: 가사상태, 인사불성 break loose: 도망치자, 속박을 벗어나다

---

584   I was framed.   나는 누명을 쓰게 되었다.

---

con»   **Griff**

I was framed! (Doc takes out the card binoculars and watches the activity. He compares it to the headline.)

나는 누명을 쓰게 되었어! (Doc이 카드로 된 쌍안경을 꺼내 그 활동을 관찰한다. 그는 그것을 헤드라인과 비교한다.)

Doc

Yes! Yes, of course! Because of this hoverboard incident, Griff now goes to jail!

맞아요! 맞아. 물론이지! 이 hoverboard 사건 때문에, Griff는 지금 감옥에 가게 된 거야!

exts»   place a few bets=make a bet: (돈) 내기하다 pitfall: 함정, 책략 on the side: 부업으로(as a second job), 덤으로(into the bargain)

585   I'm on him.   나는 그를 미행하고 있어.

syn»   I'm following him.=I've him covered.=I am tailing him.=I am stalking him.

con»   **Marty**

(into walkie-talkie) Doc, it is Biff's house. I'm on him. Over.

(무전기에 대고) Doc. Biff의 집이야. 그를 미행하고 있다고. 이상.

YoungTerry

Okay, unhook it.

좋아요. 통화해요.

exts»   face lift: (얼굴 보정) 성형수술 plastic surgery: 성형수술 pass out=faint: 기절하다 gag: 속임수(trick). knuckle sandwich: 주먹으로 한방 먹이기 detention: 구류, 구금 slacker: 게으름뱅이

Sex, Lies and Videotape

586 **filly** 젊고 매력적인 여성

con» **John**

I wish I had Super Bowl seats for every time ... some
filly started talking to me without any provocation. It'
s critical, just marvelous.

매번 슈퍼볼 게임 입장권이 생겼으면 좋겠어. 그러면 일부 젊고 매력적인 여자
들은 어느 자극 없이도 내가 말을 걸어오거든. 그건 결정적인 수단이지, 효과
가 대단해.

Colleague

That's happened before you got married.

자네가 결혼하기 전에도 그랬잖아.

rf» filly: 암망아지, 말괄량이, 매력 있는 젊은 아가씨
cf» colt: 숫망아지 provocation: 자극, 도발, 분개
exts» weird: 기괴한 mortgage: 집을 살 때 은행융자의 대출금의 월부금 down payment:
할부금의 첫 지불액 deposit: 계약금 security: 보증금

587 **slack off** 점점 뜸해지다

con» **Ann**

Oh, yeah. Sure. Yeah. Except for I've never been
much into sex. I mean, I like it and everything. But
you know, I just don't think it's such a big deal. And I
wouldn't miss it, you know. But ... lately I've been kind
of curious about how things have slacked off.

그럼요. 괜찮았어요. 단지 그 관계를 그다지 즐기지 않았다는 것만 빼고요.
제 말은 그냥 모든 게 괜찮았어요. 그렇지만 아시다시피 그건 그다지 중요한
일 같지 않아요. 또 별로 원하지도 않았죠. 하지만 ... 요즈음에는 왜 개가 뜸
해지게 됐는지 이상한 생각이 들었어요.

Therapist

Perhaps he senses your hesitance at being touched.

당신이 애정받는 것에 꺼려하는 걸 알게 되었나 보죠.

rf»   be into...: ...에 흠뻑 빠지다
exts»   up to...: ...을 할 수 있는, ...할 준비가 되어있는

---

588   **be up to ...**   ...할 준비가 되어있다, ...할 수 있다

con»   Therapist

So it was recently when you tried this?
그럼 그것이 최근의 일이었나요?

Ann

Well, it was <u>kind of</u> recently, but not <u>real</u> recently. <u>I am just not up to having a guest in the house.</u>
음, 다소 최근이라고 할 수 있겠죠, 하지만 그렇게 <u>진짜</u> 최근의 일은 아니에요. <u>어쨌든 전 집에서 손님을 맞을 준비가 안 되어 있어요.</u>

exts»   revolve around...: ...에 집중시키다, ...주위로 돌아가다 get-together: 비공식적인 모임(social gathering). perverse: 비뚤어진 lousy lay: 시시한[성적 대상의] 여자 cliche: 케케묵은 말, 상투어. freelance: 자유로운 입장으로 활동하다 somber: 칙칙한 pry: 남의 사사로운 일 따위를 캐다 grill: 심문하다 extrovert: 외향적 성격의 소유자 loud: 야한(showy), 품위 없는, studio apartment: 방 하나와 부엌, 목욕탕으로 구성된 조그만 아파트 rip off...: ...을 훔치다, 빼앗다 vibe: 〈구어〉 인상, 성격, 감정

---

589   **come up**   언급되다, 화제가 되다

con»   Graham

I'm sorry this came up.
이것이 문제가 되어 죄송해요.

Ann

No, I'm sorry. I'm sorry this came up. I'm gonna go. (Graham gestures to Ann's glass of iced tea.)
아니요, 제가 죄송해요. 이 문제가 야기되어 제가 죄송해요. 가보겠습니다. (Graham이 Ann의 얼음 탄 tea잔을 가리킨다.)

590　make a pass at...　　...에게 치근덕거리다,

성적으로 야릇한 눈길을 보내다(give a bedroom eye=make a glad eye)

con»　**Cynthia**

What happened? Did he make a pass at you? What's this strange <u>bullshit</u> suddenly? Is he drowning puppies?

무슨 일이야? <u>그가 너를 치근거리기라도 했단 말이냐?</u> 이 '괴상한' 작자는 도대체 무엇인가? 물에 빠져 익사 직전의 강아지라도 된다는 말인가?

Ann

It's nothing like that.

그 같은 것은 절대 아니야.

rf»　shit는 이처럼 어떤 것을 비속적으로 표현할 때 문맥에 맞게 사용한다
exts»　paranoia: 편집병 intricate: 복잡한, 뒤얽힌 non-verbally: 비언어적으로

591　turn the table　　주객이 전도되다

(have[get] shoes on the other foot)

con»　**Graham**

I don't find this turning the tables very interesting.
주객이 전도되는 것이 매우 흥미롭다는 것을 알지 못하겠어.

Ann

Well, I do. Tell me why, Graham. Why?
글쎄, 나도 그래. 이유를 대 봐. 왜 그래?

---

592   shrink from...   ...로부터 꽁무니를 빼다

syn»   have[get] cold feet

con»   **JohnFKennedy**

 ... of maximum danger. I do not shrink from this responsibility. I welcome it! (Audience applaud.) Let the word go forth from this time and place that the torch has been passed to a new generation of Americans, born in this century. ...

최고의 위험의. 나는 이런 책임을 회피하지 않습니다. 오히려 기꺼이 짊어지겠습니다! (관중들이 박수를 친다.) 이 시간 이 장소에선 나는, 이제 그 횃불이 이 시대에 태어난 새로운 미국인 세대들에게 전달되었다고 생각합니다. ...

Ron

I really think so.

저도 정말로 그렇게 생각합니다.

exts»   twilight: 막연한, 불확실한, 땅거미(dusk) ↔ dawn. shrink from...: ...을 피하다, ...로부터 꽁무니를 빼다 bullshit: ⟨속어⟩ 허튼 소리(riot=crap). prom(enade): ⟨구어⟩ 미국 고교, 대학 등의 공식 무도회

---

593   for a change   여느 때와는 달리, 변화를 주어

con»   **Mr.Kovic**

 Let's do some work for a change.

기분전환을 위해 어떤 일 좀 하자.

Ron

Section three you want me to put this in?

당신은 내가 이것을 제 3란에 넣기를 바랍니까?

exts»   executive[senior] officer: 선임장교 pop up: 갑자기 튀어나오다 bring down=destroy: 전복시키다(turn over), 파괴하다 dorm=dormitory(기숙사) dummy: ⟨구어⟩ 멍청이, 바보 Yo=Hey, Look here.: 사람의 주의를 집중시킬 때 쓰이는 감탄사 Give some air.=Don't pressure so much.: 그렇게 몰아붙이지 말라. sweep ... under the rug: 문제 따위를 숨기다 back off: 괴롭히는 것을 그만두다.

594 spit it out 숨김없이 말하다(speak one's mind), 고백하다(confess)

con» **Ron**

A mistake? What is this? Uh, <u>spit it out</u>. Wha... you believe in demonstrators? Huh?

잘못이라구? 이게 뭔데? 어, <u>자백하라구</u>. 당신은 데모꾼으로부터 무...엇을 믿는다는 말야? 어?

Tommy

I ...

나는 ...

595 sweep .. under the rug (문제, 어려움 따위를) 숨기다, 덮어두다

sit» '...을 양탄자 속에 쓸어 넣는다.'의 뜻이므로 이해가 가능하다.

con» **Ron**

It just wasn't some nightmare, it happened! (over television) <u>And you're not just gonna sweep it under the rug</u> because you didn't like the ratings, like some television show.

그것은 악몽이 아니었어, 그건 단지 발생했을 뿐이야! (텔레비전을 통해) 그리고 여느 텔레비전 쇼 프로그램처럼 시청률이 맘에 들지 않기 때문에 당신은 그 일을 숨겨놓지는 않을 테지.

Veteran[4]:

(over television) That's right.

(텔레비전을 통해) 맞아.

596 You're gonna get a licking if you're late
늦으면 매를 맞을 거야.

sit» 이 말은 Ron이 동생더러 집에 늦게 들어가면 부모님께 벌을 받게 될 거라는 경고의 표현이다.

syn» get a licking=get a beating

con» **Max**

My folks caught me smoking behind the house.

집 뒤로부터 담배 피우다가 식구들한테 들킨 거 있지.

Sam

Your dad must have given you a licking.

아버님께 혼났겠구나.

gr» must have pp: ...했음에 틀림이 없다, ...였음에 틀림이 없다

---

597 I'm going in.   참가하겠다.

sit» 'go in' 하면 글자그대로 '...에 들어가다'라는 뜻도 있지만, 여기에선 그보다도 'enlist'나 'join'의 뜻으로 쓰인 경우다. 즉, '어떤 단체나 경기 따위에 참가하다'라 는 뜻으로 쓰였다. 이 장면에선 Ron이 해병대에 입대하겠다는 결심을 말할 때 쓰였다.

syn» I'll join in.=I'll take part in.=I'll participate in.

con» **Sally**

I heard that your brother is going in the Navy.

너희 오빠가 해군에 입대할 거더라.

Rossie

Yeah, he says he wants to make a career out of it.

응, 오빠는 해군 복무를 직업으로 삼고 싶대.

---

598 Right on.   동의하네., 물론이지.

sit» 우리말로 표현하자면, 누군가의 말에 전폭적인 찬성과 지지의 뜻을 표명할 때 'Right on.'이라고 말한다. 이 말은 특히, 공개석상이나 집회에서 연사가 하는 말에 동의할 때 자주 쓰인다.

con» **Candidate**

If elected, I'll build more playgrounds for our children.

내가 선택된다면, 우리 아이들을 위하여 더 많은 운동장을 지을 거야.

Crowd

Right on!

좋소!

exts» If (I am) elected(이처럼 '접속사' 다음에 '주어와 be동사'를 종종 생략한다.)

---

599   **bring out**   (색 등을) 돋보이게 하다(flatter), ...꺼내다

---

con»   **Eileen**

 <u>Blue brings out the color in your eyes</u>. Who wants the rest of the eggs?

푸른색은 당신의 눈 속에 있는 색깔을 돋보이게 합니다. 누가 그 계란의 나머지를 원하죠?

Duncan

Oh dear, should I? Okay, well maybe this once.

오 아뿔싸, 내가 가져야만 할까요? 좋아요, 글쎄 이번 한 번만요.

exts»   baloney: 허튼소리, 허황된 말 sumptuous: 호화스러운, 사치스러운 puke: 토하다(vomit=throw up), 토한 것 fuck around: 빈둥거리다 buck=dollar. Oh Crap!: 제기랄! Nope.: 아니오. ↔ Yep. send in: 참가 신청을 내다

---

600   **control the deal**

주도권을 유지하다, 우위를 지키다(take advantage over)

---

con»   **Nancy**

 My feet are kiilling me. Jim, look, my position is this. <u>I just think we have to control the deal</u>.

발이 아파 미치겠다. Jim, 봐라, 나의 위치[입장]는 이렇다. 난 단지 우리가 주도권을 유지해야 한다고 생각해.

Old Man

I mean, there's a lot of developers out there, with a lot of money, and I don't see why we shouldn't have some of it <u>on our own terms</u>. Well, we don't want a lot of strangers in this town.

내 말은, 저 밖에는 많은 돈을 가진 많은 개발업자들이 있다는 뜻이야, 그리고 왜 우리가 <u>우리 조건에 맞게</u> 그것의 일부를 갖지 못해야만 하는지 이해하지 못해.

rf»   on one's own terms: ...자신의 조건이나 요구 사항에 맞게
exts»   slob: 〈구어〉 게으름뱅이 He's got the balls.=He has courage. dunno=don't know. hot head: 성급한 사람(short-tempered guy=hot-tempered guy). one way or another: 이럭저럭, 이런저런 방식으로

con»   **Duncan**

I don't believe it! He'll do anything. <u>I tell ya he's got balls!</u> <u>Our brother's got balls!</u>

도저히 믿지 못하겠어! 그는 어느 일이라도 할 거야. <u>그는 대담성을 가지고 있는 게 분명하거든.</u> 우리 형제들은 전부 대담성을 가지고 있어.

Kit

C'mon ...

자 ...

gr»   I tell ya he's got balls.=I tell you he has got balls.
rf»   C'mon=Come on: 자, 어서, 정말[농담 마](다그칠 때는 다소 약간 빠르게 표현하고(come에 힘주어), 상대방의 말이 거짓이라고 생각할 때는 천천히(Come과 on에 힘주어) 말한다.)

con»   **Duncan**

Yeah!

예!

Kit

I like it.

난 그것이 맘에 들지.

Duncan

It works for me!

그건 나를 위해 도움이 되지!

Kit

What d'you say, hot head?

어떻게 생각해, 성질 급한 사람아?

Duncan

Huh?

어?

603 I've had it. 그만해., 충분해.

syn» That's enough for me.

con» **Jake**

... You boys are grown. The last one's out of school.
And I am through with <u>chickens</u>. I've had it. All this is
in a way of saying that uh, I've sold the business.
... 너희들은 성인이야. 막내가 학교를 마쳤어. 그리고 나는 <u>아가씨들</u>과 손을
끊었지. (질렸어) 그만해. 이 모두는 그처럼 말하는 또 한 가지 방법이 되지.
난 사업체를 매각했어.

Kit

I know about that, but...
저도 알고 있어요, 하지만 ...

604 My brain is fried. 나는 술로 혹사당했어.

con» **Brian**

That fast, huh?
그렇게 빨리, 어?

Nancy

Oh, my braimn is fried.
오, 나는 술로 혹사당했어.

605 dry run 예행연습

syn» rehearsal

con» **Nancy**

Look, I didn't know I'd actually win. I thought it was
just a <u>dry run</u>.
봐라, 내가 정말로 이겼는지 모르겠어. 단지 <u>예행연습</u>이라고 생각 했거든.

Brian

Or you would've dumped me a long time ago, right.
Because it wouldn't look so good for the mayor to be
seen out <u>robbing the cradle</u>.
그렇지 않았더라면 당신은 나를 오래전에 버렸을 거야. 시장이 자기보다 훨씬
<u>나이 젊은 상대와 교제하는 것</u>이 좋게 보이지 않기 때문이야.

rf» rob the cradle: 〈구어〉 자기보다 나이 어린 상대와 교제하다

exts» fortune hunter: 돈 많은 중년남자와 교제하는 젊은 여성 sugar daddy: 젊은 여성과 교제하기 위해 돈을 뿌리는 중년 남자 vote out (of): (...를) 투표에 의해 몰아내다 vote in...: ...로부터 선출하다 realtor: 부동산 중개업자 string along: ...를 속여 기다리게 하다 Let me down easy.: 나를 갑자기 실망시켰다. bullshit: 허튼소리, 엉터리

---

606 **Here's the deal.**   조건을 제시할 테니 들어봐라.

con» **Denny**

See, here's the deal, Kit. Your mom and I go back a long way. All the way to high school. And you know your dad and I were friends. I've got all the respect in the world.

자, 조건을 제시할 테니 들어봐라. Kit 당신의 어머니와 나는 먼 옛날로 거슬러 올라간다. 고등학교까지 줄곧 말이야. 너의 아빠와 나는 친구였다는 것을 알고 있겠지. 나는 세상의 모든 존경심을 한 몸에 받아왔지.

Kit

Yeah

그렇군요.

---

607 **come up with...**   ...생각해내다(think up), 생성해내다(produce)

syn» devise=think up

con» **Brian**

Thanks.

고마워요.

Duncan

Alright, this is what I came up with. 'Interests: Eating, sleeping, and sex. Goals: To be taller.'

괜찮아요, 이것은 내가 생각해낸 거예요. '흥밋거리: 먹는 것, 잠자는 것, 그리고 섹스. 목표: 더 키 크는 것.'

exts» take stock in...: ...에 관심을 가지다, ...믿다, 중요시하다, 주식을 구입하다 bum: 건달 bucko: 젊은이(bloke=fella=lad=fellow=chap). It's action packed.: 〈반어적인 표현〉 아무것도 아니야.

knock off　　결말을 내다, 해치우다, 해고하다

con»　**Jake**

Boss, when can we go home?
사장님, 언제 집에 가도 되나요?

Boris

Knock off early if you feel like it.
원한다면 일찍 하던 일을 마쳐라.

exts»　make one's point: 주장이 옳다는 것을 입증하다 Here's the deal.: 조건을
제시할테니 들어봐라.

609　**We'll have it out.**　　탁 터놓고 해결할 거야.

sit»　'have it out' 하면 관용적 표현으로 '어떤 견해 상의 다른 점을 진술한 토론이
나 결투로 문제를 해결한다'라는 뜻이다.

con»　**Joy**

That Prissy has been spreading stories about me again.
저 Prissy가 나에 관한 허튼 얘기를 퍼뜨려 왔어.

Glenda

You should have it out with that little gossip.
당신은 그 비열한 수다쟁이와 탁 터놓고 담판을 내야 해.

rf»　little gossip: 비열한 수다쟁이(chatter box)

610　**pull a fast one**　　감쪽같이 속여 넘기다

syn»　be tricky(or devious)

con»　**Vie**

How did he get into the concert without a ticket?
그는 어떻게 해서 표 없이 콘서트에 들어갔지?

Tammy

I guess that he must've pulled a fast one on the guy at the door.
그가 문에 지키고 있는 그 사내를 속여 넘겼음에 틀림이 없어.

---

611 **break one's back** ...을 굴복하게 하다, 굴복시키다

syn» make ... give in

con» **Boyce**

Now look, listen to me. They're trying to break our backs but we can't give in now.
자, 보시오, 주목하시오. 그들은 우리를 굴복시키고자 하고 있소. 그러나 우리는 지금 항복할 수 없소.

Harry
Fucking right!
제기랄 맞소!

exts» fairy: 동성애 남자 loot: 돈, 약탈품 bring ... down...: ...을 파멸시키다 freak: 변종, 괴물, ...광, 히피족

---

612 **have the nerve to...** 〈구어〉 뻔뻔하게도[대담하게도] ...하다

con» **Arthur**

In front of my mother, you have the nerve to lay here with this thing on?
나의 어머니가 보는 데서, 뻔뻔스럽게도 계속 이 일을 꺼낼 거야?

Mother
Leave him alone, Arthur!
그를 내버려 둬라, Arthur!

exts» filthy: 더러운, 부도덕한 degenerate: 성도착자(sexual pervert), 타락자 dump: 지저분한 곳, 누추한 곳 You bet.=Of course.=You may be sure.: 물론이지., 틀림없지. soul: 사람 spanking: 손바닥으로 아이의 엉덩이를 때리기 whore: 매춘부(prostitute) rumble: 노상 패싸움

613   get away with...　　　　...을 (처벌없이) 무사히 해내다

con»　　**Harry**

There ain't nobody gonna get away with nothin!
어떤 일로부터 처벌 없이 무사히 해낼 사람은 아무도 없어.

Vinnie

Yeah? So what you plannin' on doin' about it, Harry?
예? 그러면 그 일에 관해 무엇을 할 작정이야, Harry?

614   What's the idea throwing water out the window?
대체 어쩌자고 창밖으로 물을 버리는 거야?

sit»　　'What's the idea ...ing?'은 꼭 그 행동을 취할 목적을 알아내어 어떻게 하겠
다는 것이 아니다. '어쩌자고[대체 무슨 배짱으로] 그런 일을 했지?'라고 질책
하는 말이다.

syn»　　What do you have in mind?=Why do you do that?=What are you doing
that for?=How dare you do that?

con»　　**Walt**

What's the idea coming in here after I just waxed the
floor?
마루에 왁스칠을 끝낸 다음에 걸어 들어오는 것은 무슨 심보야?

Phil

I'm sorry. I didn't know.
미안해. 몰랐어.

exts»　　keep an eye on...: ...눈을 떼지 않다, ...을 관리하다, ...돌보다.

615   Men, you have my word.   여러분, 맹세합니다.

sit»   이 말은 꼭 어떤 결과가 되도록 보증하겠다는 약속이다. 여기의 'one's word' 는 '...에 대한 약속[맹세]'을 뜻한다.

syn»   have one's word=swear=take an oath=vow   맹세[서약]하다

con»   **Billy**

Dad, can I join the Little League this spring?
아빠, 올봄 리틀 리그 야구 대회에 참가해도 돼요?

Dad

Son, you have my word that if your school grades are good that you can join.
애야, 학교 성적이 좋으면 참가해도 아무 말 않겠다고 내 약속 하마.

exts»   clam: 〈속어〉 지폐 live through...: ...을 이겨내다, 버티어 나가다

---

616   We can't let the company get away with that.

우리는 회사가 그 건에서 교묘히 빠져나가게 해서는 안됩니다.

con»   **Max**

We can't let the company get away with that.
우리는 회사가 그 건에서 교묘히 빠져나가게 해서는 안 됩니다.

Vince

They're just trying to wipe out the union.
그들은 노동조합을 말살시키려 하고 있을 뿐입니다.

He's loaded. 그 사람 돈 많아.

sit» be loaded (1)돈이 많다(be deep in pocket=have money to burn) ↔ be hard up (2)술에 취하다

con» **Jeff**

Let's go out for lunch. It's on me.
점심이나 먹으러 갑시다. 이번에 내가 낼 테니.

Jennifer

You must be loaded today.
오늘 돈이 많은가 보구나.

rf» 술취한 정도를 영어로 표현하면 다음과 같다: sober(완전 멀쩡한), buzzed(아주 약간 취한), tipsy(알딸딸한), drunk(술에 취한), wasted(완전 취한), hammered(고주망태가 된), black out(필름이 끊기다)

---

618 **Whaddya say?**

(1)잘 있었나? (2)어떻게 생각하나?(What do you think?)

sit» 'You'를 구어로는 'ya'로, 'want to'를 'wanna'로 적는 것처럼 'Whaddya say?'는 'What do you say?'를 빨리 발음할 때 나는 소리를 그대로 적은 것이다. 위의 표현은, 맨 마지막 음절에만 강세를 주어 빨리 말하면, 'Hello, how are you?'이고, 이 말을 질문으로 쓰이면 'What is your answer[response]?'의 뜻이다.

con» **Ronnie**

Hi, Jerry, whaddya say, man?
안녕, Jerry, 잘 있었나?

Jerry

Hey, Ronnie. How's it going?
이봐, Ronnie. 어떻게 지내?

참고 자료

- Shadow Conspiracy (1997년, 액션/스릴러, 미국, 95분)
- The Relic (1997년, 공포/스릴러, 미국, 110분)
- Fargo (1997년, 범죄/스릴러, 드라마, 미국, 98분)
- Invasion of Privacy (1997년, 로맨스/액션, 미국, 94분)
- The Devil's Own (1997년, 액션/드라마/스릴러, 미국, 110분)
- Last of the Dogmen (1997년, 모험/서부, 미국, 118분)
- Absolute Power (1997년, 스릴러, 미국, 121분)
- Still Breathing (1997년, 코미디/드라마/판타지, 미국, 109분)
- Donnie Brasco (1998년, 범죄/드라마, 미국, 121분)
- Blue Juice (1998년, 코미디/드라마, 영국, 90분)
- From Dusk till Dawn (1996년, 액션, 미국, 110분)
- The Ugly Truth (2009년, 코미디/멜로/로맨스, 미국, 95분)
- The Assignment (2016년, 범죄/액션/스릴러, 미국, 96분)
- MS. Bear (1998년, 액션, 캐나다/독일, 102분)
- Mr. Bean (2015년, 코미디, 영국, 시리즈)
- Seven Years in Tibet (1997년, 드라마, 미국, 139분)
- Hard Men (1998년, 액션, 영국/프랑스, 86분)
- Pleasantville (1999년, 판타지/코미디/드라마/가족, 미국, 124분)
- Gloria (2013년, 드라마, 칠레/스페인, 110분)
- Three Wishes (1999년, 드라마/판타지, 미국, 115분)
- Scream (1996년~2011년, 공포, 미국, 시리즈)
- Wild Wild West (1999년, 서부/액션/모험/SF/코미디, 미국, 106분)
- Blue Streak (1999년, 코미디/범죄/액션, 미국/독일, 93분)
- Oxygen (1999년, 스릴러, 미국, 90분)
- Bicentennial Man (2000년, SF/드라마, 미국, 133분)
- Three Kings (2000년, 드라마/전쟁/코미디, 미국/오스트레일리아, 115분)
- Eve's Bayou (1999년, 드라마, 미국, 109분)
- Les Miserables (2012년, 드라마, 영국, 158분)
- Desperate Measures (1998년, 액션, 미국, 100분)
- Lost in Space (2018년, 드라마, 미국, 시리즈)
- Smilla's Sense of Snow (1998년, 액션/SF/스릴러/범죄/미스터리, 덴마크/독일/스웨덴, 121분)
- The Apostle (2014년, 드라마, 프랑스, 117분)
- The Cider House Rules (2000년, 드라마, 미국, 125분)
- Girl Interrupted (2000년, 드라마, 미국, 127분)
- Magnolia (2000년, 드라마, 미국, 188분)

- 3000 Mile (2000년, 드라마/범죄/액션/코미디, 미국, 100분)
- Meet the Parents (2000년, 코미디, 미국, 107분)
- Chicken Run (2000년, 애니메이션, 미국, 84분)
- The Family Man (2000년, 코미디/드라마/멜로/로맨스/판타지, 미국, 124분)
- El Dorado (2000년, 애니메이션/판타지/액션, 미국, 90분)
- Heaven's Prisoners (1996년, 미스터리/스릴러, 미국, 132분)
- Sense & Sensibility (2008년, 소설 각색, 영국, 시리즈)
- The Fan (1996년, 드라마, 미국, 107분)
- Safe Passage (1994년, 드라마, 미국, 98분)
- Two if by Sea (1996년, 코미디/멜로/로맨스, 미국, 96분)
- Jumanji (2019년, 액션, 미국, 122분)
- Ace Ventura: When Nature Calls (1995년, 코미디, 미국, 90분)
- The Juror (1996년, 드라마/스릴러, 미국, 120분)
- The Cure (2014년, 액션/SF/스릴러, 뉴질랜드, 90분)
- Shadowlands (1995년, 로맨스/멜로/드라마, 영국, 131분)
- Before the Rain (1995년, 드라마/전쟁, 마케도니아공화국/프랑스/영국, 113분)
- Face off (1997년, 액션/스릴러, 미국, 138분)
- The Trial (1993년, 범죄/미스터리/드라마, 영국, 120분)
- The Madness of King George (1997년, 코미디/드라마, 영국, 110분)
- Legends of the Fall (1995년, 드라마, 미국, 133분)
- Short Cuts (1993년, 코미디/드라마, 미국, 시리즈)
- Bullets over Broadway (1996년, 코미디, 미국, 98분)
- Now and Then (1995년, 드라마, 미국/양국, 100분)
- The Net (1995년, 액션/스릴러, 미국, 114분)
- Callito's Way (1993년, 액션/갱스터, 미국, 145분)
- Mr. Saturday Night (1992년, 코미디, 미국, 119분)
- Backbeat (1994년, 드라마/로맨스/멜로, 영국/독일, 100분)
- Kafka (1991년, 코미디/드라마/SF/스릴러, 프랑스/미국, 98분)
- Mr. Jones (1994년, 드라마/멜로/로맨스, 미국, 114분)
- The Innocent (1994년, 드라마, 미국, 117분)
- Forbidden (1986년, 로맨스/멜로, 영국/독일, 115분)
- Mask (1994년, 판타지/코미디, 미국, 97분)
- Guarding Tess (1994년, 코미디/드라마, 미국, 95분)
- The Saint of Fort Washington (1994년, 드라마, 미국, 103분)
- Sneakers (1992년, 범죄, 미국, 107분)
- Home Alone (1991년, 모험, 미국, 105분)
- Hoffa (1993년, 드라마, 미국, 140분)
- Toys (1993년, 코미디/드라마/가족/판타지, 영국, 118분)
- Howard's End (1993년, 드라마/로맨스/멜로, 영국,일본, 140분)
- Innocent Proposal (1993년, 드라마, 미국, 113분)
- Splash (1984년, 로맨스/코미디, 미국, 120분)
- A Chorus Line (1988년, 뮤지컬/드라마, 미국, 113분)
- Three for the Road (1988년, 코미디, 미국, 90분)

- Wall Street (1988년, 범죄, 미국, 125분)
- A Summer Story (1988년, 드라마, 영국, 97분)
- Salvador (1988년, 드라마/스릴러/전쟁, 영국/미국, 122분)
- Weeds (1988년, 드라마, 미국, 115분)
- Die hard (1988년, 액션, 미국, 131분)
- When Father Was Away on Business (1988년, 드라마, 미국, 136분)
- The Last Emperor (1988년, 드라마/서사, 미국/프랑스/영국/이탈리아, 162분)
- Red Scorpion (1988년, 액션, 미국/남아프리카 공화국/나미비아, 105분)
- Escape to Paradise (1989년, 코미디, 미국, 78분)
- The Unbearable Lightness of Being (1989년, 드라마, 미국, 171분)
- The Fall of Saigon (1995년, 전쟁, 미국/영국, 90분)
- Rain Man (1989년, 드라마, 미국, 131분)
- Young Guns (1989년, 액션/코미디/범죄/스릴러/서부, 미국, 107분)
- Leviathan (1989년, 모험/공포/미스터리/SF/스릴러, 미국, 98분)
- Major League (1989년, 코미디/드라마, 미국, 105분)
- Working Girl (1990년, 코미디/멜로/로맨스, 미국, 110분)
- Twins (2005년, 드라마, 미국, 시리즈)
- When Harry Meets Sally (1989년, 로맨스/드라마/코미디, 미국, 95분)
- The Untouchable (2006년, 드라마, 프랑스, 82분)
- The Age of Innocence (1994년, 드라마, 미국, 136분)
- Camilla (1994년, 로맨스, 캐나다/영국, 95분)
- Dances with Wolves (1991년, 서부/드라마/모험, 미국/영국, 180분)
- The Maid (2007년, 공포, 싱가포르, 89분)
- Q & A (2010년, 애니메이션, 미국, 시리즈)
- Stormy Monday (1988년, 로맨스/멜로/범죄/드라마, 영국/미국, 93분)
- Hunting (1992년, 드라마, 오스트레일리아, 96분)
- Jacob's Ladder (2019년, 스릴러, 미국, 89분)
- Chaindance (1990년, 드라마, 캐나다, 110분)
- The Adventures of Priscilla (1994년, 뮤지컬/드라마/코미디, 오스트리아, 103분)
- Family Business (1989년, 코미디, 미국, 112분)
- Back to the Future (1987년, SF/어드벤처, 미국, 116분)
- Sex, Lies and Videotape (1990년, 드라마, 미국, 100분)
- Born on the Fourth of July (1990년, 드라마/전쟁, 미국, 145분)
- Staying Together (1989년, 코미디, 미국, 91분)
- Last Exit to Brooklyn (1990년, 범죄/드라마, 영국/미국, 102분)